ポスト M&A 成功戦略

デロイト トーマツ コンサルティング
松江英夫

企業価値を最大化する
統合の実践シナリオ

ダイヤモンド社

はじめに

▲M＆Aの「その後」が問われる時代に

　今や成長戦略においてM＆Aを視野に入れない日本企業は皆無であろう。M＆Aを将来の脅威として感じる企業も確実に増えている。グローバル規模での拡大や国内の成熟業界での生き残りをかけた熾烈な競争がその背景にある。しかし、M＆A案件が増加の一途をたどるほど、必然的に「その後」が問われるようになった。多大な資本と労力を費やし実行したM＆Aが果たして本当に成功を収めたのか。

　「ポストM＆A」という言葉をご存知だろうか。ＰＭＩ（ポスト・マージャー・インテグレーション）と呼ぶことも多い、古くて新しい概念である。買収や合併、持株会社化などを実施した後に、いかに企業価値を向上させるかという統合シナリオを意味する。

　本来、M＆Aの「成立」と「成功」は異なる。過去にM＆Aを成立させた日本企業が自ら成功と評価している割合は３割程度、その多くがディール成立後の統合フェーズに問題意識を感じている。ポストM＆Aとは、まさに「成立」から「成功」に導く方法論である。

▲ポストM＆Aの王道は「主語の転換」から

　統合フェーズで苦労する原因の根本は、実は当事者の認識の中にある。それは交渉成立をM＆Aのゴールと思いがちな「錯覚」と、新会社が大きなトラブルなく動けば完了と捉えがちな統合への「理解不足」である。ポストM＆Aが、ディールの交渉段階と大きく異なるのは、そこに関わるステークホルダー（利害関係者）の広さと複雑さである。そのすべてに向き合いながら経営戦略上の目的を達成し、企業価値を高めるマネジメントにこそ最大の難所がある。

　M＆Aの「その後」を見据え、当事者が気づくべき大切なことは、M＆Aは必ずしも買う側、買われる側という一方的な勝負事ではないことだ。それは、将来の競争優位に向けた資本移動を伴う戦略の組合せであり、両社の経営資源

をどう競争力に転換するかという価値創造プロセスである。そこでは、過去のしがらみや力関係も、長い目で見れば本質的な意味をなさない。

　ポストM＆Aの王道は、実は最もシンプルな発想の切替えを貫くことにある。それは「主語の転換」というコンセプトである。新会社に「主語」を置き換え、その座標軸からすべてを発想し行動しきれるか、その徹底性こそM＆Aの「その後」の成否を大きく左右する。

▲成功への架け橋はDAY1にあり

　ポストM＆Aは、ディール後の道程の進め方の巧拙が大きく影響するが、そこに重要なターニングポイントが存在する。それはDAY1である。DAY1とは統合期日、つまり新会社としての事業開始日をいう。DAY1をいかなる状態で迎えるかは、「その後」の行方を決定づける最初にして最大のマイルストーンである。

　DAY1を重視するのには2つの理由がある。ひとつは、すべての関係者に交渉から統合への取組みの継続性と求心力を維持するため、2つ目は、「ロケットスタート」こそ、統合に効果的なアプローチだからである。陥りがちな落とし穴に、エネルギーのかかる統合実務はいつしか後回しになり、結局現業の繁忙さに水のごとく流されてしまう状況がある。ディール段階から先んじて統合を計画しDAY1に実行を開始すること、つまり「水が流れ始める前に、流し方を十分に見通しておく」ことが何より肝要である。

▲ポストM＆A成功の5原則

　本書は、ポストM＆Aの現場での経験と洞察に基づいたセオリーやエピソード、日本企業162社を対象にした独自調査、実際の企業事例をケーススタディとして随所に織り込むことで、より実践的な内容になるように試みた。本書におけるメッセージとしては、ポストM＆Aの成功に向けて「主語の転換」という基本コンセプトのもと、以下の5つの原則を貫くことを強調している。

①シナリオ
ポストM＆Aの成功シナリオとして、スタート（DAY0）からゴールまでの4段階アプローチを実践する。

②スピード
ロケットスタートこそ統合成功の近道である。DAY1を単なる法的イベントでなく戦略実行日にする。
③シナジー
シナジー効果を"幻想"に終わらせず、「実現」までをマネジメントするという考え方を持つ。
④フォーカス
企業価値を高めるため優先して統合に取り組む3領域（経営戦略、組織ガバナンス、人事・風土）に知恵とエネルギーを投下する。
⑤リーダーシップ
経営陣が利害と立場を超えて"一枚岩"となり、強いリーダーシップをもって変革を推進する。

　本書が、今後新たなM＆A案件に取り組まれようとされている方々、まさに統合を控え課題に直面されている方々、既に過去M＆Aを実施し思うような成果が上がらず仕切り直しを検討されている方々などに対して、トップマネジメントから実務担当者まで広く抱える問題を解きほぐす上で、ひとかけらの手掛かりを提供できれば幸いである。
　そしてひいては、激しさを増す競争環境で一層盛んになるM＆Aのあり方に一石を投じ、日本企業において「その後」も見据えたM＆Aへの取組みの成熟度が高まることで、経済社会の発展と成長に幾ばくかつながるとするならば、もとより本懐である。

2008年2月

松江英夫

目次

ポストM&A 成功戦略

はじめに　i

序章　ポストM&A—ディール後から始まる本当のストーリー

M&Aの成立
それは終わりなき長い道程へのプロローグ——2

大型案件目白押しのM&A熱狂に潜む罠　2
「成功」に導く方法論としての"ポストM&A"　4
"主語を転換する"というパラダイムチェンジ　6
【ケーススタディ】業界のフロントランナーになる気概を社名に
——J.フロント リテイリング（大丸＋松坂屋）　8

第Ⅰ部　ポストM&Aと成功の条件
第2章　DAY1—成立から「成功」への架け橋

1　M&Aにおける「成功」の定義
目的達成度を高め、客観的評価が得られること——14

M&Aの「成立」と「成功」は本来異なる　14
「成立」と「成功」は包括的な関係でもある　14
主観的評価と客観的評価が同時に問われる　15
目標達成ができたという企業は3割を割る　15
ステークホルダーの中では株主重視の傾向　17
P／L指標を成果のモノサシにする企業が多い　19
「成功」とは持続的かつ長期的なプロセス　21
他社の経営資源を同一企業の視点で捉え直す　22
日本企業のM&Aの多くは節約効果止まり　22

2　成否を分ける2つの重要実務
戦略策定と統合実務——25

戦略策定から始まるM&Aの基本プロセス　25
ターゲットを絞り込み基本条件をつめる　25
基本合意は案件成立のメドが立った段階　27

失敗しやすいM&Aの原因はどこにあるのか　28
　　　「戦略立案」と「ポストM&A」が最重要の実務　30
　　　デロイトによるM&A成功のための要諦　32

　3　ポストM&Aの成功の鍵
　　統合の成果こそ「成功」の果実をもたらす──34
　　　M&Aにとってはディール後のほうが課題　34
　　　成功例においては株価が長期的にはに上がっていく　34
　　　ポストM&Aのスタート地点は基本合意　36
　　　ステークホルダーの評価が不可欠なゴール　38
　　　DAY1は新会社の統合日＝業務の開始日　39
　　　ポストM&Aという新しいターゲットを示す　39
　　　周到な準備によるロケットスタートが理想　41
　　　DAY1はイベント日ではなく実行開始日　42
　　　DAY0は実質的なスタートである基本合意　43
　　　クロージングを待っていては間に合わない　44
　　　DAY0からDAY1の期間は短縮傾向　44
　　　【エピソード】DAY1にいたるまでの苦悩の日──A社M社長　46

　4　DAY1までの課題
　　統合効果の定量的な分析をやっておく──55
　　　経営者はDAY1で目標数値と行動指針を示す　55
　　　顧客には営業政策の変化を正しく伝える　56
　　　まずターゲットとなる目標を定量的に語る　57
　　　従業員に示すべき「大きな絵」と「小さな鏡」　58
　　　【ケーススタディ】象徴的なメッセージでわかりやすく示す
　　　　　──伊藤忠テクノソリューションズ　59
　　　ステークホルダーに起因するリスクに対処　61
　　　リスクの対象範囲を見極める　62
　　　ステークホルダーごとに対応を準備する　63
　　　統合に潜むリスクに積極的に対応する　65
　　　新たなステークホルダーの登場に要注意　65
　　　【エピソード1】統合相手が背負う見えない無数の関係者
　　　　　──サービス業M社　S社長　66
　　　効果とリスクを両面で捉えたシナリオを開示　68

【エピソード2】市場はリスクを上回るメリットを要求する
──Q社　69
シナジー効果を顧客・取引先へ還元する発想　70
【エピソード3】顧客にメリットがあることがM&Aの条件
──食品専門商社B社　70

第3章　ポストM&Aの成功シナリオ

1　成功への発想の起点
基本コンセプトと5つの原則を押さえる──74

基本コンセプト：「新会社」を主語とすることを基軸に　74
【ケーススタディ】新会社の基本的価値観や原則を明文化する
──JFEグループ　76
原則1：統合シナリオを当初にしっかりと描く　78
原則2：ロケットスタートしスピード感を持続する　78
原則3：シナジー効果の実現をマネジメントする　79
原則4：3つの重点領域にノウハウを投入する　80
原則5：強力なリーダーシップを終始貫く　82

2　統合の成功シナリオ
「2つの壁」を超えるシナリオを描く──85

「利益創出」という壁　86
コスト削減のシナジー効果をいち早く実現する　86
リストラの限界を打破する　87
数年後の成長の「踊り場」をいかに超えるか　88
「成長型ビジネスモデル」への再構築を　89
外部とのさらなる提携や買収も視野に入れる　90
成長シナリオの成否は利益創出にかかる　90
【ケーススタディ1】成功シナリオ①　国内トップクラスの開発パイプラインを実現──中外製薬　91
【ケーススタディ2】成功シナリオ②　コスト削減効果を梃子にさらにM&Aを展開──エディオン（家電業界）　93

3　成功へのマイルストーン
評価タイミングは1年以内を意識する──95
評価タイミングは成功企業ほど短期化　96
1年以内に結果を出すスピード感を持つ　96

4　ポストM&Aの全体工程
4つの時系列フェーズでアプローチする──98
フェーズ1：成立から成功へのつなぎ　98
フェーズ2：軌道に乗せるターニングポイント　99
フェーズ3：本格的な成果の実現　100
フェーズ4：次なる成長への転換　101
フェーズ0：アーリーステージのポストM&A　102
【エピソード】従業員向けの開示レベルを事前に擦り合せ
　　──ライバル会社同士の合併　103

5　統合領域の全体像
5つの領域で解決アプローチを考える──105
1　ビジョン・戦略を策定する　105
2　組織とガバナンスのあり方を決める　107
3　業務プロセスを変更する　108
4　制度・システムを統合する　109
5　企業風土（カルチャー）を融合する　111
重点3領域がポストM&Aの成否の分かれ目　112
M&Aの成果を上げるために欠かせない実務　114
優先順位を明確にして取り組む　115

6　統合マスタープランの策定
3つのステップで質の高いプランを作る──116
ステップ1：成功シナリオを大まかに描く　116
ステップ2：あるべき姿を青写真に具体化する　117
ステップ3：スケジュール化と準備作業に着手する　118
新会社設立に向けてやるべき作業項目を整理　119
統合プロジェクトによる統合実務の検討作業　119

第Ⅱ部　ポストM&Aと経営戦略
第4章　統合ダイナミズムを生かした経営戦略

1　成長志向の統合戦略
成長戦略の中にM&Aを位置づける──126

M&Aの方向性は2つの選択肢に収斂　126
"買い"だけではなく"売り"も選択肢　128
成長を志向する4つの統合戦略パターン　128
類型Ⅰ：ポジションアップ型（同一事業内で"横"に成長する）　129
【ケーススタディ1】コア事業に軸足を置きながらターゲット層を拡大
　　　──明治製菓　131
類型Ⅱ：バリューチェーン強化型（同一事業内で補完関係を作る）
　　133
類型Ⅲ：ビジネスモデル開拓型（類似性を生かしながら新事業）　134
【ケーススタディ2】共通性と補完性を有する異業種間の大型統合
　　　──キリングループ・協和発酵グループ　135
類型Ⅳ：ポートフォリオ拡大型（自己完結型の新事業で多角化する）
　　136
【ケーススタディ3】現実的なメリットも享受した段階的なM&A
　　　──三菱ケミカルHD　137

2　統合戦略のパラダイム
統合ダイナミズムを織り込んだ事業戦略を描く──139

統合がもたらす4つのダイナミズム　139
①プレゼンス（市場における存在力）　140
②イノベーション（革新する力）　141
③シンクロナイゼーション（同調する力）　141
④レバレッジ（少ない投資で大きな成果をもたらす力）　143
M&A戦略類型と統合ダイナミズムの関係　143
ポジションアップ型はシンクロとプレゼンス　145
バリューチェーン強化型はシンクロとプレゼンス　146
ビジネスモデル開拓型はレバレッジとイノベーション　147
ポートフォリオ強化型はイノベーションとプレゼンス　148

3 新中期経営計画の策定
インタラクティブとトップダウンがキーワード──149

インタラクティブで計画を見直す─単純合算では失敗する 149
トップダウンでアプローチ─"引き算"と"掛け算"の発想 150
"グループ全体"としての中期経営計画も不可欠 153
【ケーススタディ1】"提供できる価値"をグループの事業ドメインに
　　──小田急グループ 154
ダイナミズムを発揮する部分に資源を重点配分 155
シナジー効果を施策化して計画に反映させる 158
【ケーススタディ2】トップダウン目標＋ギャップを埋めるシナジー効果
　　──合併新建設会社K社 160
「DAY0からDAY1以降3ヵ月以内」に計画を策定 162
実行プロセスをモニタリングする仕組みを作る 164
事業会社も買収当初から出口戦略を描くべき 165
【ケーススタディ3】戦略的整合性と投資採算性を軸に意思決定
　　──商社H社 166

第5章　シナジー効果をマネジメントする

1 シナジー効果のマネジメント
効果の実現まで一貫してマネジメントする──170

シナジー効果は成功と強い関係がある 170
M&Aの各段階でシナジー効果を検討する 171
DAY1までに定量化を行い経営目標化する 172
案件成立よりも統合目的の明確化のために検討 173

2 シナジー効果とは何か
経営資源と機能のマトリックスで洗い出す──175

コスト効率の面からは2つの原理で捉える 175
経営資源に着目して2つに分類して捉える 176
経営資源のマトリックスで自社資源を点検 177
ディスシナジーと投資コストは差し引く 179

3 定量化のアプローチ
財務諸表からシナジーのインパクトを測る──181

 シナジー効果を財務科目ごとに数値化する 181
 シナジー効果は「利益の比較」がわかりやすい 182
 シナジーバリューマップという体系図を用いる 183
 シナジー効果を体系的にモニタリングできる 186
 売上シナジーの数値は"アクション"で裏づける 186
 レバレッジが効く領域ではクロスセリングを検討 187
 重複関係の強い領域ではシンクロが効く施策 189
 販売アプローチを同時化し統一的に進める 190
 【ケーススタディ1】重複顧客をターゲットにコストや生産性を比較
   ──メーカーB社 191
 目に見えない"潜在シナジー"を定量化する 192
 潜在的なものを顕在化していく仕組みを作る 193
 【ケーススタディ2】定量化事例
   人材やノウハウ面の統合メリットを数値化──エンジニアリングK金属
   194

4 PDCAサイクルのモニタリング
実行主体・スケジュール・予算を明確にする──197

 シナジー効果の定義書でPDCAサイクルを回す 197
 定性・定量の両面でシナジー効果を検討していく 198
 合併においてはボトムアップ的な検討も重要 199
 【ケーススタディ】「シナジーハンドブック」で効果を浸透させる
   ──製薬会社C社 200
 【エピソード】シナジーを醸成する環境作りに力を入れる
   ──伊藤忠テクノソリューションズ 203

第Ⅲ部　ポストM&Aと組織・ガバナンス
第6章　組織・ガバナンスをあるべき姿に変革する

1　役員体制のあり方
実力主義とスピード感が決め手となる──208
- バランスを考慮すると役員体制は失敗する　208
- 成功企業ほど出身を問わず能力に応じて選定　209
- DAY1までに役員と権限ルールを決めておく　210
- スピード感がポストM&Aの作業に直接影響　211
- 【ケーススタディ】"あるべき機能論"から役員数を大幅に削減
　──情報通信J社　212

2　組織図の統合パターン
"あるべき姿"から積極的に組織構造を変更する──214
- 積極的に踏み込んで双方の組織構造を変革する　214
- あらゆる観点から見直すことが成功の条件　214
- 買収のケースでも組織の再編成が成功に寄与　216
- 重複部門の統廃合や営業体制の強化が戦略的課題　217
- DAY1で一気に新組織へ移行するのが理想　219
- 人員配置の決定プロセスや基準が公平であること　220
- 管理職の配置は実力本位で行うことが重要　220
- 「たすきがけ人事」の長期化は変化の機会を奪う　221
- ロードマップを示し段階的に変えていく　222
- 【ケーススタディ】部課長クラスを相互に完全に交換
　──JFEホールディングス　223

3　組織変革シナリオ
現実と新組織図のギャップを埋めていく──225
- "対等の精神"というメリットとデメリット　225
- 新会社を主語にして考えると意味が変化する　226
- 最初のルール作りこそ対等に行うべき作業　226
- "配慮"と"割切り"で力関係を整理していく　227
- 【エピソード】6：4ぐらいで自社の主張が通ればよい
　──化学会社M社　228

　　　　各レベルの意思決定における原則を決める　229
　　　　キーパーソンを統合のリンクピンにする　232
　　　　【ケーススタディ】背を向けた専務が一転推進役に
　　　　　　　　──建設会社X社　232

第Ⅳ部　ポストM&Aと人事・風土
第7章　統合インフラを整備する人事政策
　　1　新たな人事評価と報酬制度のあり方
　　統合のスケジュールやインパクトを明確にする──238
　　　　人事統合がもたらす大きなインパクト　238
　　　　人事制度は中長期的な制度統合のスタンスで　239
　　　　統合のフレームワークとなる考え方を整理する　240
　　　　報酬制度の設計が抱える2つのジレンマ　241
　　　　人事制度統合のパターンのメリットとデメリット　242
　　　　買収の成功案件の約半分が人事制度を統合　245
　　　　合併ではゼロベース型にも一定の有効性がある　246
　　　　移行タイミングの考え方は大きく2つある　247
　　　　アナウンスメント効果が意識と行動の統合を促す　248
　　　　報酬ギャップにはコストとリスクを考えて対処　249
　　　　成功企業ほど新しい報酬水準に切り替えている　253
　　　　DAY1から1年以内に大半がギャップを解消　254

　　2　労働組合との関係
　　早い時期に大枠での合意を形成する──256
　　　　労働組合が統合するケースほど成功する傾向　256
　　　　改革の方向性や処遇のスタンスをまず共有　258
　　　　組合とのコミュニケーションが大きく影響　259
　　　　【ケーススタディ】プロセスを重視した粘り強い対話
　　　　　　　　──K社　260

　　3　モチベーションマネジメント
　　優秀な社員をしっかり登用するシステムを作る──261
　　　　モチベーションに影響を与える3要素　261

4 リテンションプラン
DAY0以前からプランの策定を開始する──262

M&Aは人材流出のトリガーになりやすい　262
【ケーススタディ1】情報開示の前後からリテンションを想定
　　──製造業L社　263
リテンションプランに込めるべきメッセージ　264
企業価値が向上するシナリオで期待感を喚起　264
キャリアの可能性と組織からの信頼を示す　265
買収側や存続する側にも人材流出の危険　267
【ケーススタディ2】1年後、不安が責任感へと変化した
　　──金融会社L社の担当者A　269

第8章　風土融合と同軸化というキーワード

1　風土融合の本質
新会社を同軸とした行動や価値観の共有──274

風土は同一化ではなく"同軸化"こそが大切　274
クロスボーダーM&Aではさらに工夫が求められる　275

2　風土融合に有効な施策
ハードとソフトの両面からトータルで対策──277

風土融合が組織のパフォーマンスを引き上げる　277
経営理念の相違を議論することに意義がある　278
人員の再配置で一体的な風土が醸成される　280
買収の場合は意図的に人材交流を仕掛ける　281

3　チェンジマネジメント（日本的変革の方法論）
"横"からの組織改革がキーポイント──283

変化するリスクを回避する日本的集団主義組織　283
日本的組織を変革するアプローチの方法論　284
ハードが変わるとおのずとソフトも変わる　286

4　変革集団の形成
日本型CFTによる変革アプローチも有効なツール──288
各機能・部門が単独では解決できない課題に対処　288
1　経営者のリーダーシップとスポンサーシップ　289
2　参加メンバーには従来以上の権限が必要　290

5　変革シナリオの構想と演出
変革へのコミットメントを宣言する──292
段階的な変革のエネルギーをいかに維持するか　292
【ケーススタディ】危機感を醸成しながら組織・人事を抜本改革
　　　──外資系医療機器C社　293

6　風土融合に向けた様々な試み
違いを目に見えるかたちにすることが相互理解の第一歩──297
言葉の違いを比較するための"用語集"を作成　297
顧客という共通のターゲットでまとまる　298
【ケーススタディ1】ソフトドリンクとアルコールの違いの理解に2年
　　　──食品会社　299
個人が交流できるコミュニケーションプラン　299
【ケーススタディ2】同じフロアに配置して交流機会を作る
　　　──サービス系B社　300
【ケーススタディ3】社員の人事データから出身会社情報を削除
　　　──保険会社S社　300
コミュニケーションを促す施策事例　301
【ケーススタディ4】横断的なバーチャルチームを組成
　　　──情報通信H社　301
【ケーススタディ5】毎週1回はメールマガジンを配信
　　　──C製薬　302
【ケーススタディ6】若手チームの意見を中期計画に反映させる
　　　──M社　302
【ケーススタディ7】「統合マニュアル」を社員に配布
　　　──S社　303

終章　現在の利害を超えた強いリーダーシップ

1　統合におけるリーダーシップ
3つの利害対立を乗り越えていく統率力──306
　　外部と内部、組織と個人、過去と未来の3つの対立　306
　　同じタイミングで一挙に抱え込むという特殊性　307

2　統合リーダーシップの2つの前提条件
統合メリットとトップ同士の信頼関係が不可欠──308
　　立ち返るべき原点は統合メリットの共有　308
　　話しにくいことは交渉の最初に持ち出すこと　309

3　統合リーダーシップの原則
明確なビジョンと統一されたルールを打ち出す──310
　　1　新会社の利益をビジョンとして具体化する　310
　　2　個人と組織をマッチングさせる統一ルール　310

4　経営者のとるべき行動
変革に向けて優先すべき事項を明確に示す──312
　　統合によって実現すべき姿をビジョンにする　312
　　トップ自らが原理・原則に沿った行動を示す　313
　　現場主義のコミュニケーションにこだわる　314
　　【エピソード】「数字」と「対話」のもたらす威力
　　　──J.フロント リテイリング（大丸＋松坂屋）　315
　　1　「数字」が引き出す改革の求心力　315
　　2　「対話」がもたらす融和力　317

序章

ポストM&A
―ディール後から始まる本当のストーリー

M&Aの成立
それは終わりなき長い道程へのプロローグ

大型案件目白押しのM&A熱狂に潜む罠

　最近初めてM&Aに携わった上場企業A社の実務担当者Sに、経営トップであるM社長から「わが社の成長戦略の実行に向けて、M&Aについて積極的に研究しろ」という指示が出された。A社にとってM&Aは初めてではない。かつて取引先から依頼されて小さい会社を引き受けて子会社化した経験や、金融機関から持ち込まれた案件について検討してみたことがある。しかし今回は、同じ業界の大手企業に絞ってこちらから積極的にターゲットを定め、交渉することを念頭に置いていた。このような本格的なケースは未だ経験したことがない。
　指示を受けたSは、とりあえず開示情報から過去の業界内での類似のM&Aケースを調査したところ、外部から見てうまくいっているケースは多くないという事実を認識していた。そんな最中、経営トップが、業界内会合で経営者同士の業界の先行きに関する話が盛り上がり、同業のB社から将来的な合併を視野に入れた経営統合を依頼されたという案件を持ち込んできた。
　当然のことながら元々のターゲットとしてリストアップされていた企業のひとつであり、M社長としては願ってもない話であった。M社長はいささか興奮気味で「当該案件は当社と同規模の企業同士の話であり困難が予想されるが、可能ならば是非とも成立させたい」と意気込んでいた。詳細な条件のつめ以前に、既に話が決まったかのような勢いであった。
　トップからの指示を受けたSは、対象会社の知りうる限りの開示情報を収集・分析し、また、いざ本格的に買収する際の財務的な資金調達の可能性やそこにおけるリスクなどを検討した。その結果、通常のマーケットから見る水準でざっと比較しても、先方が希望する条件で買うには高すぎて値段としてはよい話ではないことを伝えた。しかしながらトップは、その説明に満足せず、当初の

方針でいけるところまで進めようと考えていた。

● 成立させることが成功と思い込み始める

　しだいに交渉が進み詳細調査が明らかになるにつれ、Sは案件自体が決して好ましくないと思うようになった。ターゲット先の財務や事業状況もさることながら、自社で統合後のインパクトを吸収しうるだけの収益力、財務ストックがあると思えなかったことにその原因があるが、そのような自己矛盾を抱えつつも、トップの意思に後押しされ、いつしか案件を成立させることが成功であると思うようになっていった。

　企業の担当者としての責務からか、また立場の限界からか、案件が仮に成立しなかったときの自分自身への評価も気にならないといえば嘘になる。これだけ短期間に多くのことを考え、水物のものを追いかけ続けて大変な思いをしていても、案件がブレイクしてしまった場合、自分自身の成果は何も残らなくなる。「成立しなければ浮かばれない」という考えがいつしか頭の中を占めるようになっていった。

● 大型統合のニュースとして大々的に公表

　その努力の甲斐あって、A社側にとっても当初想定した以上の資金と労力をつぎ込むことになったが、この経営統合の話は両社の間で実質的に合意がなされ、基本的条件の合意にいたった。両経営者ともに満足し、大々的な合意発表の準備を急いだ。基本合意の発表は、大型統合のニュースとして大々的に伝えられたこともあり、市場関係者から好意的に受け止められた。両社とも老舗の大企業であり、過剰資産や不採算事業を一部抱えていることから統合後の収益力低下を疑問視する向きもあったが、時代がM&Aブームの最中だということもあり、将来に向けて成熟市場での生き残りの先手を打つべく決断した両社の統合劇に対しては、おおむね前向きな受け止め方が支配的であった。

　基本合意では、統合の目的や両社の新会社のビジョンなどの骨格、そして統合に伴うシナジー効果が高らかに謳われた。最終合意を経て株主総会で承認されれば、新会社の設立まで約半年である。A社の歴史上最大のM&Aがこうして幕を開けた……と巷のM&Aのストーリーであればこれで完結であろう。し

かし、本当の物語はここから始まる。契約締結、それはディールという短距離競走のエピローグではない。実はそれは、終わりなき長い道程へのプロローグである。

「成功」に導く方法論としての"ポストM&A"

「ポストM&A」という言葉をご存知だろうか。PMI（ポスト・マージャー・インテグレーション）という言葉で呼ばれることも多い。M&Aを実施した後に企業価値を向上させる統合プロセスを意味する言葉であるが、企業の成長志向を背景に近年増加の一途にあるM&Aに対して、必然的にM&Aの「その後」が問われるようになってきた。言い換えれば、各社が相当なエネルギーを費やし締結したM&Aが、その後に本当に成功を収めたのかどうか、がより注目される時代になったということである。

本来、M&Aの「成立」と「成功」は異なる。M&Aの条件交渉に基づき契約行為がなされること（成立すること）が、企業にとって本当に価値をもたらした（成功した）のかどうかは一概に語ることはできない。実際に過去に多くのM&Aを経験した日本の企業では「成立」と「成功」の間には大きなギャップがあり、そこにいたる過程では様々な落とし穴に苦労している。M&A件数が増加している今こそ、このギャップを埋めるための処方箋が求められているわけだ。ポストM&Aとは、まさにM&Aを「成立」から「成功」に導く方法論である。

●一気に拡大するステークホルダーへの対応

ポストM&Aがディールと呼ばれるM&Aの交渉と大きく異なるのは、そこに関わるステークホルダー（利害関係者）の規模と範囲の広さである。交渉は機密性が高い事項のため、限定的なメンバーで行っているが、合意された後はその事実は開示され公の知るところとなる。冒頭で紹介したA社のケースもそうだが、交渉成立後に基本合意の発表を行った後は、ステークホルダーが一気に拡大する。両社の当事者、株主やアナリストをはじめ市場関係者、金融機関、顧客、取引先、従業員にいたるまですべてが、統合に関わってくる。

一見華々しくお披露目されたように映るこのきっかけによって、実は後に様々な問題が起こってくるのである。すべてのステークホルダーに対してどのような対応をとるか、しかも自社だけではなく、統合相手も含めて請け負うリスクである。それは、統合する当事者同士の軋轢、株主やアナリストなど市場からの価値向上への絶え間ないプレッシャー、顧客へのメリットの還元や説明責任、収益を上げるための組織や業務、システム統合など大掛かりな投資、大量の人員削減など痛みの伴う施策への対処、従業員をはじめ人の組織上の処遇や統合への不安によるモチベーション低下への配慮にいたるまで多岐に及ぶ。それらすべてに向き合いながら、M&Aの目的である企業価値の向上が図れるかどうか、そのマネジメントが問われるのである。

● **失敗の原因はM&Aへの錯覚と理解不足**

　M&Aの「その後」の世界は、多くの利害関係者が絡むので、机上の理屈だけで割り切れるほど単純な世界ではない。実際に日本企業の多くは、ポストM&Aで思い描いたほど上手くいかずに苦労している。その原因の大半は当事者の認識の中にある。具体的には、ディール成立をM&Aのゴールと思い込みかねない「錯覚」と、単にくっつければ終わりという統合に対する「理解不足」である。

　通常、M&Aの交渉においては経営トップや実務担当者は成立させるだけでかなりの労力を費やしている。交渉というのは互いの利害やエゴが直接的にぶつかり合うシビアな世界で、そこでしのぎを削っているうちに疲れきってしまい、契約が締結されればM&Aの大きな仕事が終わったものだとして、それ以降に意識が回らないケースが多い。加えて、新会社がかたちの上で統合がされて大きなトラブルもなく動いていると、まるでその後の統合自体が成功であったという錯覚に陥ってしまう。まして新会社がスタートしてから現業に追われてしまうと、よほど経営者の意識が高くない限りは統合にエネルギーをかけられないものである。

　実は、そこに大きな落とし穴がある。ポストM&Aとは、外形上で組織を単にひとつにすること、くっつけることではなく、それが本当に効果を上げるための統合のあり方自体を設計し、価値を上げるためのシナリオを実践すること

にある。つまり、M&Aのゴールとは、統合の成果をステークホルダーと分かち合える時であり、それは3年から5年越しの長い道程である。

●M&Aをマネジメントサイクルに組み込む

ポストM&Aを推し進めていく上では、ハード、ソフト両面での知恵や方法論と同時に、強いリーダーシップが必須である。複雑になった経営体において、両社をはじめとした利害対立の図式をいかにまとめ上げていくかという力量が問われることは言うまでもない。経営者にとっては、通常の単体経営とは異なる、別々の会社同士を合わせた複合経営をしなくてはならない。一般にM&Aは投機的なイメージを持たれがちだが、「その後」の世界は実はマネジメントサイクルに戻ってくる。つまり、ポストM&Aの方法論とは、M&Aを自社のマネジメントサイクルにしっかりと組み込み、企業価値向上を実現できたかどうか、という従来の単体経営とは異なる応用問題を解き明かす経営論なのである。

M&Aの「その後」において、当事者が気づくべき重要なことは、M&Aは特殊で一時的イベントではなく、買う側、買われる側という一方的な勝負事でもないということだ。M&Aとは、将来の競争優位を目的とした資本移動を伴う戦略の組合せであり、両社の経営資源を合わせてどう価値に転換していくのかという価値創造プロセスである。その道程においては、過去の力関係も、立場による敵も味方も、長い目では本質的に意味をなさない。実は、ポストM&Aの王道は、最もシンプルな発想の切替えから始めることにある。それは「主語の転換」というコンセプトである。

"主語を転換する"というパラダイムチェンジ

統合前夜、A社の経営トップであったM社長は、いつしか名実ともに統合新会社C社の社長としての顔に変わっていた。数ヵ月前まで背負っていたかつてのA社や相手先B社といった区別以上に、その後の統合に向けた苦悩の日々と向き合いながら進めていくうちに、自分を語るときの立場が新会社Cに変わっている、つまり自らの「主語」が転換されていることにふと気づいた。外部に

向き合うたびに新会社C社の長としての主語が、自身の中でおのずと日々現実感を増しているのがわかるのである。

● 「A社は」「B社は」から「新会社C社は」へ

　M社長は自らは"主語を転換する"というパラダイムチェンジに向き合う覚悟を決めていた。しかし残念ながら、両社とも役員、従業員の感覚はまだそこまでにはいたっていない。現に「どちらの側」という主導権争いが、様々な部署で始まっているとの声も自然と耳に入ってきている。それらを新会社の責任者としてどのように一本化していくのかも、すべて自分が取り組むテーマであることが、統合日が迫るにつれて悩みとともに感じていた。

　統合発表から統合日にいたる過程で感じた苦悩から、M社長は、すべての課題がひとつの大きなテーマに集約されることに気づいていた。それは、A社、B社双方のメンバー各自が、今までの思い入れと愛着がある「A社は」「B社は」という過去の視点から、これからできることになる新会社C社に向けての「主語の転換」を図ることである。すなわち、過去から今にいたるまでの姿を脱却して、未来志向に立って新会社を主語にして行動することができるかどうか、それがM&Aを成功させていく上で必要不可欠なテーマだということだ。

● M&Aは企業価値を高めるための経営改革

　そしていよいよ統合日を迎かえるその日に、経営トップは新たな会社の社長としてメッセージを発する。その目線の先には外部の株主や顧客、そしてもはや一体化すべき対象である従業員をしっかりと捉えていた。それは今までの組織のみならず、かつてのA社とB社の双方が抱える顧客や株主、従業員のこともすべて視野に入れて、グループとしてC社のあり方を見据えなければならないとの決意の表れでもあった。統合から半年、1年と時間の経過とともに求心力を強化しながら、新しい会社としてのパフォーマンスを上げていかなければならないと考えていた。しかもそれは、かつて単独で行ってきた経営以上の成果を目標にしていくことが、併せて命題として求められている。

　M&Aとは、一過性のイベントでも勝ち負けの類でもなく、将来にわたって価値向上を持続するために、両社が一緒になって企業価値を高めるために行う

経営改革である。統合日までの数ヵ月のやりとりの中で、多少なりとも統合の縮小版ともいうべき統合の洗礼を経験したトップは、この先山積する諸課題を乗り越えて、いかに統合日以降の道程を進んでいくのであろうか。

果たしてトップの次なる一手は……。

【ケーススタディ】業界のフロントランナーになる気概を社名に
──J.フロント リテイリング（大丸＋松坂屋）

小売業界で老舗同士の大規模な経営統合によりリーディングカンパニーが誕生した。株式会社大丸（以下「大丸」）と株式会社松坂屋（以下「松坂屋」）である。両社は双方の暖簾（のれん）を残しつつ、株式移転により共同持株会社を設立し、2007年9月3日にJFR（ジェイ.フロント リテイリング）グループとして一体化した。両社は統合発表から1ヵ月後に持株会社の社名「J.フロント リテイリング」を発表し、そこに込められた考え方を披露した。「J」には、Japan（日本）、Join（結合する）、Joy（喜び）、Justice（正義）などの意味があり、「日本の小売業の先頭（フロント）に立つ」という強い意思が込められている。

リーディングカンパニーを目指す強い信念

両社は、基本合意以降、統合準備委員会と十数個の分科会を組成し、統合日に向けた準備作業をしだいに加速させていた。基本合意から3ヵ月経った6月のある週末、両社の統合に向けた初の役員合宿が行われていた。両社が統合を発表して以来、統合準備委員会が組成され各分科会を通して役員や管理職も統合後に向けた準備を通して一部は交流が進められていたが、実際に両社の役員、管理職クラスの総勢80人近くが一堂に会するのはこれが初めてであった。

「私は最初から合宿をやるべきという考えで、同じ釜の飯を食うというか、一回合宿をして腹を割って語り合えば物事は上手く進むようになるものですよ。当初は役員だけでもと思っていたからこれほどまでに大人数になるとは、想像以上の盛り上がりでしたね」と松坂屋の岡田邦彦代表取締役会長（当時。現J.フロント リテイリング代表取締役会長）は両社の合宿の様子

を充実した表情で振り返った。岡田会長は両社の役員を前にJFRを「Japan's Front Runner」と意訳しながら、絶えず時代の最前線を走るという気概、先見性、勇気を持つことの必要性を力説した。両社の統合への道程は歴史と風土の経緯、そして業界の環境下において将来いかに勝ち残るか、という問題意識の中で生まれたものであり、互いに状況は異なってもリーディングカンパニーを作ろうという強い信念が結びつけた統合劇であることを強調した。

「経営は『抽象的、感性的、情緒的』ではなく『具体的、実態的、数値的』に語るべき」――統合に取り組むに当たって、大丸の奥田務代表取締役会長（当時。現J.フロント リテイリング代表取締役社長兼最高経営責任者（CEO））は明確な行動姿勢を示した上で、実務的にはビジネスモデルを具現化させるための具体的な数値目標を設定した。また同時に、スピードを重要視し「統合の成果は３年で出す」というメッセージとともに、社内外に改革の具体的な時間軸も併せて明確にしていった。「小売業で１兆円を超える規模の企業グループにおいて、営業利益５％前後の水準を同時に確保しうる高質な経営体を目指す」という経営トップの強い意思が、統合日に向け日々実務に取り組む現場に示された数値目標に込められていた。

両社がひとつになることを強く意識した議論

　基本合意から統合日が近づくにつれて、大丸、松坂屋というそれぞれの立場から、J.フロント リテイリンググループというひとつの立場に"主語を転換"し、両社がひとつになることを強く意識した議論に発展していった。こうして確かな哲学に裏打ちされた経営者のリーダーシップのもとで、数字という端的な目標を通じ目指すべきモデルを明確にすることで、いつしかそれが共通言語になり、グループとしての強力な求心力につながっていった。こうして、JFRグループは、統合日を迎え、業界のフロントランナーへの道を歩み始めたのである。

第Ⅰ部
ポストM&Aと成功の条件

第2章

DAY1
――成立から「成功」への架け橋

1　M&Aにおける「成功」の定義

目的達成度を高め、
客観的評価が得られること

M&Aの「成立」と「成功」は本来異なる

　M&Aは近年増加の一途にある。その背景には、様々な要因が考えられるが主たる要因としては企業が成長志向を強めているという点が大きい。日本経済全体の景気が数年前と比べて回復し、個別企業のリストラクチャリングによる投資余力の回復をベースにして各社が成長志向に転じてきている。そんな中で、今後の成長戦略の有効な手段として、今までM&Aを経験したことのなかった企業も含め、M&Aに期待を寄せている。過去と異なるのは競争スピードが一層速くなっていることで、他社を通じて時間を買うとか、他と手を組むことで一気に優位になるという競争上の理由から、M&Aが戦略上ますます重要性を増している。

　しかし、そうした背景の中で増加しているM&Aであるが、実際にM&Aを経験した企業が増えるにつれて、その経験から得られた教訓が知れわたることになり、事業会社は長い視点に立てば、過剰な期待や甘い見方をすると上手くいかないこともわかってくる。成長戦略の実行においてM&Aは不可欠である一方で、過去の経験からすると決して資金があるからといってできるような選択でもなく、将来を一気に手に入れられるようなバラ色の選択でもないことが理解されてくる。

「成立」と「成功」は包括的な関係でもある

　では、M&Aの「成功」とはいったい何を指すのであろうか。またその条件とは何であろうか。このテーマは古くて新しい概念であるが、一般にはM&Aというと案件が成立して契約が結ばれること、もしくは会社が子会社化するな

ど新しい形が出来上がることを多くイメージされるかもしれない。その解釈は決して間違ってはいない。実際に最終合意を経て契約書が締結されてしまえば法的にはM&Aは実行されたことになる。しかしながら、はなはだ不十分である。それは、案件としてM&Aが「成立」したことであって、「成功」したことではないからである。

　本来はM&Aの「成立」と「成功」とは異なるものである。M&Aの基本プロセスにおいて、交渉からクロージングがなされた状態までを「成立」と呼ぶ。一方で、成功という概念はそれ以上に広く捉えられる。ある意味では、「成立」と「成功」は包含的な関係にあるといってもよい。成功は成立なくしてはありえないものであり、実務的にもM&A戦略の策定から交渉の案件の成立過程をいかに上手く進めるかということも、成功においては重要な要素となるからである。加えて、成長戦略の実行手段として行ったM&Aが当初の目的を達成できたか否かは、評価する上で必要不可欠な要素であろう。

主観的評価と客観的評価が同時に問われる

　ここで改めて「成立」と「成功」のそれぞれを定義するならば、「成立」は「M&Aの法的手続きが終了して新会社として立ち上がること」、つまりは法的な契約締結が完了し、合併の場合は実態として新会社ができる、もしくは買収の場合は資本関係が変更されて新たなグループ会社という位置づけでスタートすることを意味する。

　一方で、「成功」の定義とは、「企業自身の戦略上の目的が達成でき、加えて様々なステークホルダーの評価が得られること」である。ここでは成功の要件として2つの意味が込められている。「当初の目的達成という主観的評価」と「ステークホルダーの視点からの客観的評価」という両側であり、その2つが同時に達成されることを成功と位置づけている（次ページの図表2-1参照）。

目標達成ができたという企業は3割を割る

　ここで、興味深いデータをご紹介したい。トーマツコンサルティングが2007

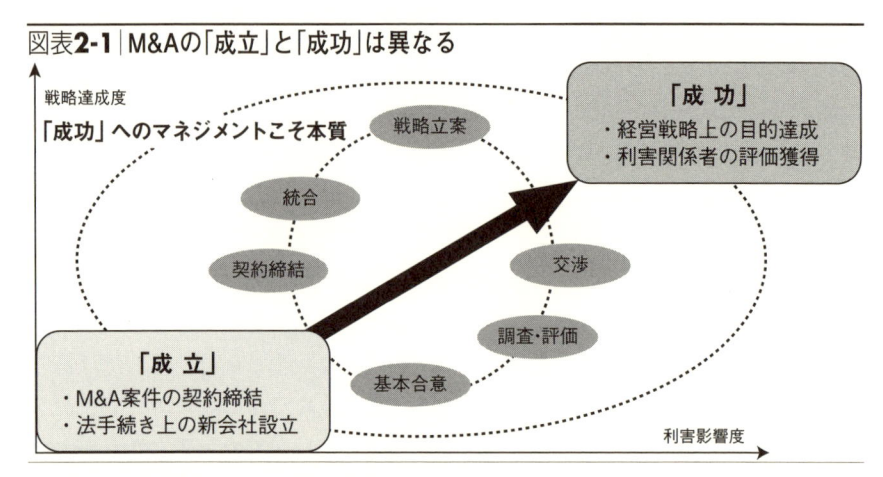

図表2-1 M&Aの「成立」と「成功」は異なる

戦略達成度

「成功」へのマネジメントこそ本質

戦略立案
統合
契約締結
交渉
調査・評価
基本合意

「成 功」
・経営戦略上の目的達成
・利害関係者の評価獲得

「成 立」
・M&A案件の契約締結
・法手続き上の新会社設立

利害影響度

　年にM&Aを経験した日本企業162社を対象に行った調査である。まず主観的評価という点について、過去に行ったM&A案件のうちで目標を十分に達成できた企業の割合は全体の3割程度に止まることがわかった（図表2－2参照）。「多くの日本企業においてM&Aが成立はしたものの、実は成功していないケースが多い」——調査ではそのような結果が出ている。この設問では、成功の定義で触れたひとつの要件、つまり、当事者の戦略上の目的がM&Aによって達成できたかどうかについて回答を得たもので、企業の実務担当者に「過去に行ったM&A案件の目標達成度を10段階で評価するとどの程度か」という問いのかたちで行った。回答では、10段階の10を満点とした際に8以上と答えた割合は全体の27％と3割弱であった。

　その内訳としてM&Aの形態別に買収と合併とに分けて集計すると、買収のケースでは29％、合併では24％とやや買収のケースのほうが確率は上がるものの、全体の水準としては3割を割るような状況である。

　ここでの10段階の回答を一定のレベルによって分類し、8以上と回答した企業を「成功企業」、5から7までを「普通企業」、4以下を「非成功企業」として集計してみると、成功企業の割合は全体の3割であり、7や6を回答したケースも多いため標準的な水準は低くはないものの、目的を達成できたと言い切れない企業群が7割方を占めている。このことから、多くの企業にとって過去のM&Aを成功と呼ぶには継続的に何らかの課題を抱えていて、当初の目的を

図表2-2 | M&Aの目標達成度

□目標達成度が80%以上である「成功企業」の割合は全体の27%を占め、買収では29%、合併では24%となっている。

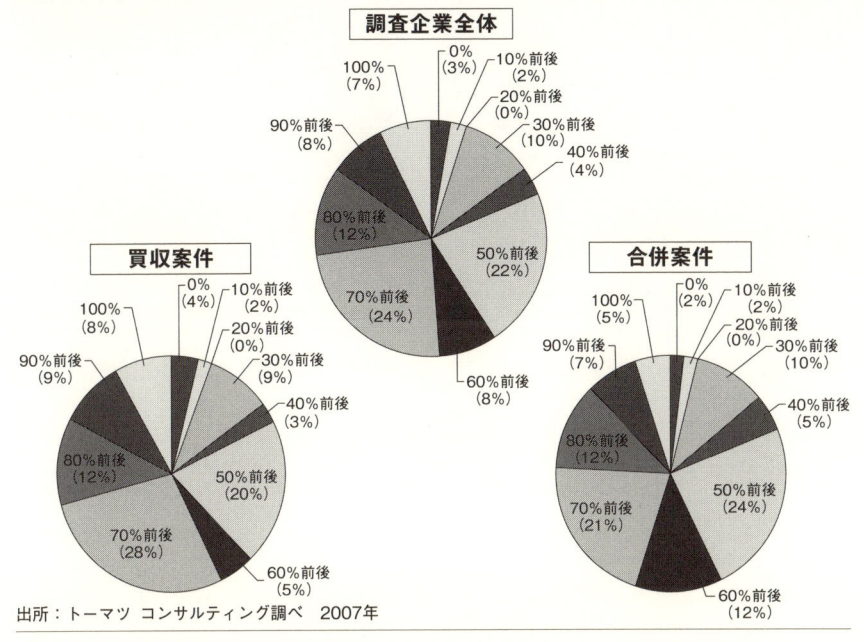

調査企業全体
- 0% (3%)
- 10%前後 (2%)
- 20%前後 (0%)
- 30%前後 (10%)
- 40%前後 (4%)
- 50%前後 (22%)
- 60%前後 (8%)
- 70%前後 (24%)
- 80%前後 (12%)
- 90%前後 (8%)
- 100% (7%)

買収案件
- 0% (4%)
- 10%前後 (2%)
- 20%前後 (0%)
- 30%前後 (9%)
- 40%前後 (3%)
- 50%前後 (20%)
- 60%前後 (5%)
- 70%前後 (28%)
- 80%前後 (12%)
- 90%前後 (9%)
- 100% (8%)

合併案件
- 0% (2%)
- 10%前後 (2%)
- 20%前後 (0%)
- 30%前後 (10%)
- 40%前後 (5%)
- 50%前後 (24%)
- 60%前後 (12%)
- 70%前後 (21%)
- 80%前後 (12%)
- 90%前後 (7%)
- 100% (5%)

出所:トーマツ コンサルティング調べ 2007年

達成することは決して容易でないということがわかる。

　この調査では、多くの企業が事前に目的とし期待していたことと実際の結果には大きな乖離があって、それを十分に埋めきれない状態が続いていることを示している。M&Aの実行主体としての立場で目的を達成できたと判断できる状態をいかに作れるかが、成功に向けては第1のテーマである。

ステークホルダーの中では株主重視の傾向

　続いて、第2の要件である「ステークホルダーからの評価」について、参考になる調査結果を見てみたい。ステークホルダーとは、株主、顧客、債権者、従業員など、広い意味で社会も含め企業を取り巻く利害関係者を意味するが、日本企業が、M&Aにとって重要なステークホルダーをどのように捉えている

か、また成功を図る上での客観的な評価指標をどう捉えているかという点について調べた。

　M&Aの成功に向けどのステークホルダーを最も意識すべきかについての質問結果から日本企業の実態を見てみたい（図表2-3参照）。ここでは、株主や顧客、取引先や従業員などの選択肢から回答を得たが、全体を通した顕著な傾向として株主重視がかなり浸透している。総じていうと、株主が重要視されるものの、その次に重要視するのは顧客となっている。

◉成功企業ほど顧客を重視する外向き傾向

　続いて、先ほどご紹介した成功確率の回答において目標達成度が8以上の会社を「成功企業」、4以下の会社を「非成功企業」、それ以外の5から7までの企業を「普通企業」と3つのカテゴリーに分けて、回答の傾向に差があったか

図表2-3 最も意識するステークホルダー

□成功企業も約半数の企業が最も意識するステークホルダーとして「株主」を挙げているが、成功企業ほど「株主」に加え「顧客」を重要視する傾向もある。

・成功企業ほどM&Aを評価する際、そのM&Aが顧客にどんなメリットをもたらしたかを意識していると考えられる。
・非成功企業ほど従業員を意識している傾向があり、過度に従業員を意識しすぎることでM&Aに悪影響を及ぼす可能性も推測される。

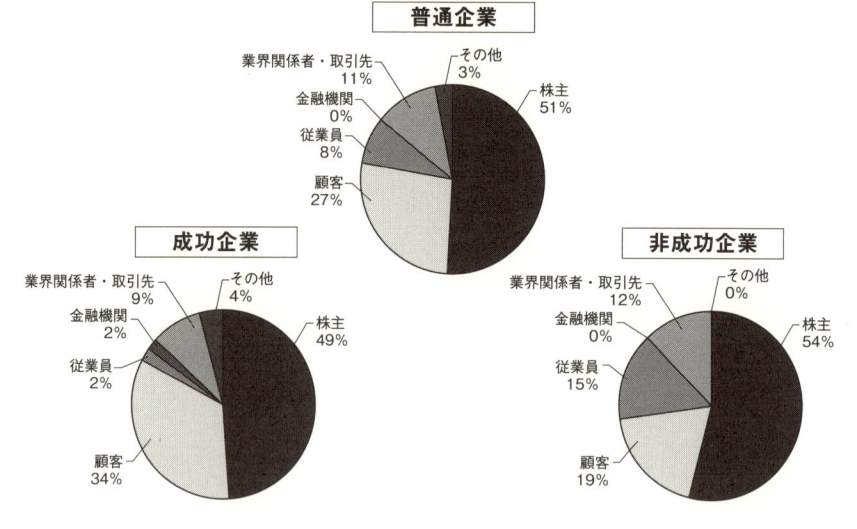

普通企業
- 株主 51%
- 顧客 27%
- 従業員 8%
- 金融機関 0%
- 業界関係者・取引先 11%
- その他 3%

成功企業
- 株主 49%
- 顧客 34%
- 従業員 2%
- 金融機関 2%
- 業界関係者・取引先 9%
- その他 4%

非成功企業
- 株主 54%
- 顧客 19%
- 従業員 15%
- 金融機関 0%
- 業界関係者・取引先 12%
- その他 0%

出所：トーマツ コンサルティング調べ　2007年

分析した。成功企業、普通企業、非成功企業で比較すると、成功企業ほど「顧客」を意識する割合が高く、一方で非成功企業は「従業員」を意識する割合が高いという結果が出ている。つまり、成功企業ほど顧客を重要要素と考える外向きの傾向にあり、反面、非成功企業ほど従業員を重視する内向きの傾向が強い。このように株主以外に顧客を重視する姿勢を持ち続けるか否かは、これも成否を分けるひとつのポイントになりうる。

　顧客を重要視することについて、特徴的な考えを持っている例としてK社の事例がある。K社は、M&Aを実施する際に、「取引先である既存の顧客にとってメリットがあるかどうか」をひとつの判断基準として用いているという。具体的には、例えば、新たなM&Aによって得られるシナジー効果が、自社に対するメリットだけではなく、既存顧客にどのように還元できるか、というストーリーを明確に描ける案件でないと実施しないというポリシーを徹底している。加えてK社は、M&A実施後においても、既存顧客からの評価をある程度聞くようにしていて、それをモノサシとして取り込んでいる。このようにM&Aにおいても顧客の視点、先方へのメリット提供という見方を織り込むことは重要な考え方であるといえる。

　続いて、ステークホルダーを念頭に客観的な成果を測るモノサシとして何が重視されるのか、M&A成功の評価指標について調査結果を見てみたい。

P／L指標を成果のモノサシにする企業が多い

　成功を測るモノサシとは、単に時価総額のみに一喜一憂することでも、P／L指標だけに満足することでもなく、株主、顧客をはじめ全ステークホルダーに対して評価を得られる指標設定、すなわち利益、売上、キャッシュフロー、株価、顧客満足度をバランスよく達成することである。成功のモノサシで真っ先に挙がる指標としては「利益」が最も多い。ただし、より興味深いのが、成功企業ほど、利益、売上に加えて、キャッシュフローや株価、並びに非財務指標（顧客満足度、従業員満足度）という複数の指標を掲げている点である。

　M&Aの成果をどういうモノサシ、指標で測っていくのか。ここでは利益や売上高といったP／Lの指標を重要視すべきであるという回答が多いことが象

徴的だ。つまり、一般的に資本市場の見方が重要な一方で、事業会社にとっては事業価値がM&Aによってどのように高まったかがまず優先される指標であることを示している（ここは事業会社、ストラテジックバイヤーを対象に事業会社向けの調査結果であるが、プライベートエクイティファンドなどの投資家の観点、ファイナンシャルバイヤーの観点からの評価は別の要素もある。金融上の投資として見るのか、戦略上の事業投資として見るのかという観点によって、モノサシは多少変わってくる）。

●ステークホルダーを念頭に多面的に評価

　また、もうひとつのメッセージとしては、成功企業ほど多面的な視点、つまりP/Lの指標だけではなく、株価、キャッシュフロー、もしくは財務的な視点以外の非財務的な顧客満足度、生産の効率性を測る指標、こういったものを含めてM&Aの成果を測っていることも明らかになった。特にその差が顕著なのはキャッシュフローや非財務指標であり、成功企業ほど、P／L指標のみならずB／Sも含めたキャッシュフローに置き換えて企業価値をモニタリングするとか、顧客満足度や内部の生産性を表す非財務的なプロセス管理指標（バランススコアカードを業績評価制度に採用している会社では、それをとり入れているところもある）も活用しながら多面的にM&Aの成果を測っている。

　当然ながら株価についても、成功企業、普通企業、一定以上のパフォーマンスを上げている企業は重視する傾向にある。株価とキャッシュ、非財務的な観点も含めた、多面的なステークホルダーを意識した見方は、M&Aの成否のモノサシである。つまり、M&Aの成功企業ほど、ステークホルダーを念頭に置いてその成果を多面的な指標から捉えて評価していることがわかる。

　このようにM&Aを通して、株主や顧客から客観的な評価を得ることができたのか、また各ステークホルダーを意識した上でどのような成果を上げられたのかを定量的に把握すること、すなわちステークホルダーからの評価を得ることが、M&Aの成功を考える上で重要な要素になっていることが読みとれる。

●M&Aで目指すべきは成立ではなく「成功」

　これらの結果を通して、改めて成功の定義を振り返るならば、M&Aの実行

主体として当初の目標達成度を高めていくことと、そこから得られる経済的価値をステークホルダーに還元することを念頭に客観的指標に基づき高い成果を上げていくこと、この2つが合致する状態になることを「成功」と位置づけることができる。つまり、M&Aの成功とは、何よりM&Aに期待した"自身の目的を達成すること"と"多様なステークホルダーの評価を手にすること"を見事に両立することにある。それは、案件の成立の向こうにある概念であり、経営としての戦略論と合致するものである。すなわち、M&Aで目指すべきは成立ではなく、あくまで「成功」である。

「成功」とは持続的かつ長期的なプロセス

　M&Aの成功の定義を見てきたが、それは同時に経営にとってのM&Aの位置づけに立ち返ることを意味している。M&Aとは企業にとって、投機でも特殊な一時的なイベントでもなく、まして、買う側、買われる側という一方的な勝負事でもない。M&Aとは、将来の競争優位を目的とした資本移動を伴う"経営戦略の組合せ"であり、外部の経営資源を自社のそれと合わせてどう価値に転換していくのか、という企業価値創造のプロセスである。

　M&Aの成否は、そのプロセスでの変化への対応力が大きく左右する。違う会社同士がある時から利害を同じくした立場に変わる。そこにおいては、長い将来の時間軸においては、買う側、買われる側という当初の図式は意味をなさないのである。つまり、未来の企業価値向上という共通の目的のもと、双方に訪れる新しい環境に向けていかに向き合えるかが問われている。

　先に見た「成功」の定義について、より広い目で眺めてみると、資本移動に伴い同じ企業グループになった相手先に対して「異なる経営資源を取り込んでグループ全体の企業価値を上げることによって、従来関係のなかったステークホルダーを含めた満足を得ていくこと」と読み替えることができる。通常企業は単独で経営することにおいても、常に環境変化に対応しながら持続的に企業価値を上げステークホルダーにメリットを還元していくことが求められるが、M&Aにおいてはそれに加えて、グループとして新たなる経営資源と利害関係者が加わることを意味する。

他社の経営資源を同一企業の視点で捉え直す

　一般的にはM&Aを行う側は、自社が買う、一緒になるという当事者同士の単体志向で考えがちであるが、相手の企業にも従来からの経営資源や利害関係者が存在する。これらをすべて合わせた上で新企業グループの視点から"主語"を置き換えて、いわばひとつのグループとなった"連結志向"で将来的な価値向上を果たしていくことが求められている。つまり、案件が成立したことは、資本関係上ひとつのグループになったこと、いわば新たなグループ経営のスタートを意味するのであり、グループ企業価値を向上させてステークホルダーの評価を得られてこそ、M&Aという手段がゴールを迎えることなのである。

　実際には、M&Aの成立以降において、対象会社との間で統合作業を行いながら、株主や顧客や取引先などの各ステークホルダーに対して必要なコミュニケーションをとり、内外ともに評価を得る中で企業価値を上げていく持続的かつ長期的なプロセスが求められる。M&Aのプロセスは、特に買収のケースなどは、一見すると買い手が相手先に対して単独（スタンドアロン）で行うリストラクチャリングの延長線上の価値向上プロセスと類似して捉えられるかもしれないが、最も大きな違いは、前提となる買う側の経営体の母数も含めて、グループ全体として相乗効果を上げていく点である。つまりは他社の異なる経営資源を同一の会社としての視点で捉え直す、いわば単体としての経営から他企業を巻き込んだグループ連結経営を実行していく必要があるということである。そこにおいては、従来の単なる出資先の合理化の域を超えて、買い手も含めて売上、利益両面において相手との間で経営資源を一体化させながら成果を示していくことが求められる。

日本企業のM&Aの多くは節約効果止まり

　内閣府の出した『平成19年版　経済財政白書』によると、日本企業の実態について、興味深いデータが記載されている。「今後の成長に向けた生産性向上と企業行動」という章で、2000年代前半で上場している日本企業の業績分析を

行った結果についてその傾向を総括しており、2000年代前半のM&Aの実績は総じて、費用節約面での効果に止まるという見方を示している。

● **売上拡大の効果は顕著には現れていない**

この調査では買収企業、被買収企業という側面から、その後のROA（総資産当期純利益率）やROS（売上高当期純利益率）などの財務指標について、M&A実施企業と非実施企業で比較しているが、特に被買収企業においては、M&A実施3年後において売上高拡大の効果が顕著に現れているわけではないことを指摘している。

また、非買収企業においてその他の企業の平均に比べてROSが高い理由として、売上原価率の低減幅が大きいことから共同仕入れ、部品共通化などの原価低減などが、またROA上昇に寄与している要因として、工場統合・閉鎖などによる資産売却が資産回転率向上に貢献していることなどが指摘されている。

当該調査期間が2000年から2002年までの3年間を対象にしていたこともあり、関連会社の整理・統合や中核子会社の再編などを中心としたM&Aが相対的に多かったことも影響していると考えられるものの、総じて調査からは、2000年代前半の日本企業のM&A（特に買収）の効果としては、非買収企業での売上面でのシナジー効果は微弱であり、主としてリストラによる費用節約面での効果が中心となっていると指摘している。

● **成長志向のM&Aに向けて課題も多い**

また、白書におけるその他の興味深い事項としては、非買収企業側は、ROA、ROS、総資産回転率などの指標の改善幅は、M&Aを実施していない企業の平均をいずれも上回っている一方で、買収企業においては、ROA、ROSの改善幅がその他の企業の平均値を下回っているという事実が挙げられる。このことは、日本企業の買収においては、買収先の企業価値向上に成果を出そうという姿勢は明確に結果として示されている一方で、買収元自体においては成果が出しきれていないという事実を示しており、M&Aという手法が、買収企業、非買収企業の両者合わせてグループとして価値向上につなげる取組みにまではまだいたっていないという実態が推察できる。

この点からも、買収先の合理化を中心とした手法によって企業価値を向上させていく点では一定の効果を上げ、手法も一般化しているものの、今後の成長志向のM&Aにおける目的と本来期待している効果という観点では未だ十分ではない。またそれが買収側、非買収側という立場の違いを超えて企業グループとして企業価値を上げていくという点においては、今後クリアすべきハードルが残っていることがうかがえるのである。

　つまり、M&Aの成功としてグループとしての企業価値を上げていくことを要件に置くならば、全体の傾向として、まだ将来にわたっての課題が大きいことを物語っている。今後は、統合を通して売上面も含めて成長を果たし、いかにグループとして価値を向上させ、自他ともにステークホルダーの評価を高めていけるかが問われている。

2 成否を分ける2つの重要実務
戦略策定と統合実務

戦略策定から始まるM&Aの基本プロセス

　単なる案件の成立に止まらずグループ価値を向上させ、ステークホルダーの評価を得るための、いわば成功に向けたM&Aを実現していく上では、具体的にどのような進め方をしていくことが望ましいのであろうか。それらを考える上で、まず一般的なM&Aの基本プロセスを簡単に押さえておきたい（次ページの図表2－4参照）。
　ここでは事業会社が買い手の立場でM&Aを行うケースを想定しており、大きくは「M&A戦略、交渉、基本合意、デューデリジェンス（買収監査）、最終合意、クロージング（法的手続きの実行）、統合実行」という手順を踏んで進められるのが一般的である。

ターゲットを絞り込み基本条件をつめる

　M&A戦略は、自社の経営戦略上必要なリソースを明らかにし、対象となるターゲット先のリストアップと絞り込む手続きを行う。俗にいうロングリスト、ショートリストを作成することだ。この段階ではまだ相手先の意向などは確認できていない状況で、あくまで買い手のみの都合で方針を決める。
　その後交渉という段階に移るが、そこでは直接か、あるいはアドバイザーのような仲介者を通して間接的にターゲットである相手にコンタクトをして、M&Aに応じる意向があるか否か、またそこにおける基本的条件についてやりとりを行う。その結果として両社ともに基本的な意向として合意できれば、基本合意書を作成し、今後本格的に協議を進めていくことを表明する。
　基本合意においては、M&Aの形態、新会社の基本要件（社名、本社所在地、

図表2-4 | M&Aの基本プロセス

ターゲット選定	買い手・売り手候補の選定	経営戦略上の要件に基づいて候補企業（ターゲット企業）の絞り込み
	アドバイザーの選任	候補企業の情報提供、条件交渉上の助言、各種専門家の紹介・アレンジ等を依頼
	候補企業の概要・業績検討	ノンネームリスト（プロフィール、業績、財務状況、株主・従業員状況等）により交渉意思の検討
基本合意	守秘義務契約の締結	M&Aの条件交渉に必要な情報の要求と併せて守秘義務契約を締結
	予備的デューデリジェンス	提示情報（案件概要書等）を基に取引条件の妥当性及び最適な取引スキームの検討
	基本合意書（LOI）の調印	排他的な取引条件の交渉（独占交渉権）及びデューデリジェンス（監査調査権）等の取決め
デューデリジェンス	詳細調査	候補企業の提示情報の会計・税務・法務的な信頼性の検討、ビジネスやスキームの検討
	意思決定手続き	詳細調査結果を踏まえたM&A実行の再確認及び意思決定
最終合意・クロージング	最終契約書の調印	解除条項、価格精算条件、瑕疵担保責任等を定めて当事者間で法的拘束力が発生
	関連法案への準拠	必要法手続き（公告、債権者保護手続、反対株主保護手続、公取委届出等）の準拠
	クロージング（最終契約締結）	資金の払い込み、株式等の発行、資産の名義移転、契約の発効、登記などによる手続き実行
	クロージング監査等	評価日とクロージング日における資産変動分につき取引価格等を修正、開始残高等を確定
統合	統合実行	企業価値向上（シナジー効果の実現）に向けた経営システムの統合（経営計画、組織・人事制度、業務プロセス、情報システム、企業風土構築等）

会長・社長などの主要役員構成など）、価格、独占交渉権、善管注意義務、その後のスケジュールなどが盛り込まれる。最近の傾向では、特に上場企業の場合、この基本合意が成立すると対外発表を行い、情報を広くオープンにした上でそれ以降の段階に移行するのが通常になっている。

したがって、合意内容の諸条件もさることながら、同時に情報開示を意識し積極的にステークホルダーからの統合への理解を得るために、目的や統合日までのスケジュール、統合メリット、すなわちシナジー効果をどのように考えているかも検討されるテーマである。両社の意思表示という意味ではプロセスにおいて最初にして最大の山場であるといってよい。

基本合意書自体は法的拘束力を持たないというのが定説（守秘義務や独占交渉権などいくつかの個別条項については法的拘束力を持つことを契約書上に個別に

明記する場合が多い）であるが、最近は一旦合意して発表している以上、その後の詳細調査でよほどのことがない限り破談にできない実質的な意思決定という重みを持つものと受け止められている。

基本合意は案件成立のメドが立った段階

　M&Aの交渉プロセスでは、基本合意の前後では状況が明らかに異なってくる。M&Aのターゲット選定から交渉を開始してその後の基本合意が結ばれるまでの間は、限られたメンバーで機密性の高い状況下で検討が行われるのが通常である。一般的な例であるが、ここでは経営トップ、役員の一部、経営企画及び財務関連のスタッフ、一部の現場事業部門の責任者クラスなど一部のメンバーに限定された中で案件が検討されていく。これらは社内の従業員はおろか、役員レベルであっても一部の代表者と担当役員レベルしか知らされていないケースも多い。

　この段階では、合意にいたるかどうかわからない案件に対して、社内でできる最大限の情報収集やアドバイザーとのやりとり、相手先との交渉など条件面での基本的事項でのつめを行っている。ケースによっては、基本合意を結ぶ前にしっかりとしたデューデリジェンスや価値算定を行って諸条件を深くつめた上で合意する場合と、予備的な調査に基づいて基本線を合意して、その後詳細な調査を行う場合とがあるが、いずれにしても基本合意は、案件成立に向けてメドが立った段階である。

　最終合意に向けた手続きとしては、基本的な諸条件について擦り合わせをしていることをベースに、財務・法務・税務、ビジネスなどの観点から詳細調査（デューデリジェンス）を行い、企業価値算定を行って最終的な買収価格や統合比率などの諸条件をつめていくことになる。これらが契約上決定されるのが最終合意である。最終契約書締結においては、基本合意を基にその後の詳細調査の結果を反映し、買収金額や支払条件、損害賠償責任、表明保証義務などの要件を盛り込んで締結される。

　そして原則的にそれらの条件に基づき、実際の株券発行や譲渡、代金決済などが実行されることをクロージングという。その後は妥結された契約に基づい

て新会社を設立していく過程に入る。それは単に形式的な会社を設立するだけではなく、新会社として企業価値を向上させるための様々な要素を統合していくことが必要になる。法制度上の新会社（合併であれば両社の統合した存続会社であり、買収であれば新たに資本傘下に入ったグループ子会社）を設立する手続きのみならず、実際に新会社として企業価値を上げていくまでのプロセスを含めて一般には統合（インテグレーション）という呼び方をしている。これらが大まかなM&Aの一連のプロセスである。

失敗しやすいM&Aの原因はどこにあるのか

前述のM&Aの目標達成度に関する調査では、成功確率は3割程度つまり7割方の企業は何らかの課題を抱えていることを示していたが、ここにグローバルネットワークであるデロイトコンサルティングが2000年に多国籍企業を対象に実施した調査において、M&Aの失敗の理由を具体的に分析したデータがある（図表2-5参照）。

図表2-5｜M&Aが失敗する理由

□M&Aの失敗理由は「アプローチ段階の誤り」と「実行段階の誤り」の2つに分類できる。

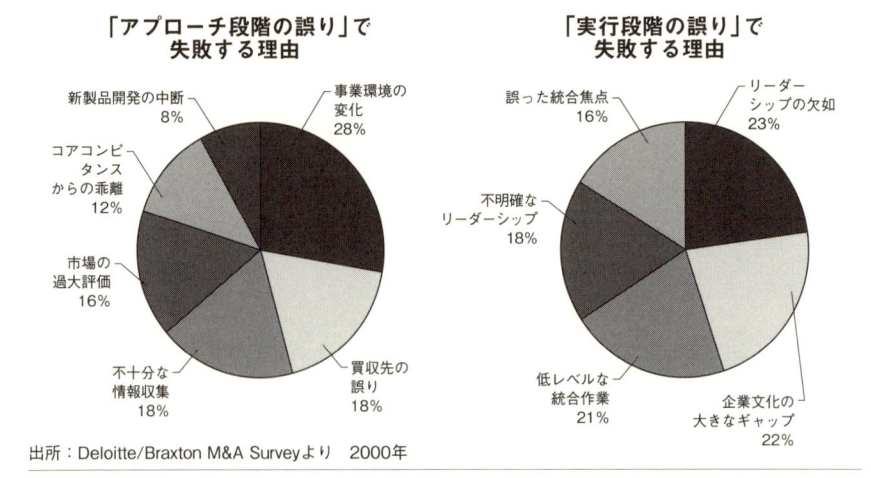

「アプローチ段階の誤り」で失敗する理由
- 事業環境の変化 28%
- 買収先の誤り 18%
- 不十分な情報収集 18%
- 市場の過大評価 16%
- コアコンピタンスからの乖離 12%
- 新製品開発の中断 8%

「実行段階の誤り」で失敗する理由
- リーダーシップの欠如 23%
- 企業文化の大きなギャップ 22%
- 低レベルな統合作業 21%
- 不明確なリーダーシップ 18%
- 誤った統合焦点 16%

出所：Deloitte/Braxton M&A Surveyより　2000年

●ディール段階と統合段階のそれぞれに問題

　これによると、M&Aの失敗の原因について「ディールの成立段階」と「成立後の統合段階」の2段階で分析している。ひとつは、このディールそのものが決してよいディールではなかったこと、つまり案件そのものの価値がそれほどなかった、というもの。2つ目は、仮によい案件であったとしても上手く統合できなかったこと、つまりはM&A後の価値を上手く上げられなかったという事後的な問題である。

　事前のアプローチの段階で案件そのものを見極められなかった理由として、交渉中に業界の環境が変わり、必ずしも企業価値が維持されたわけではない、もしくはターゲットの選定が誤っていた、情報自体が限られていて正しい判断ができなかった、などといった要素が多く挙げられる。

　一方で、事後的な失敗の理由として、特に統合が進められない理由として最も多く出てくる重要なキーワードが、リーダーシップであり、だいたい4割ぐらいの失敗理由であることが見てとれる。リーダーシップの質によって実際の統合後の成果は大きく左右されることを示唆している。

　また、それ以外の要素としては企業文化といったソフトの部分が挙げられている。統合といっても生身の人間同士がやることなので、価値観であるとか、風土的なものであるとか、そういったものが非常に大きな影響を与えていることが見てとれる。

　加えて、重要なのは基礎レベルの統合作業が失敗の原因になっていることで、同じ統合作業もやり方によって期間も、費用も、効果も異なることがデータからも読みとれる。この手順を踏み間違うと、その価値に大きな影響を与え、特に統合後の事後的な失敗の原因としては大きな要素になっている。失敗に陥りやすい要因をいかに事前に回避するかが、成功に向けたテーマである。

●シナジー効果に対する過度な期待が先行

　内閣府調査のレポート（「わが国企業のM&A活動の円滑な展開に向けて－M&A研究会報告－（2004年9月）」内閣府経済社会総合研究所）においても似たような指摘がされている。M&Aが失敗する主な理由として、「買収価格の妥当性」「シナジー効果の実現」「ディールから手を引く仕組みの不在」「インテグレーショ

ンの問題」の4つを主として挙げている。

まず、買収価格の妥当性やシナジー効果の実現については、一般的にシナジー効果を得るのがM&Aのひとつの大きな目的だが、本当にシナジーが出るものなのか、過度な期待が先行して思ったほど実現ができない、などといったシナジー効果にまつわる課題が指摘されている。

また、ディールにおいては、M&Aのプロセスの中で案件が有望でないことが判明した場合の手の引き方の問題が指摘されている。交渉から手を引くことは、こちらの意向と相手があるものなので経済合理性がない場合においても非常に難しい、などといった交渉プロセス上の課題が挙げられている。

最後に統合の失敗では、買収したのはよいが、その後何もなされていない、会社のかたちをひとつにしてもそのまま旧来のかたちが残っているなど、意味があるかたちで統合していくことの難しさ、という交渉成立以降の統合に対する問題意識が挙げられている。

失敗と成功の分かれ道となる要因は、M&Aプロセスの各所に存在する。すなわち、M&Aの成功を考える上では、仮に一部分が上手くいったとしても成功に向けては十分ではない。M&Aの戦略立案、交渉、統合と全プロセスにおいてトータルとしてハードルを乗り越えていくことが必要とされるのである。

先に紹介した調査によると、M&Aのプロセスにおいてどの実務が重要かという問いに対して、重要なポイントは「戦略立案」と「ポストM&A」という結果が明らかになった。いわば「入口」と「出口」が重要なのである。とりわけ成功に不可欠なのは、成立以降の「出口」、すなわち「ポストM&A」である。（図表2－6参照）。

「戦略立案」と「ポストM&A」が最重要の実務

M&Aの成功に重要な実務として、第1に戦略立案、第2にポストM&Aが挙げられた。通常ディールに目が行きがちだが、実は入口と出口にこそ成功の鍵があることがわかった。

調査では、M&Aの成否を分けるポイントとして重要な実務は何かという設定で、「戦略立案」「ターゲット選定」「スキーム立案」「バリュエーション」「デ

図表2-6 | M&Aの成否を決める重要フェーズ

□ M&Aの成否を決める最重要なフェーズとして1番目に「戦略立案」、2番目には「ポストM&A」と回答した企業が多い。

・M&Aを進める上では、ディールもさることながら、いわばM&Aの入口である「戦略立案」と出口である「ポストM&A」が重要といえる。

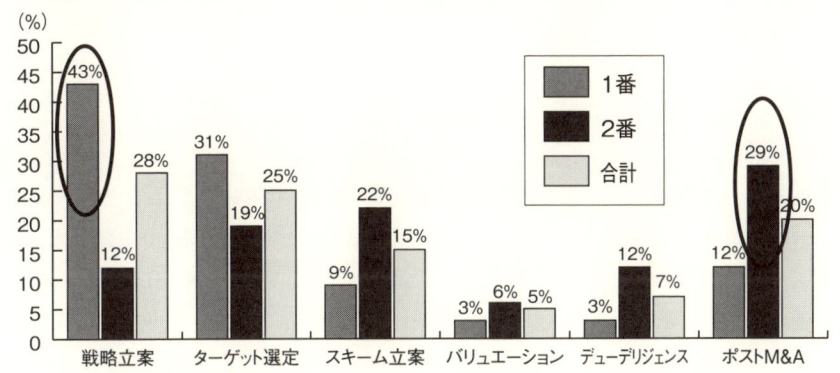

(%)

	戦略立案	ターゲット選定	スキーム立案	バリュエーション	デューデリジェンス	ポストM&A
1番	43%	31%	9%	3%	3%	12%
2番	12%	19%	22%	6%	12%	29%
合計	28%	25%	15%	5%	7%	20%

出所：トーマツ コンサルティング　2007年

ューデリジェンス」「ポストM&A」の６つのプロセスから、１番目に重要なものと２番目に重要なものという優先順位づけをした上で回答を得た。

その結果、事業会社が会社を買う場合（ストラテジックバイヤー）においては、M&Aの戦略立案、つまり自社の戦略上の目的を明確にした上でターゲットの要件を明らかにして、交渉に向けたシナリオを作る過程のプロセスが１番目に重要であるとの回答が得られた。

続いて２番目に重要という中で最も回答が多かった選択肢は、ポストM&Aであった。交渉の成立後、新会社設立に向けて、戦略や組織、業務プロセス、情報システム、風土といった経営システムを統合していく過程における全般的統合実務の重要性が高いと認識されている。

この結果を意外と思われる方も多いかもしれない。一般には、M&Aというと財務・法務的な専門的知見、契約行為などが注目されるため、ディールに関わるプロセス、条件面の交渉の巧拙が成功に直結すると思われがちである。現にディールの過程でのプロセス抜きに成否を語ることはできない。

ここで着目すべきは、過去のM&Aを経験した企業が後になってそれらの案件を振り返ると、実はM&Aの成果を通常のマネジメントサイクルの文脈に当

てはめて評価している点である。すなわち、そこにはテクニカルなM&Aの特殊な要素以上に、自社のマネジメントにとってその案件に取り組むことがよかったのか、また取り組んだ以上それらが当初期待するだけの価値を得られたのか、M&Aをマネジメントサイクルに置き換えた上で、その入口と出口の成否を重要視していることが読みとれる。

デロイトによるM&A成功のための要諦

同じような結果は、英国における調査でも明らかになっている。デロイトリサーチが2001年から2006年の間に英国の上場企業が関与した1000件を超える取引を分析したレポートによると、昨今、企業買収ファンド（Private Equity Fund）の台頭が著しく、英国の事業会社をM&A取引力という点でたびたび相対的に上回る傾向があることを指摘している。そこで、企業買収ファンドや事業会社の中で成功事例を抽出し、M&A成功のための要諦として以下の５つを挙げている。

①明確な目的

ほとんどの企業ではM&Aを中核的な規律とみなしておらず、取引に対する責任の明確さが欠けている一方で、成功企業はあらゆる取引のすべての段階で明確性と厳密性が存在している。

②事業ポートフォリオ管理力

自社が持っている事業ポーフォリオが最適であることを外部ステークホルダーに示す必要があり、その意味で、事業において適時に適正な価格で取引（撤退も含め）するという行動にも、より重点を置くべきである。

③ターゲットを知る

M&Aが遂行されるスピードを考えると、企業は多大なリソースをつぎ込んでターゲットを事前に特定する必要がある。

④実行へのインセンティブ

企業買収ファンド（ファイナンシャルバイヤー）と事業会社（ストラテジックバイヤー）の買収の間で最も違いが出ているのが、ディール完了後に発生するイベントの順番。企業買収ファンドは、有利な投資回収につながる短期目標を

設定することに焦点を当てて、早期の段階で集中的に行動する傾向にある。
⑤ポストM&A（統合）
　取引から最大限の価値を引き出すための能力は企業にとっても不可欠である反面、大半の企業は、統合については取引全体の一部分として扱っていない傾向にある。成功企業については、特にディール以前の段階から統合計画の立案に着手している。このようにM&Aの成功のためには、当初の目的設定やターゲットの調査、そしてディール完了後の統合という実務がきわめて重要である。つまり、M&Aは特殊なことではなくマネジメントサイクルの中でどのように価値を上げたのかというのが目線になっている。

3 ポストM&Aの成功の鍵

統合の成果こそ「成功」の果実をもたらす

M&Aにとってはディール後のほうが課題

　M&Aのプロセスにおいて、マネジメントサイクルの観点から企業価値を高めていく上では、案件成立後の工程であるポストM&Aの段階が、きわめて重要である。多くの企業がM&Aによって、本来達成すべき企業価値向上を実現できていないことは、今後の日本のマーケットにおいて大きな課題である。

　M&Aを実施する当事者にとっては、そのディールが成立することに目が行く傾向にあり、その後については関心が薄くなりがちな面があるが、本来の成功に向けては、実際の統合効果を実感でき価値を向上させてこそ完結しうるものである。つまり、日本企業のM&Aでは「成立」と「成功」の間には大きなギャップがあり、このギャップを埋めるための処方箋が今こそ求められている。M&A件数が増加している現在、このギャップを埋めM&Aを成功に導く処方箋としてポストM&Aの方法論が求められている。

成功例においては株価が長期的には上がっていく

　M&Aを経験した企業が、実際にM&Aが「成立後」どのような軌跡をたどったのか、いくつかの統合実例に基づいて見てみたい。

　2000年頃に統合したいくつかのケースにおいて、その後の2007年にいたるまでの株価の推移を比較したものがある。株主というステークホルダーから見たときにどのように評価されたかを見るべく、統合日（DAY 1）以降に資本市場の評価が分かれたいくつかの典型的な事例を基にポストM&Aはどのような状況かをたどったものである。

　まず、企業Aにおいては、DAY 1前後では比較的好感されているものの、

図表2-7-①│株価データに見るポストM&A（非成功例）

企業A

Day1

n+1　n+3　n+5

企業B

Day1

n+1　n+3　n+5　n+7

まもなく一時的に大きく低下し、その後持ち直しつつも時間が経過するにつれて、株価は徐々に低下している。企業Bにおいては、統合直後は大きく跳ね上がったもののその後は徐々に低下し、水準としては低水準に止まった状態が続き大きな変化が見られないケースである（図表2－7－①参照）。

　両者のパターンに共通するのは、統合日前後においては一時的に評価されるもののその評価が長続きせず、しだいに数年が経つにつれて下落していくというパターンである。

　一方で逆のパターンの事例を見てみたい（次ページの図表2－7－②参照）。企業C及びDにおいては、統合後に一定の混乱がありつつも時間の経過とともに一定期間かけて徐々に右肩上がりに推移し、統合から中長期経った最近ではさらに上昇している傾向が見られるケースである。同様に統合後に資本市場から評価されているいくつかの事例を挙げてみると比較的同様の変化をたどっているケースを見ることができる。

　成功している企業の統合後の株価の上昇軌道において、統合後の混乱があり

図表2-7-② 株価データに見るポストM&A（成功例）

成功企業C

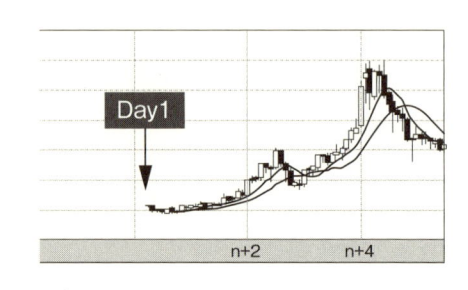

成功企業D

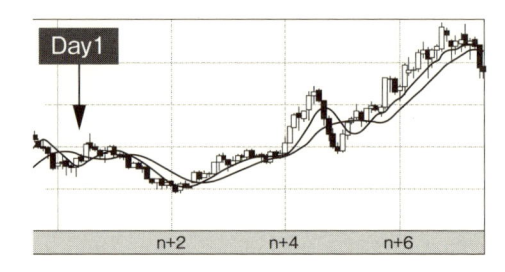

つつも3年越しで比較的堅調に上昇軌道に乗せ、その上で5、6年後を見据える次の段階においてさらなる転換を経て、成長軌道に乗せているという特徴である。一方で統合効果をしっかりと出していくこと、その上で新たにステージを変える次なる施策を実行していくこと抜きには実現できない。

すなわち、これらの事例を通して示唆されることは、M&Aの成功とは、案件の交渉が成立した以降に、DAY1から始まる長期的なスパンの中で、絶えず評価を得ながら企業が成長していくプロセスの結果であるということである。

ポストM&Aのスタート地点は基本合意

このような実例を見てわかるとおり、あくまで株価はモノサシのひとつであるが、案件が成立した後に少し長い時間軸で見てみると、ポストM&Aの成果、つまりM&Aの顛末というものは案件や企業よって明らかに大きな違いとなって現れてくる。ポストM&Aを考える上でまず大切なことは、統合の道程をど

図表2-8 | 基本合意から始まるポストM&A

□ ポストM&A（PMI）とは、狭義には統合日（DAY1）以降のプロセスを意味するが、本来的には「企業価値向上に向けた"基本合意以降"の統合アプローチ」として捉えるべきである

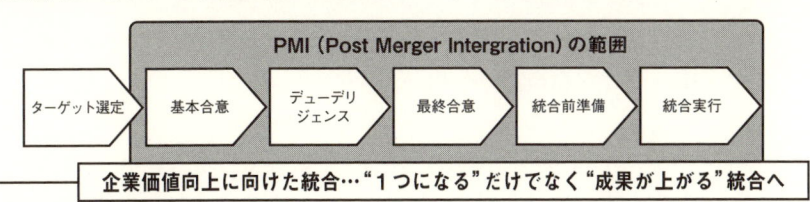

```
                    ┌─────── PMI (Post Merger Intergration) の範囲 ───────┐
  ターゲット選定 → 基本合意 → デューデリ → 最終合意 → 統合前準備 → 統合実行
                              ジェンス
              └─── 企業価値向上に向けた統合…"1つになる"だけでなく"成果が上がる"統合へ ───┘
```

□ ポストM&Aでは、"スタート"と"ゴール"の認識を持つことが重要である

　　　　　スタート ─────────────────▶ ゴール

基本合意（DAY1では遅い）
・基本合意及びデューデリジェンスからポストM&Aへのプランニングが始まっている
・DAY0、DAY1の理解と、統合作業を踏まえたDAY1の決め方も重要なポイント

統合効果の実現（DAY1ではない）
・DAY1に統合目標（シナジー効果を含む）を明確にすること
・統合目標を実現するPDCAサイクルを確立すること

のような時間軸で捉えていくか、すなわち、統合プロセスにおける「スタート」と「ゴール」の認識である（図表2-8参照）。

　まずひとつ目の視点として「スタート」であるが、これは案件が実質的に合意された段階、基本合意を「DAY0」として捉えている。実はこの開始タイミングの設定がその後に大きな影響を与えるきわめて重要なポイントである。

　旧来のポストM&Aに関する捉え方は、案件が終了した後、つまりはディールが成立する最終合意やクロージング、さらにいうならば新会社の統合日である「DAY1」以降が一般的であった。言葉の印象から一般に最終合意やDAY1以降を示すと思われがちだが、本来の成功に導く目的に照らすならば、ポストM&Aの始まりは、最終合意やDAY1以降ではなく、あくまで基本合意（DAY0）前後をスタートとして捉えるのが妥当である。

　このような見方の背景には、成功しているM&Aのケースについては、基本合意の成立直後から統合後をにらんだ仕事に着手しているという数多くの事実がある。またそれ以上に、DAY1までに統合のことを検討しきれずに、DAY1以降に先送りされ結局棚上げになってしまった失敗事例が数多くあるからである。実際の法的な拘束力を伴ったかたちで両社がM&Aを実行するのは最終

合意であるが、実際に両者間で事実上の合意に達するのはこの基本合意が境目であるがゆえに、まず当事者間がM&Aの実質的合意を得る基本合意をポストM&Aのスタートとして捉えることが重要だ。

ステークホルダーの評価が不可欠なゴール

2つ目の視点として大切なのは、「ゴール」を明確にすることである。これらのゴール設定においては、本章の冒頭部分で触れたように、当初の目的を達成し企業価値向上を実現し、ステークホルダーの評価を得られる状態をゴールと位置づける。それは、一概に何年後というように表現できるものではないが、3年から5年の中長期的な時間軸に立って設定すべきものである。

ポストM&Aの本来のゴールとは、両社が有している経営資源を最大限に活用して、双方が単独では描ききれなかった成長シナリオを描くことである。散見される悪しき事例に、統合を機に見た目は新会社であるが、実際には両社の経営計画を単純に合算して規模が膨らんだ状態で、組織も旧組織を維持したまま統合前と同様に業務を行っている企業がある。それではゴールどころかM&Aを行ったことの意味さえも見出しにくい。

そこには、単独でできなかった新たな可能性を統合により切り拓いていく努力が求められるのである。と同時に、それが周囲のステークホルダーから支持される。そのためには、新会社としての経営ビジョンや中期経営計画で統合効果も反映したかたちの明確な目標を具体的に示し、それを計画どおりに実行に移すことだ。実務上はM&Aの目的と目標値を把握できるモノサシとして設定しそれを実行するためのアクションを経営計画において反映させ、それらをモニタリングできる仕組み、いわばM&Aの成果を管理できるPDCAサイクルを作ることが重要である。

中長期的な視点に立って、両社の経営資源を最大限に活用しながら、新たな可能性を感じさせる経営ビジョンと戦略、中期経営計画において明確に示されたもの、またそこに示されたものが結果として成果を上げてステークホルダーの評価を得られて、ポストM&Aのゴールが達成できる。

DAY1は新会社の統合日＝業務の開始日

　M&Aを「成立」に止まらせることなく「成功」へと導く上では、ポストM&Aの長い道程の進め方の巧拙が大きく影響を与えるが、そこにおいては重要なターニングポイントが存在する。その答えはDAY1である。

　DAY1とは何か。DAY1とはM&Aの案件が成立した後の新会社の統合期日、つまり、新会社としての効力が発生する運営スタートの日を呼ぶ。これらの呼び方については、実務上の呼称であり、学術的な定義があるわけではないが、何かのイベントがスタートする日をDAY1と呼ぶことは一般的に使われる呼称である。

　あらゆるM&Aの形態においても、DAY1は新会社としてのすべてのスタート日である。例えば、A社とB社が合併という形態をとる場合においては、交渉の過程で統合比率の算定や諸条件の締結を株主に対して行うものの、それらが締結されてからは資本関係上も、組織上もひとつの企業体になる。存続会社に一本化されるのか新たな会社に相互から移るのか方法はあるが、いずれにしても合併新会社の事業開始日がDAY1となる。

　買収のケースにおいては、資本関係の変更によって株主構成が変わり、影響を及ぼす主体が変わるため、主として経営陣の体制や名称などが変更されることはよくある。それでも、会社組織としては従前の会社も当面は存続するケースが多い。その場合も、グループ傘下の新会社として業務運用する日がDAY1ということになる。

　M&Aの成功においては、このDAY1、つまり新会社のスタート日をいかなる状態で迎えるかがその後の道筋を決定づける重要な意味を持つものである。DAY1が重要だと強調するには2つの理由がある。

ポストM&Aという新しいターゲットを示す

　ひとつ目の理由は、成立から成功へと向かう上で、M&Aに携わるすべての関係者に対し交渉成立から統合への取組みの継続性と求心力を維持するためで

ある。「交渉締結がM&Aの終わりではなく、ポストM&Aの始まりである」というメッセージを示し、M&Aの成立から成功に向けたターゲット目標をDAY 1として明確にすることで、経営レベルをはじめ企業全体に経営課題化されることで継続的に求心力が維持されることは、統合実務を進める上で大きな意味を持つ。

　ここであえて求心力を強調する背景には、多くのM&A案件の現場が抱える深刻な現実がある。通常、M&Aの交渉においては経営トップや実務担当者は成立させることでかなりの労力を費やしている。交渉というのは互いの利害やエゴが直接的にぶつかり合うシビアな世界で、そこでしのぎを削っているうちに疲れきってしまい、契約が締結されれば大きな仕事が終わったものだと感じ、その後にエネルギーが回らないことが多い。実はこれが、従来からポストM&Aが重要であることが机上で理解されながらも、実際に多くの企業でおざなりになってきた大きな理由である。

●企業内部のM&A推進体制にも課題がある

　それらを象徴する課題のひとつとして企業内のポストM&Aの推進体制がある。具体的には、成立以降は、経営者の関与度合が低下していたり、M&Aの交渉担当者と成立後の新会社への統合作業を引き継ぐ担当者が別々で社内で情報の共有がなく断絶してしまう、などがよく起こりうる悪しき事例である。多くの企業では、交渉時は企画部や財務など本社部門が基本的にとりまとめているが、DAY 1が近づくと現場部門に引き継いでいくケースが多く、交渉局面を担当していたメンバーは現業との関係上離れていく傾向がある。

　このような状況下では、企業としてDAY 1に向けた組織としての意思が統一されることは難しい。現業部門の関心は、M&Aの統合実務というよりは、現業に直接関係がある個所について、DAY 1前後を無事に立ち上げることとその後のオペレーションが円滑に回ることに関心が集中しており、M&Aの成果を持続的に出していくという目的からするとしだいに乖離していく。このような状態では、成立から成功に向けたプロセスを企業として引き続き一元的にコントロールしていくことは難しいのが現状である。

　したがって、"DAY 1"という新しいターゲットを明確にすることによって、

当初DAY 0 から関わっていたメンバーの次なる目標を継続して示しつつ、その後の統合メンバーも含めて企業として一体的に断絶なく継続できる体制を構築できるようになる。また、経営レベルがM&Aの成功に向けた新たな目標を掲げながら、その後の統合にコミットできるようになることでM&Aの成立から成功へのプロセスの継続性と統合の求心力が保たれることが重要だ。

周到な準備によるロケットスタートが理想

　さて、DAY 1 が重要とする2つ目の理由は、ポストM&Aの道筋を走るには、「ロケットスタート」が統合を成功させる上で最も効果的で早道だからである。つまりは、成立した後に成功に向けたその後のプロセスを効果的に推進するためには、スタートの切り方がとても重要である。

　M&Aの成功は「当事者のM&Aにおける目標達成とステークホルダーの評価を両立させ企業価値を向上させること」という考え方に立つならば、新会社の開始時点から企業価値向上に向けたスタートが切れるかどうかはその先に大きな影響を及ぼす。その成功というゴールに向けて、DAY 1 から即実行に移せるのか、あるいはDAY 1 から計画を立て始めるのかによって、もたらされる結果が明らかに異なる。

　DAY 1 で実行のスタートを切るには、必然的にDAY 1 以前に計画を立てることが求められる。これは至極当然の理屈のように聞こえるが、実際に現場においてはDAY 1 までに周到な準備を終えてロケットスタートができている事例は意外に少ないのが実態である。

　日本企業におけるM&Aの統合手続きのスケジュールの動向を見ると、交渉開始から基本合意まではケースによって多様であるが、基本合意からDAY 1 までの時間は短縮化している。そこには業界環境の変化や求められる経営スピードが速いので、統合すると決めた以上いち早く新会社をスタートさせたいという競争上の意向が働いている。

●スロースタートの問題先送り型が圧倒的多数

　その一方で、多くの現場では期限内に最低限のかたちを作ることに終始する

があまり、肝心な新会社の戦略、経営目標や経営インフラ作りが後回しになっている場合が多いのもまた現実である。つまりは「仏を作って魂を入れず」状態の会社が実際には多い。経営者や実務担当者は「とにかく社外的にも最低限説明がつくレベルのかたちに仕立てて、新会社のビジョンや戦略や制度統合はできてからゆっくりとやればよい。何も今から拙速にやる必要はない」と考えがちで、実際はDAY 1 がスタートしてから多くのことを考えていけばよいという、いわばスロースタートで先送り型が圧倒的に多い。

しかし、このようなパターンほど確実に成功から遠ざかっていく。なぜならば、新会社がスタートしてからは、DAY 1 以前の目論見どおりにいくほどに余裕が与えられないからである。DAY 1 以降は現業に追われ、環境が変化する中では、よほど経営者の意識が高くない限りは統合作業にそれほどにエネルギーをかけられないものである。

加えて、DAY 1 以降で新会社が既にかたちの上で統合されて大きなトラブルなく動いていると、まるで統合自体が成功であったという錯覚に陥ってしまい、本来そこから持続的に続くはずの統合のプロセスを軽視してしまう、またはそこに経営として優先的にエネルギーをかける動機ときっかけを失くしてしまうことはよくある話である。つまり新会社がスタートして「成立」しただけにもかかわらず、目的を果たし外部の評価が得られる以前に、統合が上手くいった、成功であったかのような誤解をしてしまいがちになる。これはM&Aの成功に向けた隠れた落とし穴である。

DAY 1 における統合準備が中途半端な状態においてスタートを切ると、もう後には戻れない。また本来の統合の姿に振り戻そうとすると前もって行う以上に何倍もの大きなエネルギーを要するのである。まさに「流れ出した水は止められない」ということだ。

DAY1はイベント日ではなく実行開始日

本来、DAY 1 は実行のスタートを切るには絶好のタイミングである。会社の名前が変わり、ステークホルダーとのコミュニケーションも仕切り直すことが可能になる。統合を機に他の経営資源と一緒になることで生まれ変わり、戦

略を変更することも可能である。

　そうした戦略的な切り替えタイミングを最大限に活用するためには、DAY1は単なる新会社開始のイベント日ではなく、戦略の実行開始日でなくてはならないのである。統合作業が後回しになり、いつしか現業に流されてしまう状況、つまり「流れ出した水は止められない」状況に陥らないために、水を流し始める日であるDAY1までに、十分な状態にいたるまでの準備を完了し、その先の統合作業の見通しを立てて迎えることができるかが重要である。すなわち「水が流れ始める前に、流し方を十分に考えるべき」なのである。M&Aの成功に向けては、最初にDAY1のマネジメントが求められている。

　DAY1に向けて旗頭を立ててスタートを切るためには、いつからどのような準備をすればよいのであろうか。ロケットスタートを切るためには、DAY1に向け実務的な検討範囲や優先順位の見極めが大切なポイントである。換言すれば、交渉の「成立」から「成功」に向けてどのようにシフトすればよいのかという議論である。それらのテーマを解き明かす上で注目すべきポイントは、「基本合意」というイベントにある。

DAY0は実質的なスタートである基本合意

　法的な意味でのM&Aの成立とは本来は成立日のことで、これをDAY0と呼ぶことが多いが、本書ではその定義として、DAY0を「基本合意」、すなわち基本合意書（LOI）締結と位置づける。それは、成立から成功への転換点を明確にしたいとの考え方に基づいている。具体的には背景に以下の2つの理由がある。

　ひとつはM&Aにおいて「基本合意の重み」というのが増していることが挙げられる。当事者両社の間では、合意締結の前に統合に関する骨格となる諸条件や意向を協議していることが前提であり、それらが実質的に合意されたというのが基本合意である。したがって、詳細なつめは残しつつも諸条件が「成立」した直後を統合の実質的なスタートと位置づけるのが自然である。

　加えて、最近は東京証券取引所の適時開示規則の影響もあり、基本合意を締

結すると対外的に開示するケースが上場企業では一般的であり、当事者の企業間のみならずステークホルダーも含めて実際に影響を与えるタイミングが基本合意である。このように、基本合意のインパクトが高まる中でその情報開示に当たっては、それ以前から統合後を見据えた内容を当事者同士が検討することは必然的に求められてくるのである。

クロージングを待っていては間に合わない

　2つ目は、DAY1時に統合をロケットスタートさせ統合レベルを上げるには、基本合意前後からDAY1までの間に、短期集中的に統合に関する検討をすることが必要不可欠という理由である。

　最近のM&Aの特徴としてスピード化が挙げられる。業界の競争環境の変化が著しい中で、M&Aに対して求める速度も増している。基本合意から数ヵ月後であるとか、半年後といったケースが多いのは、それだけM&Aを早く実行して競争力を高めることの緊急性が増しているわけだ。

　また、M&Aプロセスに時間をかけていると他の競合から横槍が入る、その情報が業界内でほかなるM&Aのきっかけになる、など競争環境を変える要因になりうるリスクが顕在化する。その意味で、M&Aプロセス全体について短縮化が必然の流れになっている。統合に関する検討を交渉がクロージングすることを待って始めるというアプローチでは到底間に合わない。

　そこでは交渉と統合準備は同時並行で進め、基本合意以降はDAY1までになるべく早く統合計画を取りまとめることが効果的である。このような観点から、両社が統合の検討を開始しうる標準的なタイミングは基本合意とするのが妥当である。すなわち、両社の正式な合意がなされてから、可及的速やかにDAY1に向けて統合プランを策定し、DAY1に実行のロケットスタートを切ることが成功への近道であり、そのスタートがDAY0である。

DAY0からDAY1の期間は短縮傾向

　調査では、DAY0からDAY1までの期間については、成功企業に見られる

図表2-9 | 基本合意からDAY1までの期間

□買収は「3ヵ月未満」「3ヵ月超6ヵ月未満」と合わせ全体の約70％を占めている。
□合併は「6ヵ月超1年未満」が全体の約40％を占め最も多い。
□合併の失敗案件においては、「DAY1まで6ヵ月超」かける比率が成功案件に比して高い。
□買収に比べ合併は基本合意からDAY1までが比較的遅い傾向にある。

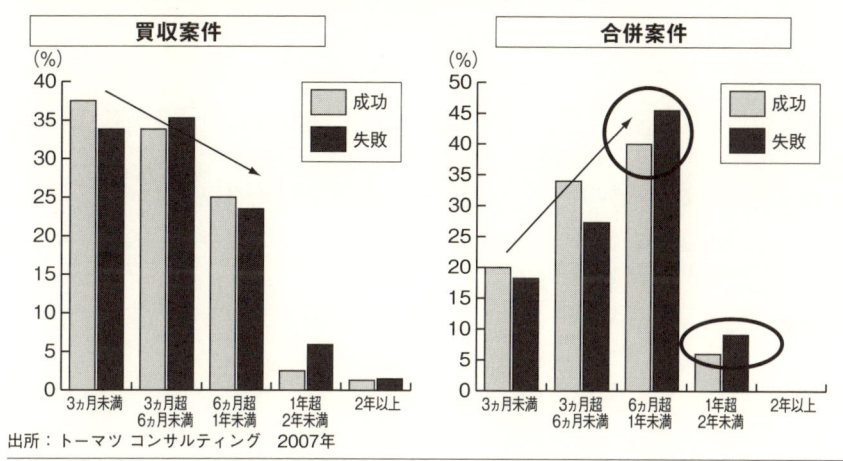

買収案件 (%)

期間	成功	失敗
3ヵ月未満	37.5	34
3ヵ月超6ヵ月未満	34	35
6ヵ月超1年未満	25	23.5
1年超2年未満	2.5	6
2年以上	1	2

合併案件 (%)

期間	成功	失敗
3ヵ月未満	20	18
3ヵ月超6ヵ月未満	34	27
6ヵ月超1年未満	40	45
1年超2年未満	6	9
2年以上	0	0

出所：トーマツ コンサルティング 2007年

特徴として、買収の場合は3ヵ月未満、合併の場合は6ヵ月から1年以内が最も多いことがわかった（図表2－9参照）。

基本合意からDAY1までの期間については、大半は1年以内に集中しており、買収の場合が合併に比べてより短期化する傾向にある。合併と買収ではDAY0からDAY1までの間に行う統合実務の大変さが異なるため、合併の場合の期間が相対的に長くなっている。

当該期間の長さについては、業種や規模によって異なる面があるものの、一般的な傾向としては早まる傾向にある。特に上場企業同士の統合のような場合は、M&Aの交渉プロセスにおける情報統制リスクから両社の実質的な合意があればなるべく早めに公表して、双方の詳細調査も含め次のステップへ入っていこうという、いわば交渉自体のスピードアップを優先する傾向が強い。

●DAY0におけるスタートが成否を決定づける

全体的な流れとしてはDAY0からDAY1までの期間は1年以内をめどに短縮化される傾向にある。

基本合意というイベントは交渉の途中のプロセスでありながら、DAY 1 に向けたスタートの意味合いも含まれている重要なターニングポイントである。特に大きなポイントは、DAY 0 以降は各ステークホルダーにとってM&A案件が公になるという点である。DAY 0 以降、関与者の範囲が一気に拡大し、オープンな環境下でのコミュニケーションになる。DAY 0 は案件の成立に向けて詳細なデューデリジェンス（買収監査）やバリュエーションを行い、最終合意書締結に向けたつめを行っていく一方で、ほぼ両社が一緒になる前提で統合作業が開始されることになる。

　このあたりでしっかりとスタートを切れるか否かが、DAY 1 の状態、ひいてはDAY 1 以降の統合のあり方を決定づけていく。すなわち、M&Aの成功に向けた道筋は、DAY 0 からDAY 1 に向けた間をどのように過ごすかにかかっているのである。

【エピソード】DAY 1 にいたるまでの苦悩の日

——A社M社長

　基本合意を締結したA社のトップM社長は、記者会見を行い、今後は統合準備委員会を設置してきたるDAY 1 に向けて新会社設立に向けた準備作業を開始することを明らかにした。統合委員会とは両社のトップをはじめとする役員が一堂に集い新会社のあり方を決定する会議体であり、その下の事業や機能ごとにいくつかの分科会で構成される。

　通常、企業は統合の方針が固まると、両社でこのような統合委員会を組成して準備に当たる。合意後、情報が周知のものとなった直後から実際には最終的な合意締結に向けて、両社の詳細なデューデリジェンスを行い、バリュエーションと呼ばれる企業価値を算定して、最終的な統合比率の算定などの条件交渉を続けていった。同時に設立する新会社のあり方について統合委員会を設立する中で具体的な議論を進めていった。

実務をつめる段階で深い溝が表面化

　やがて数ヵ月が経ち、発表後統合に向けた体制作りが一段落してから、華やかな買収を成功させ一時は安堵と充実感に浸っていたM社長は、しだ

いに先の見えない道程に不安と焦燥を覚えるようになっていった。

　まず頭を悩ませていたのが、両社の統合に関する考え方や現状の取組みのギャップであった。M&Aのケースで"総論賛成・各論反対"はよくある話で、基本合意までに大枠は決めたものの、具体的な事項についてお互い調査していくにつれて、リスク要因が発見される場合があったり、統合実務をつめていくとお互いのやり方の違いが際立ち始めて、方針を一本化したり加速していくには予想以上に大きなエネルギーがかかるのである。

　このケースも例外ではなかった。統合委員会でまず引っかかったのが、両社の経営理念をどうするのかという話題である。最近のM&Aでは、従来からの教訓に基づき、俗に言う統合の三種の神器である、本社所在地（存続会社）、社名、会長・社長については、基本合意の段階で話し合って合意しておくことが一般的になりつつある。しかしながら、その後の統合の議論では、いざそれらの内実をつめていく段階で、統合してできる新会社の経営理念をどうするかなど、根幹のところについてさかのぼって議論するケースがよく見られる。

決定のよりどころを欠く"対等の精神"

　日本企業同士の統合の場合、日本特有の知恵と配慮から"対等の精神"という言葉がキーワードとしてよく使われる。統合比率上どちらが優位かというのは財務的に差がつくものの、お互いに対する尊重を含めてものごとは対等に決めていこうという大義である。

　この対等の精神という名目は実際の統合実務の現場で重しにもなり、一方でやや曲者である。対等ということで、基本的に両社の意向を汲みながらものごとを決めていくというスタイルなので、ある意味オープンでわかりやすいように見える反面、各論では決定のよりどころを持ちにくく、それがもとで主導権争いが裏で起こったり、ものごとの決定のスピードが遅くなったりといった状況も生まれやすくなるからだ。

　現に、当該ケースにおいても、経営理念以外にも各現場を巻き込んでスタートした個別の分科会で、統合時にどちらにルールを合わせていくのかなど、既に様々な思惑が絡んだ綱引きが展開され始めていた。統合発表前

には、限られたメンバーで秘密裏に行っているM&Aの交渉も、対外発表とともに多くの人が知るようになり、統合作業にも社内の多くの役員、従業員が関与するようになる。それに伴い、今まで見えなかった様々な現実が双方においてお披露目されるようになると、まずはその違いばかりに目がいくようになる。

例えば、ものごとの決定のプロセスひとつとってもそうである。A社はスピード優先でどんどん決めていくというスタイルのため、現場の課長レベルでもある程度の方向を数日間で自らの裁量で決定できる。それに対して、B社は同じ程度のことも部長や担当役員レベルでの決済がないと決められず、最短でも1週間はかかる。会議でも概念論が多く、具体的な議論が後回しになってなかなかものごとが決まらない会社である。

A社にとっては、B社の社員は、上長の意見について仮に自分が賛同していなくてもモノ申すことを嫌う保守的で階層的な会社のように見える。反面、B社から見るとA社は、現場からも意見を言い合える風通しのよさがある反面で、誰が責任をとるのかが見えにくく、まとまりがない会社に見える。仕事の仕方やスタイル、その裏側にある価値観や組織のルールに対して違いを意識するようになっていった。

具体的な解決策が思い浮かばない

一般に企業同士が一緒になるときには、"狩猟民族"と"草食民族"の違いとか、保守的と革新的など色合いを表現する言葉を現場で耳にする。

人間は初めて遭遇したものについて、同質なものに対しては安心感を覚え、異質なものに対しては違和感や警戒心を抱くものである。経営統合のケースなどは、経営トップのレベルから現場のレベルまで、いわば様々なレベルで集団同士が比較され異なるものと遭遇するため、少しずつの違和感が連なり合うと、最終的には組織文化の違いという議論にまで容易に発展する。ましてや、将来的にひとつの企業グループになることを想像すると、その違いがもたらす影響に対してより神経質になっていくものである。

こうして、両社の現場では、DAY1（統合日）を迎える前においても、既にその後の展開を睨んだ"前哨戦"が繰り広げられていたのである。A

社のトップであり新会社の社長になるM社長は、各階層からそのような考え方や感じ方の違いをもって「文化の違い」として報告してくる部下に対し、状況や趣旨は理解できるが、かといってこれという具体的な解決策を頭の中で描くことができなかった。そして、M&A後は一般的に文化の違いがネックになるとかつて聞いた他社事例を思い出しながら、その現実がまさに足元で起こり始めた状況に、この先かけるエネルギーを想像し途方にくれるような心境に陥っていた。

統合への市場関係者の期待も裏切れない

統合の悩みは、両社の間だけではない。基本合意時の華々しい発表で期待を持った市場関係者らは、その先の見通しに対する次の発表を心待ちにしている。最近はアナリストなどの市場関係者は四半期ごとに企業の業績見通しを分析して発表することを常としており、統合においてもそのようなスピード感でメッセージを求めてくる。経営トップとしては両者間の調整がやっとの思いの一方で、外に対しては前向きで期待感を維持するようなメッセージを出さなければならない、というジレンマを感じていくのである。

統合日が近づくにつれて、統合委員会では、大々的に発表した統合効果について、現場を含めて様々な角度からシミュレーション（試算）をしてきたが、思った以上に数字が厳しいという報告が上がってきた。基本合意とともに高らかに打ち上げたシナジー効果というメッセージが、実現可能な数字に落とし込んでいくと、実はそれほど見込めないのではないか、そんな雰囲気が当事者の間で広がりつつあった。

この結果がそのまま正しいとすると、株主をはじめとした資本市場や一般顧客など対外的にも、また従業員にとっても、この統合の有効性を説明するトーンが一気に弱まってしまうことが危惧された。ましてやアナリストなどとの定期的なコミュニケーションの中でどのような説明をすればよいのか考えると先行きがますます暗くなっていった。

経営トップとしては、現場に一層の効果を出すべく踏み込んだ検討を指示するとともに、自らもタイミングを見計らって統合の成果を出すための

さらなる抜本的な方策を打ち出すことが迫られるのを半ば覚悟していた。

ライバル会社同士が統合するニュース

そんな最中、M社長は、付き合いのある証券会社のアナリストから驚くべき憶測情報を耳にすることになる。しのぎを削ってきた競合他社が同じく同業同士で経営統合の検討を進めているというのである。

この統合が実現すれば、現在進めているA社とB社の統合新会社を追い越して、業界ポジションで上をいくことになる。また、それらをきっかけにして業界入り乱れての再編が起こることになることは容易に想像できた。「いち早く今回の統合を結実させて早期に効果を上げていかねばならない」トップの焦燥感はさらに募っていった。

事実、数日後にライバル会社同士の統合のニュースが出た途端に、その企業同士の株価は急騰する一方で、A社と相手先B社の株価は大きく値を下げていった。メディアも新たな統合を大々的に伝える中で、つい数ヵ月前に自社とB社との統合のニュースを発表した際の市場や世間での好感は、もはや過去のものになりつつあった。統合はこれからだというのに、資本市場は早くも統合効果を織り込み、その将来性に見切りをつけたかのような反応に、トップはやりきれないものを感じていた。

処遇に対する不満から専務が辞意表明

よくないことは続くものだ。毎週開催される統合委員会に出席しようとしたある日のこと、かねてから盟友としてともに会社を支えてきた専務が近いうちに2人で話がしたいと言ってきた。トップは直感的によい話ではないことを予感し、できるだけ早急に場を持って話を聞くことにした。

案の定、M社長の予想は的中し、社長にとっては衝撃的な発言が専務の口から飛び出した。「統合を機に会社から身を引きたい」という申し出である。専務は、事前から統合に関して反対を表明するわけでもなく、むしろ今後の成長においては必要不可欠であるとして統合支持との判断をしてきた。その専務がなぜというのが第1の感想であった。専務は、表面的には「自分の役割は終わったので後進に道を譲る」などの大義を立てて発言

をしているが、話の内容からは統合後の新会社の処遇の不満や、統合対象会社との将来について悲観視しているのは明らかであった。

また、周辺ではライバル会社の統合新会社からの引き抜きではないかとの噂も立った。事の真偽は別としても、統合日を前にして専務が抜けるのは社内的には大きなダメージであり、相手会社も含めて統合に影響を与えるのは必至で、トップとしては何とか引き止めたいと考えていた。そのための最初のハードルは新会社での役員体制における専務の処遇であった。

早く処遇を決めないと人材が流失する

旧来の自社単独の役員会ではなく、統合後の相手方も含めた役員体制において、重複している事業や業務がある中でどのように担当分けや分担をしていくのかは頭の痛い問題である。役員を全員留任させて単純合算で、例えば両社の専務をそのままにして取締役を構成することは、ガバナンスの観点から外部の理解は得られないし、非効率で統合効果も上がらない。一方でどのような考え方に基づき、重複する業務の担当ポストを決定していけばよいのかは悩ましい。両社に公平なルールで決めていくやり方が望ましいものの、お互いの会社同士のバランスや、個々の顔を思い浮かべるとなかなか各論が決めきれない。

ポストが絡んだ人員の配置は、相手側のみならず自社の人員もそれによってマイナスの影響を受け、貴重な人材の流出につながりかねないリスク要因である。少なくとも重要と思われる人材は、早く処遇を決定して伝えていかないと、手遅れになってしまうとの危機感を専務との話の中で実感した。

実は同じような人材流出の危機は身内にもまだ潜在的に存在していた。今回のM&Aの交渉からずっと現場を担当していた実務担当者Sもその一人であった。交渉作業自体を中心的に行ってきた課長クラスの中核であり、その能力から将来が嘱望されていた人材である。

Sの場合、明らかに尋常のレベルを超えた実務の繁忙度合とプレッシャーの厳しさから疲労困憊して、これ以上の統合作業まで引き続き中心的に担当することは限界だと感じていた。また当初、経営トップの指令で交渉

を実務的に進めたものの、もともと担当者の目から見て統合に前向きではなかった。しかし最終的にトップ同士の判断により決断されたものに異を唱える余地もなく、自らの考えとは違っても割り切って実務的に前へ進めることに専念してきた。

　ディールが締結した段階において、いざ統合に向けてモチベーションを保って取り組んでいくことが精神的にも肉体的にも難しいと自覚するようになった。自らはその作業から解放されたいと望んでいた。また交渉は成立したものの、結論は違う次元で決まってしまう状況下で、M&A実務担当者としての本当の評価を得るということがこの組織において可能なのかという疑問も同時に湧いていたのも背景にはあった。

M社長にとってはまさに灯台下暗し

　M&Aというのは事業会社にとってある意味で機密性が高く専門的知識を要する実務であるため、担当する人材も限定される。会社によっては専門部隊を組織的に作って対応する場合もあるくらいである。加えて、M&Aを進めていく過程で経営判断と実務レベルの判断が異なることはよく起こりうることで、最終的に超越的な経営上のリスク判断を必要とする難しいテーマである。

　そのため、実際にM&Aを現場で進めていく実務担当者が疲弊してしまうことに輪をかけて、社内では特殊な業務であるゆえにその担当者の公正な人事評価が組織から受けにくいという側面がある。疲弊感に加えて、実務の成果を実感するとか、それに対する組織の評価を感じにくいことも手伝って、案件が終わると担当者が抜けてしまう（もしくは、スキル、経験を身につけているため他社から引き抜かれてしまう）ことはよくある話だ。

　M社長からすればまさに灯台下暗しであった。案件が成立してやれやれとしているうちに、こうした身内からの人材流出危機にさらされるとは思いもしなかった。こうしたことは相手先との違い以上に、出身母体の屋台骨が崩れていきそうな気配を感じ、何よりも気持ちの上でこたえていた。専務にしても担当者Sにしても大切な人材であることに変わりはなく引き留めへの対応に躍起になるとともに、自社の他の従業員に対してもそのよ

うな影響が起こりうる事態を重く受け止めていた。

統合よるリストラを優先するか雇用保障か

全従業員への統合後の処遇に関しては、発表後まもなく労働組合との折衝においても重要なテーマとして取り上げられた。統合後の両社の雇用は維持されるのか、また就業規則など条件面についてはどのような方針で臨むのかなど、新会社の経営陣に対する質問が相次いで寄せられた。

今までのB社との交渉においては、統合から一定期間は現状どおり雇用形態を維持することは確認しているが、それ以上の具体的な条件をつめていたわけではなかった。組合との折衝を通して、個人的な感覚としては、基本的な雇用や条件については現状維持か条件のよいほうに合わせるなど、従業員に喜ばれる対応をしていきたいと考えている一方で、経営者のバランス感覚として統合を成功させ、効果を確実に出していくという外部へのコミットメントを考えると、人事的課題にいかに取り組むのかがその先を決定づける重要な鍵を握るという認識も有していた。

統合効果を出していくには、人員削減も含めてリストラクチャリングをある程度踏み込んで実行しないと効果は限られる。統合日に向けた事前の分析では、現実の延長線上にあるシミュレーションでは期待値ほどのシナジー効果は出にくい。大幅な人員削減も含めた合理化に早々に着手することが利益を上げる意味では早道であるが、一方で従業員の当面の雇用保障や条件の維持を交渉においては暗黙の前提にしてきた手前、そこまで大鉈を振るうことはできない。

人事労務的な課題の解決を図りながら、統合効果を高めて収益力を向上させていくことをどのように両立させていくのか、統合後にどのような進め方をしていけばよいのか、経営側として明確なスタンスが決めきれずに、統合後の青写真を示しきれないもどかしさを感じていた。

相手会社も含めたグループ代表という立場

そのような日々深まる悩みを抱えつつも統合日まではあと1ヵ月に迫っていた。外部のアナリストからは、ライバル会社の統合話を踏まえて、今

後の業界の中で勝ち残るための戦略やビジョンについて聞かれる場面が日増しに増えていった。統合日までに明確にすると当初語っていた統合後の中期戦略について、相手も含めお互いの内部をよく知れば知るほど、また統合作業の実現性について考え始めると、現段階で明快に戦略を打ち出しきれない悩みも増していった。せめて業界での目標とすべきポジショニングや考えられる効果を定性的に強調するのであるが、説得力に乏しいのは何より自身が痛感している。

　また、新会社のスタート日を前にして、様々な関係者へのトップとしての挨拶回りも頻繁になっていった。今までの取引先や市場関係者に止まらず、統合する相手先の関係者に挨拶する機会がそれに加わった。M社長は、統合して改めてA社だけでないB社も含めた様々なステークホルダーに向き合っていかなければならないことを実感していった。と同時に、経営トップは、今までは自社の内容だけしか視野に入れていなかったことが、相手先B社やそのステークホルダーも含めグループとしての代表的立場になることを、今までまったく馴染みのないB社の関係者と接触するたびに実感するようになった。

　M&Aは成立までこぎつけるのがひと苦労である。とりわけ、A社にとって過去最大の案件であった今回は、業界大手同士の経営統合が成立というかたちで実を結ぶことができた。実際に新会社としてスタートをするに当たってはその喜びと醍醐味はひとしおである。しかしながら、それ以上に、統合が成立してからの後のプロセスがそれ以上に大変であることは、正直そこまで想像していなかったことだらけであった。

4　DAY 1 までの課題
統合効果の定量的な分析をやっておく

経営者はDAY1で目標数値と行動指針を示す

「一年の計は元旦にあり」という言葉があるが、統合後1年で評価を上げるためにもそのスタートであるDAY1の迎え方が鍵を握る。

DAY1には、対象の違いから顧客向けDAY1と従業員向けDAY1という呼び方をすることがある。DAY1が新会社の事業運営開始日ということは先に述べたが、ポストM&Aにおいては、ステークホルダーが新たに加わることから、それぞれの関係者に向けたスタートの仕方を十分に考慮すべきである。

●従業員向けのDAY1を先行させる場合も

日本企業のケースでは、例えば統合期日が10月1日とか7月1日とかDAY1は同日で行っているケースが多いが、海外の事例を見ると、まず従業員向けを行ってから数週間後に顧客向けDAY1を行うなどスライドしてスタートしている事例も見られる。これらは、統合両社の規模や影響を与える顧客や従業員、重要な取引先などの範囲によって判断すべきであるが、従業員向けDAY1を先行する目的は、顧客向けにお披露目する前にまず内部的に意識やオペレーションを共通化し一枚岩にすることにある。

従業員向けのDAY1では、従業員にとって統合初日であり、統合両社の従業員が一体となったコミュニケーションを開始する意味合いがある。一般的には、両社のメンバーを会してパーティーなどを行うなどのお祝いを行ったりするため、両社の中間管理層や一般従業員にとっては、両社の経営トップの話を直接聞く貴重な場でもある。特に統合相手同士では、経営者同士はもとより従業員にとっては、相手側の経営トップの顔や話し方さえ初めて接する場合が多く、姿を直接見て雰囲気や考え方を聞くことにより統合新会社の行く末をイメ

図表2-10 従業員向けDAY1と顧客向けDAY1

マイルストーン	定　義
従業員向けDAY1	従業員にとっての統合初日であり、下記の内容を含む ○統合両会社の従業員が一体となったコミュニケーションの開始、お祝い ○新たな組織体制の発表 ○新たな社内コミュニケーションツールの使用開始（e-mail、ウェブサイト、ボイスメール）
顧客向けDAY1 （外部関係者向け統合会社営業開始日）	顧客にとっての統合初日であり、下記の内容を含む ○ブランド・広告キャンペーンの開始 ○顧客、アナリスト、原材料供給者、提携先に対する実践プログラム開始（商品販売予定表、価格設定、営業人員紹介） ○全顧客との接触方法がプレイブックとして整備される

「DAY1」は、統合新会社がひとつの会社として運営を開始する日

ージする最初の機会である。

　そこにおいては、新会社のビジョンやロゴに込められた意味、統合の目標や基本戦略、新たな組織体制の発表などを併せて行うことが一般的である。セレモニーも兼ねながらお互いが直接の交流を深める公式な機会を持つというのもDAY1である。また、新たな社内コミュニケーションツールの使用開始(e-mail、ウェブサイト、ボイスメール）も従業員向けDAY1をメドに整備する。

　このような社内的なコミュニケーションの基盤や機会を提供することにより一体感を醸成し、新会社のスタートとして対外的にアクションを起こしていくための準備といった意味合いが込められている（図表2－10参照）。

顧客には営業政策の変化を正しく伝える

　続いて、顧客向けDAY1については、文字どおり新会社としての営業開始日という意味合いが込められている。顧客にとっての統合初日であり、新会社としてのポリシーを最初にお披露目する機会である。

　消費者が顧客の場合には、その対象向けにブランド・広告キャンペーンの開始を行い、広く認知度を高めるとともに、従来とのアプローチの違い、新しく変化したことをイメージとして伝えるためのコミュニケーションを強化するこ

とが大切な仕事のひとつである。法人顧客が対象の場合は、重要顧客、また取引先、提携先に対する実践的な営業プログラム（商品販売予定表、価格設定、営業人員の紹介など）の開始、全顧客との具体的な接触方法がマニュアルとして整備され、実際にDAY 1をきっかけに挨拶回りなどの働きかけが行われる。

顧客向けのDAY 1では、具体的な顧客や取引先との接点で新会社の営業政策の変化を正しく伝える努力が求められる。このような対外的なコミュニケーションについては、従来からの顧客との関係の維持や深化、並びに新規顧客の開拓の貴重な機会になりうる一方で、そのアプローチの仕方によっては顧客を失いかねないリスクとも向き合うシビアな側面も併せ持っている。そのため、従来以上により能動的な働きかけに重点を置くことが大切である。顧客向けDAY 1は、顧客リスクと顧客満足度向上のバランスの中で、新会社が顧客に受け入れられるよう主体的に働きかけるスタートなのである。

まずターゲットとなる目標を定量的に語る

DAY 1は成功シナリオを実行に移すスタート日である。経営者はその先の5年間を見据えていかなるシナリオを打ち出すのかを明確にする必要がある。経営としての攻めどころと守りどころの要所を把握しておく。

まず守りとしては、当初からどのように利益を実現していくのかという視点である。攻めについてはいかに売上を中長期的に伸ばすのか、いわば成長をどのように果たしていくのかというシナリオである。DAY 1から5年越しで経営者が攻守のシナリオをどこまで描けるか、それによって統合の成果は大きく変わってくるのである。

実は優れた経営者は、DAY 1において、今回のM&Aにおいて得られる可能性とその限界の両面で理解している。実際にビジョンを語る段階で、将来的な攻めのシナリオの中にさらなるM&Aによって外部資源を取り込むことを念頭に入れて発信するケースもよく見られる。可能性を前向きに追求することと同時に、その限界性をいち早く見抜き、さらにその先の展開シナリオを当初から持っているかどうかは、その後の戦略に大きな影響を与える。

ポストM&Aの成功シナリオを描く上で、DAY 1時点で明確にすべきはその

ターゲットとなる目標である。できるだけ明確に数値で表現することが求められる。一般的にこれらの目標設定があいまいな場合は、早晩DAY1以降に現場が日々現業に追われるようになるにつれ、いつの間にか「統合」という言葉は死語になり、いつしか組織全体が目標を失い求心力を失っていくものである。そのような負の循環に陥らないために真っ先に重要なことは、DAY1の最初に目指すべき"旗頭"を示すことが大切なのである。

具体的には、DAY1時点で打ち出す経営ビジョンにおいて、経営としての達成目標数値を示すことである。そのためにはこのようにDAY1時点において、DAY0からDAY1前の間に十分な可能性の検討（具体的には統合効果の定量的な分析など）を行っておくことが不可欠な条件である。このことは、統合の大きな狙いであるシナジー効果をDAY1以降に実現していく上でも第一歩となる。ポストM&Aの要諦は、DAY1時点での統合効果の定量目標化にある。

従業員に示すべき「大きな絵」と「小さな鏡」

DAY1とは、経営者と同時に従業員にとっても特別な意味がある。すべてのステークホルダーにとって新会社としての最初のお披露目の機会となる。とりわけDAY1において経営者が語る言葉は、新会社の従業員にとっては大きな意味を持つ。経営者がその日に従業員に語るべきセリフとは「大きな絵（マクロ：企業全体）」と「小さな鏡（ミクロ：個人）」である。

「大きな絵」とは、新会社の目指すべき姿についてストーリー性を持って語ることを意味する。つまりは大局的な視野に立って、あらゆる利害関係者に対して、企業全体として成長した姿、希望やメリットをマクロ的に共通のイメージとして示す。とりわけビジョン、定量的目標、シナリオを具体的に、かつ端的に示すこと、それが記憶に残るメッセージになる。シナリオについては過去、現在、そして未来という時間軸においてM&Aの必然性、一貫した戦略性を語れるストーリーを示すことが重要である。

「小さな鏡」とは、新会社において期待される人物像、従業員として何を求められるのか、個々人がどのような変化や行動が求められるのか、いわば個人に向けられたミクロ的な視点でのメッセージである。経営者のメッセージを通し

て個々のレベルで新会社における自分自身の姿を"投影できる手段"を提供することで、新会社における将来の自分の姿を想起できることが重要である。

【ケーススタディ】象徴的なメッセージでわかりやすく示す
―――伊藤忠テクノソリューションズ

DAY1に向けた取組みにおいて取り上げたいのが情報サービス業界の伊藤忠テクノソリューションズ株式会社（略称CTC）である。同社は伊藤忠テクノサイエンスとCRCソリューションズが2006年10月に一部上場会社同士が合併することによって誕生した。

商社系グループの再編のひとつであり業界内のM&Aというケースとしてマーケットをはじめ周囲からの期待も高かったが、同じ業界内とはいえ両社の業態や風土には相当の違いがあった。基本合意成立から約4ヵ月でDAY1を迎えるというきわめて短期間で行った統合においてリーダーシップを発揮したのが、現代表取締役社長である奥田陽一氏であった。

数字を使って事業モデルをイメージさせる

奥田社長がDAY1において発したメッセージは特徴的なものであった。代表的なもののひとつに統合新会社のビジョンがある。ビジョンにおいては「テクノロジー・リーディング・カンパニー」としてIT業界を牽引するとの将来像のもと、統合によって実現するビジネスモデルを明確に示して理解を促した。具体的には、顧客のITライフサイクルをトータルにサポートする総合力を発揮し、「保守・運用（4）：開発・SI（3）：製品（5）」というビジネスモデルへの変革を一層推進するとして、目指すべき事業モデルの特徴を「4：3：5」というキーワードで語れる大きな絵として示した。

欧米の最先端IT企業との強力なアライアンスを生かした製品・ソリューション発掘力とその組合せによるインフラ構築力に強いCTCと、データセンターを中心とした運用・サービス業務のノウハウ、業務知識に基づくアプリケーション開発力のあるCRCの統合は、それによって一貫した機能が整うことによってワンストップでのサービスが可能になり、新たなビ

ジネスモデルが構築される。開発と販売と保守の機能的なバランスがとれて顧客に対して首尾一貫したサポートが可能になるというのが、統合の最大のアピールポイントであった。数字を使った事業モデルとしてこれを示すことは、統合のメリットを積極的に、かつシンプルに示すメッセージとしてはきわめて明快であった。

シナジー効果に関する目標も数値化する

また同時に、財務的な定量目標を社内外に随所に示すことで社内の一体化と前進を促した。具体的には、DAY 1 時点で将来の規模的な目標を売上4000億円と明示しただけでなく、シナジー効果に関する数値目標として数十億を併せて明確に示した。シナジー効果の数字については、DAY 1 に向けて社内で現場も含めて相当な労力をかけて検討してきた結果に基づいており、単なる思いを述べている数字ではないだけに一層の重みがあった。

当時、統合プロジェクトにおいて実務的リーダーを務めた須崎隆寛執行役員は、「経営トップ自らが社内外に対して目指すべき数字を発信したことが、統合の推進力を高める意味で効果的だった」と統合時を振り返る。社外向けのメッセージは、資本市場をはじめとしてコミットメントと受け止められるものでもあり、数値目標を発信することにより社内的に統合の目的を明確にするとともに、将来へ向けた求心力を高めることも期待したものだったのである。

このように新会社として表すべきものは、業界における統合後のポジション、ビジネスモデル、目標数値などが端的に示されているメッセージを"大きな絵"として伝えることが重要なのである。

"変化への挑戦"を訴え行動変革を促す

一方で、奥田社長は従業員の個々人に対しては、行動変革を促すメッセージを繰り返しあらゆる手段を通じて発信していた。そのひとつとして個々の行動様式を求めたメッセージが"変化への挑戦"である。

コーポレートブランドであるCTCは語源として"Challenging

Tomorrow's Changes" という意味が込められていた。統合に当たり両社はこのプリンシプルを継続して使うことを確認し、その中でも重要なキーワードである"Changes"について、改めてその意味を明らかにする作業を行ったという。

その結果として、「世の中の変化を素早く読み取り、市場の変化に即座に対応するだけでなく、CTC自らがその変化を誘発する側に立とう」という変化に積極的にコミットする志を示したのである。

従業員に対しては「お互いの顧客の変化を促そう、転換を提案しよう、読み解こう。また同時に、お互いの組織についても変化を促そう……と顧客同様に働きかけること」を促した。キャッチコピーやスローガンを駆使しながら、変化に果敢に挑戦していく企業風土と個々人の行動への変革を訴えたのである。

このようにDAY1において経営者が語る台詞には、統合によって企業が向かうべき方向性を"大きな絵"として示すこと、それに向けて個々人に向けてミクロ的な点から行動指針を示すことだ。いわば自らを照らす"小さな鏡"を授けることで、統合後の経営のベクトルを示すエッセンスを凝縮しながら、覚えやすい象徴的なメッセージとして伝えることが肝要なのである。

ステークホルダーに起因するリスクに対処

DAY1を立ち上げていくには、不確実な変動要因に備えていくためのリスクマネジメントも重要である。ポストM&Aにおけるリスクとは、統合というイベントをきっかけとして起こりうるマイナスのインパクトと位置づけられる。

統合においては、短期的には特にDAY1前後において、当初想定しなかったマイナス要因が多々発生する。例えば、店舗の統廃合によって既存の一般顧客が流出するとか、営業上のルールが一本化できずに取引先からクレームを受ける、もしくは優秀な従業員が流出するなどである。

これらのリスクは中長期的な視点でも発生しうる。例えば、当初コストシナジーを出すべく売却予定であった資産の売却先が見つからないとか、新製品の

発売時期がずれ込むなど、財務上はP／L上の売上伸び悩みやコストの一時増という事象として現れることが多い。

これらの要因について、あらかじめ予想できるものについては事前に対応策を実行しておくことが、安全な立ち上げと利益創出のためには大切である。

リスクの対象範囲を見極める

では「リスク」をどのように把握しコントロールしていくべきであろうか。まずはリスクの対象範囲について明らかにすることが先決だ。

ここでのリスクとは、経営的観点から統合時に起こりうるビジネス全般に影響を与えるものとして「ビジネスリスク」という範囲で捉える。統合は、全領域に絡むテーマなのでビジネスリスクも全般的に捉える必要があるが、発生する要因から分類して、大きくは「外部の利害関係者（ステークホルダー）」と「経営資源」の2つに類型化することができる。

まず「ステークホルダー」であるが、これは外部に起因しかつ人に関係して発生するリスク要因である。具体的には、対外的に影響を及ぼす対象として、株主／債権者や顧客、取引先という利害に関係する目に見える対象が含まれることに加えて、広くCSRをはじめとする社会や業界環境というマクロな対象まで広げて考えることもできる。これらの対象は、新会社の意思決定が及ぶ範囲であるものの、外部要因であるためコントロールすることが難しい領域である。これらについては、会社としての情報発信を含めできる限りの予防策を行うことと、リスクが万が一起こったときの事後策の検討を要する領域である。

一方で「経営資源」であるが、これらは企業内部を構成するヒト・モノ・カネ・情報という要素によって起因するリスク分類である。これらは、前記の利害関係者とは違い、企業が主体的に対応することにより比較的コントロールしやすい領域である。ここに含まれるリスク分類としては、各統合領域において「ビジョン・戦略」「組織」「業務プロセス」「制度・情報システム」「企業風土」などの観点からどのようなリスクが起こりうるかを把握していく。

ステークホルダーごとに対応を準備する

　これらは事前に何らかの対応をすることでリスクを軽減することも可能で、統合に向けては予防策に重点を置いて考えることが重要になる。
　とりわけ、DAY1においては、リスク発生時のインパクトが大きい「ステークホルダー」の観点からリスクへの対応を優先的に想定し、事前、事後ともに十分に対応の準備をしておく必要がある。ステークホルダーごとに典型的なリスク要因と対応の方向性を挙げると以下のようになる。

①株主：中長期的な統合メリットを説明
　株主に関しては、最大のリスクは統合を機に株価が下落すること、または一旦下落したものがそのまま下がり続けることにある。
　それについての解決方針としては、結局は統合メリットや見通しをいかに株主に説明し、先行きの期待感を醸成できるかということである。その意味で情報開示の方法はきわめて重要である。その際に実際に当事者側としてなすべきこととしては、統合自体のビジョンや経営目標、統合効果などを具体的かつ定量的に示すことが求められ、中長期的視野で株主にとってのメリットを説明することである。
　最終的な評価はあくまで市場に委ねるところとなるが、ここでのリスク対応として企業側にできることは、まず情報発信・開示内容の十分な検討と吟味、情報開示レベルと頻度の向上、そして外部からの情報の一元的管理・内部から発信する情報統制、常にどう見られているかの継続的なモニタリングなどである。具体的には、統合情報の開示の後に、社内からのインフォーマルな情報が混乱を招かないようにするために正式な情報ルートの窓口を一本化するとともに、誤解や憶測が元でいらぬ悪評が広がらないかどうか常時チェックし、必要であれば適宜正しい情報を発信する準備を整えるといった、情報開示と統制の両面でしっかり行うことが必要なアクションである。

②顧客：事前の説明と臨時措置の検討
「顧客」という側面でいうと、売上に与える影響が大きいもののひとつとして、拠点の統廃合やブランド統合による「顧客流出リスク」がある。一般消費者を相手にビジネスをしている場合は、統合によるブランド変更による認知度の低下や、顧客接点の利便性の低下やサービスレベルのばらつきや低下などによる信用低下によって、顧客離れが起こる場合がある。

このようなケースにおいては、特定多数の顧客に対し統合の影響を想定し、不利益が生じる可能性の有無、また事前の説明や臨時措置（他店舗誘導キャンペーン等）の有無を検討することがリスク対応上必要である。

また、法人取引をベースとした統合のケースでは、取引形態を片一方に合わせることで相手先にとって有利な条件が不利に変わるケースもある。そのような場合は、変更の旨を相手に早めに伝達し交渉する、または代替案を提示し理解を得るなど、重要な取引先とは事前に十分なコミュニケーションをとることが必要である。

③従業員：納得性を高める個別策をとる
「従業員」における代表的なリスクとは、統合に伴う「人材流出リスク」である。これらは新会社内の雰囲気やカルチャーにも影響を与えるデリケートな問題でもありインパクトが大きい。往々にして統合前後は新会社の先行きや個人の処遇が不透明なことから従業員にとっては不安になることが多いのが常であり、内外ともに人材流動性が高まるのはこのタイミングである。

ここでは新会社にとっては、どれだけ前向きに捉える従業員を多く作っていけるかがきわめて重要なポイントである。そのためには、会社の目指す将来像をはっきりさせることが先決である。その上で、従業員に対して、あらゆる手段を通して、全体的、及び個別的にコミュニケーションをとっていくことに労を惜しまないことが大切である。

具体的には、これらに対してはあらかじめ新会社にとって必要な人物像を定義し、新人事制度の方針を明らかにし、社内に浸透させることが求められる。新会社としての人物像と個人のニーズが完全にマッチすることは究極的には難しいことであるが、経営上と人事上のビジョンを示すことや、要となる人材に

関して個別にカウンセリングをするなど、納得性を高めるための個別策が新会社設立後の成否を決める上で大きなポイントとなる。

統合に潜むリスクに積極的に対応する

　ここで重要なことは、多少の負荷をかけても統合時にこれらのリスクマネジメントを行うことで、経営者層が統合リスクに対する自社の対応状況を十分に認識し、統合後の新会社に対するコミットメントを強くすることにある。

　統合を行う企業の大半の場合は、当事者は統合自体の持つリスクにおいて感覚的に非常に不安を持っているものの、統合のプラス効果とは裏腹に、リスクの影響を見積もり具体的なアクションまでを実践しているケースはきわめて少ない。いわば、DAY 1 までリスクは表立って認識されず、隠れたままの状態になっている場合が多い。

　このことは、大々的に掲げた統合後の達成目標に対するコミットメントそのものを弱くさせるだけでなく、もし目標や予定タスクが達成できなかったときに、何が悪いのか、対策として何をすべきか、という経営的判断を誤らせる危険性が高い。経営陣に止まらず現場レベルにおいても、トラブルが起こった際にどこをどうすればいいかわからないという、会社全体がリスクに対する対応能力を失う結果に陥る元となる可能性がある。

　そうした意味から、統合を成功裏に推し進めるには、事前評価または統合作業と同時並行のチェック作業として、統合に潜むリスクに目を向け時間内で優先順位をつけて積極的に対応していくことが必要なのである。換言すれば、統合リスクに対する取組みは、統合を成功に導く上で経営者の重要な使命のひとつにほかならないのである。

新たなステークホルダーの登場に要注意

　ステークホルダーに起因するリスクへの対応にあらかじめ留意するとともに、それに加えて特に注意が必要な要素がある。それは新たなステークホルダーの登場である。

DAY1においては、外部ステークホルダーと接点を開始し、統合への理解を促しメリットを還元する姿勢を示すことは、その後の流れを決定づける上で重要である。そのために相手方のステークホルダー、つまり相互にとって新しい株主や顧客、取引先や従業員などの多方面での利害関係者を十分に視野に入れて行動することが大切だ。その新たな対象との関係の持ち方によって、新会社にとってのリスクにもチャンスにもなり、最終的な企業価値に影響を与えていく。そのため、DAY1から株主、顧客、取引先など各ステークホルダーに対していかなるコミュニケーションをとっていくのかが鍵を握る。

【エピソード1】統合相手が背負う見えない無数の関係者
　　　　　　　　　　　　　　　　　　　　　　——サービス業M社　S社長

　統合を予定しているサービス業M社のS社長は、DAY1前の役員との合宿で同業界の統合相手G社の役員と一堂に会して語り合う場において、自社にとって「新たなステークホルダー」が存在することを実感したという。
　M&Aを行う前の経営者は、例えば自社の株主や顧客の顔を思い浮かべ、成果やスピードだけ意識すればよかった。しかし、統合をするに際しては、とりわけ上場企業同士の統合の場合は、相手方の株主に対する理解も求められる。

株主への意識とスピード感に差がある

　M社の株主は、比較的長年にわたって関係がある日本の金融機関や取引先、またはM社がある地元企業のオーナーや個人株主など伝統的で安定的な株主が多いという特徴がある。一方で、統合相手のG社の株主は、日本企業や金融機関に加えて外国人投資家の割合が比較的高く、投資ファンドの出資も受けている。
　そのような状況においては、G社側の株主への意識やスピード感とM社のそれとは感覚的にも異なる点が多い。それらの違いは経営スタイルやスピード感の違いとなって現れる。例えば業績管理や対外的な情報開示のタイミングについても、G社は月次決算を徹底してそれに基づき業績評価を行い、四半期ごとにIRを行って機関投資家回りに相当な労力をかけている。

一方、M社側も月次決算や四半期開示を行ってはいるものの従来は外部からさして大きな反応を受けたことがなく、意識をしている対外発表は中間決算と期末決算がメインである。そこにおいては当然求められる成果のスピードや緊張感には差がある。

また、顧客の存在も大きい。同じ業界同士の統合とはいえ、G社の店舗についてはM社の有している店舗とは地理的な範囲が大きく異なる。M社はかねてから西日本を中心とした商圏拡大を行ってきた一方で、G社は東京を中心に東日本から東北にかけて商圏を広げてきた。重なっている地域はあるものの、多くは店舗網のエリアも大きく異なる。まさに今回の統合によって、取引先の範囲も東日本から西日本も含めて全国に一気に拡大する。

統合新会社の経営者としては、接点がなかった取引先に対しても、グループのトップとして向き合っていかなくてはいけない。各社で行ってきた営業政策についても、統合をきっかけに同一のグループとしての営業政策に位置づけが変わる。例えば地域ごとの商品やサービスの価格設定をどのようにするのか、付帯サービスをどこまで行うのかという顧客とのサービス項目ひとつをとっても、グループとしてポリシーの違いをどこまで合わせるのかが重要になる。

相手方の株主や顧客を自分も背負っていく

S社長は、今まで精通していなかった東日本エリアのマーケット事情やビジネスのやり方について早々に理解を深めていかねばならないと感じていた。まず顧客に向けての統合における最初の仕事は、新グループとしての名刺を持って挨拶に行くことである。その日までに何を間に合わせる必要があるのか、S社長にとっては、統合相手のみならず、その向こうにある見えない無数の関係者とのコミュニケーションを考えると気が遠くなる思いがしていた。

S社長は統合後の運営について、ステークホルダーの違いからくる成果に対する社員の意識の違いをどのようにしていこうかと、頭を悩ませることになることを予感した。また新たに生まれ変わったグループとして顧客

に対してどのようなメッセージが出せるのか、DAY１が近づくにつれて向き合う相手の大きさに、統合までの時間があまりに短すぎると感じていた。

その後も、相手G社の役員と統合後の中期経営計画の議論を深めていく中で、相手方が背負っている株主や顧客を同時に自分が背負っていくことを肌身に触れて実感し、今後はグループとして各社のステークホルダーも含めて視野に入れることの必要性や、応えるべき責任の大きさを痛感したのである。

統合相手との様々な違いの背景には、それぞれにとってのステークホルダーの存在がある。統合というのは相手の会社を見るばかりではなく、相手方が向こうに背負っているステークホルダーに着目し、どのような関係を新たに構築する必要があるのかに視線を広げていくことが求められる。

効果とリスクを両面で捉えたシナリオを開示

株主に対する情報開示の重要性は高まるばかりである。M&Aの開示となるとその傾向はさらに加速する。投資家の見方とは、現状の財務パフォーマンスが、M&Aによって将来的にどのように変化するのか、またどのくらい企業価値が高まるのかがまず注目される。

株価については、M&A発表は一般的には期待感を増幅させ高騰する要因になる。つまり自社の経営資源のみならず、統合する相手の経営資源も内部化することにより、自社単独では実現できないようなビジネスモデルの転換や成長速度の向上を期待できることから期待が先行する。

しかし、現実的には「外部の経営資源・リソースの取り込みによる財務パフォーマンス向上」という仮説は、プラスとマイナス両面のシナリオとして検討していく必要がある。すなわちシナジーを生み出すチャンスと、外部の負の部分が顕在化するリスクを負う部分と、両面を内部に含むことを意味する。

【エピソード2】市場はリスクを上回るメリットを要求する
――Q社

　Q社の社長は統合後に新会社グループの効率性が著しく低下することをアナリストから指摘を受けて強い危機感を覚えた。

　自社だけでは過去から合理化やリストラクチャリングにより相当の効率性を追求してきたが、業界内の生き残りやさらなる成長に向けて同業他社T社と統合する道を選択した。しかし、ふたを開けてみると、当初想像していた以上にT社の生産性や効率性が著しく低いことが判明した。対象先が有休固定資産を数多く抱えていることに加えて、買収を通して資産が時価評価される等の要因が重なり、ROA（利益／総資産）が低下する。また、対象会社の一部に不採算事業が存在し、統合後の連結ベースで利益率を引き下げる方向に働く。

　市場関係者や株主からは統合時の財務指標についてのシミュレーションがなされ統合を疑問視する声が高まっていた。それらの不安が募ることもあり、経営効率を高め価値向上を図るための具体的な中期経営計画や、両社の統合シナジー効果のインパクトに関して着目される度合いも高まっていった。

市場の要求と事業のスピードとの乖離

　経営トップは、現場に対して中期ビジョンや経営目標の早期提示と、シナジー効果施策の具体化も含め一日でも早く実行に移し成果を上げていくことを強く求めた。だが、現場は期待に応えるスピードで現実的な結果を生み出すことは困難である。市場の要求するスピードや観点と、事業を行っている現場の世界とは乖離がある。経営トップは、市場の要求と事業のスピードとの間で、リスクとメリットをどのようにコントロールして前向きな発信をすることができるのかに頭を悩ませ続けている。株主をはじめ資本市場に向き合う中ではこのようなやりとりは通常はよく起こりうる。

　株主へのメッセージを考える上では、持続的な成長と期待感を維持するためにも、２つの視点が必要である。まず本業としての事業力がしっかりと高まる計画を早期に策定すること。そして、もうひとつは、M&Aによ

る効果とリスクを両面で捉えた開示シナリオを構築することである。
　当該ケースではT社を抱え込むこと（不採算事業部等の引き受けなど）におけるリスクを上回るだけのメリット（シナジー効果による著しい収益向上や成長）を市場は期待しているのである。そこにおいて、経営者が示すべきは、統合の必然性・メリットの提示（シナジー効果と経営計画の定量目標）、そしてコーポレートストーリーである。

シナジー効果を顧客・取引先へ還元する発想

　顧客（取引先含む）に対しては、M&Aが当事者のみならず顧客にとってメリットがある統合であることを十分に説明することが必要である。
　株主と異なり現業において日々直接的な接点を持つ顧客に対しては、統合による変化は直接的に影響する場合がある。その意味で統合当初から顧客を失わずに、統合が理解されうるものでないと長い目で成功しない。
　顧客に対しては、それが一般消費者でも法人顧客でも同様に、統合当事者によって生み出されたシナジー効果を何らかのかたちで還元するという発想を持つことが重要である。

【エピソード3】顧客にメリットがあることがM&Aの条件
　　　　　　　　　　　　　　　　　　　——食品専門商社B社
　B社では顧客に納得されないM&Aは行わないという社内の不文律がある。食品専門商社B社は従来から業界内をはじめとするM&Aを展開してきた。そこにおいてB社がこだわっているひとつのポリシーがある。それはB社がM&Aをやるときに、取引関係があるお客さんにメリットがあるかどうかを経営者が評価の視点として重要視している点である。
　したがって、自社に対するシナジーだけではなく、それがお客さんに還元できるか、これが説明できるM&Aでないとやらない。M&Aを行うかどうかの評価軸のひとつとして、顧客の視点、もしくは顧客に対してのメリットの享受という部分を掲げているのが特徴的である。

M&Aの実施後においても、顧客の評価をある程度聞くようにしていて、それをモノサシとして取り込んでいる。こういったところも顧客志向の裏側にあるひとつの重要なメッセージである。B社にはお客様第一の理念があり、対象会社に対してグループの一員としてそれを共有することを重視している。

　さらにB社では、DAY1より前から、取引先への挨拶については、順序や挨拶に訪問するメンバーの肩書きや組合せなどに徹底して神経をつかって取り組むようにしている。

　これらのプロセスを十分に経ることによってM&Aについての理解を得て、その上で取引条件の変更においても協力を仰ぐように、そして統合メリットを何らかのかたちで還元するという姿勢を保ちながら、手順と方法を間違えないように思慮している。それによってその後の取引先との関係は大きく変わってくるのである。

第3章

ポストM&Aの成功シナリオ

1　成功への発想の起点

基本コンセプトと5つの原則を押さえる

　ポストM&Aを成功させるには、すべての発想の起点となる基本コンセプトと5つの原則がある。実際の統合実務は広範囲で中長期にわたるものであるが、成功裏に導く上では、優先度を明確にして軸足をしっかりと据えて取り組むことが求められている。

基本コンセプト：「新会社」を主語とすることを基軸に

　いかなる形態の統合であっても、統合当事者である両社の論理がぶつかり合うのが通常である。統合の失敗事例においてよく見られるのは"主導権争い"であるとか、"責任の不在"ということである。統合を成功させるには、そのようなことは許されない。つまりは主導権や責任の所在は明確にすべきである。

●利害対立を将来志向において解消する

　そこで重要なことは、新会社目線で主導権を設定することであり、責任を明確にしていくことである。つまりは、主語をいかに新会社に転換するのか、新会社を起点に基軸を構築して運用を徹底することである。主導権の一本化の本当の意味とは、統合するどちらかが優位に立つという問題ではなく、過去から現在にいたる利害対立を将来志向において解消するという道筋と、新会社の構図の中で求心力を一本化することにある（図表3-1参照）。

　そのためには将来において同じグループになるという共通認識のもとに、新会社に基軸を置いて、あくまで統合当事者のどちらかではなく、「新会社にとって最善なもの」を優先していこうという考え方を中心に行動できるかどうかがが鍵を握る。対等合併のみならず、いかなる形態のM&Aにおいてもこの考え方は当てはまる。規模や企業価値が異なる会社同士の持株会社化や合併、大

図表3-1 | ポストM&A 成功の5原則

〈成功の基本コンセプト〉
"主語"の転換
A社、B社という当事者の立場から、"双方が"新会社C社に主語を転換する発想に基づき統合を実行する

〈成功の5原則〉

①シナリオ	…	・ポストM&Aのスタートからゴールまで、一貫した成功に向けた統合シナリオをもって、4段階のアプローチを実践する。
②スピード	…	・ロケットスタートこそが成功への早道である。DAY1を、単なる新会社開始のイベントではなく戦略実行の開始日にする。
③シナジー	…	・シナジー効果を幻想に終わらせず、実現して成果を手に入れるまでマネジメントするという発想を持って実行する。
④フォーカス	…	・統合の成果を上げるために不可欠な重点領域(経営戦略、組織ガバナンス、人事・風土)に知恵とエネルギーを投下する。
⑤リーダーシップ	…	・経営トップ同士が"一枚岩"となり、強いリーダーシップをもって新会社の将来に向けた企業変革を推進する。

企業による小さい企業の買収のように力関係が明確な中でのM&Aにおいても、程度の差こそあれ共通して適用しうるものである。

このように両社の一方に偏りがある場合において主語を転換するというと、立場の弱いほうが強いほうに合わせるなどの一方のみの主語を転換することがイメージされるが、ここではいかなるケースも、「新しくなる会社」に向けて"双方"が視点を変えられるかどうかが重要なポイントである。

●外を強く意識させること、数字で議論をすること

これらの原則を徹底して貫いている企業は、統合において一定の成果を残している。それらの成功企業は、両社全体に新会社基軸のポリシーを徹底し求心力を持つためにいくつかの運用上の工夫をしている。

そのポイントとして有効なものは2つある。ひとつは「外を強く意識させること」、2つ目は「数字を意識して定量的な議論を行うこと」である。ひとつ目については、当事者が置かれている業界の環境や仮想敵(競合企業)の存在を意識してリアリティーを持たせることである。統合当事者は、実際にはどうしても両社を合わせることにエネルギーが割かれて内向きの議論になりがちである。本来会社同士が統合する目的は、業界内で生き残るという原点を、外部

環境を常に意識することによって思い起こさせることが必要である。その結果として「新会社」がいかに競争力を高めるかを議論することが唯一の解決の手段であり、また同時に統合の求心力にもつながる。

2つ目の定量的議論であるが、統合における各種判断で客観性を高めるためには、定量的データや事実に基づいた議論が不可欠である。利害が錯綜する中で統合方針を一本化する上では、双方の解釈の余地が大きいものではなく誤解を与えず意識を揃えやすい数字や事実を明示して進めていくことが肝要である。またそれらの数字や事実は、常に「新会社」の業績に直結したものであるべきである。それにより新会社の競争力と現場の議論が結びついて、新会社の基軸がより見えやすいものになる。

実際に統合に成功したケースの中では、このような発想をルールとして明文化して浸透させている例がある。いわば統合における両社の精神や憲法のような位置づけのものであり、実務判断の拠りどころになるものである。これらを有効に活用することも一案である。

【ケーススタディ】新会社の基本的価値観や原則を明文化する
——JFEグループ

　JFEグループの誕生までの道程には、幾多の工夫の産物を垣間見ることができる。持株会社形式でのグループの経営統合と併せて傘下の事業会社は再編されて元の会社の名前を一切使わない新しい模様替えを大胆に行ったことは、主語を新たなものに作り変えるという統合のひとつのモデルになりうる。

　現にJFEグループの原則として統合基本理念を定め、いくつかのルールを設けて統合作業のみならず、新会社の経営の原則として掲げている。そこには「役員ならびに社員は、各々の所属する会社の利害を超越し、新会社の利益・発展のみを願い、これを第一義として、合理的かつ公正に全ての判断・行動をなすこと」「人事は能力・業績に基づき、公正にして適材適所に徹すること」などの原理原則が条文として示されている（図表3－2参照）。これらの会社の基本的価値観や原則を明文化し、常に徹底することが、現場も含めて統合後のあり方を決定していく上で重要な要素であ

図表3-2 │ 原理原則を文書化した例

□再編の求心力を高める上で、原理原則を"文書化"することの効果は大きい。

JFEグループの統合基本理念

　本基本理念は、所期の統合目的を早期に達成するため、統合推進委員会及び各部会（現在の経営会議・取締役会及び各事業会社の設立準備委員会）における判断のよりどころを示すものである。

1. 役員ならびに社員は、各々の所属する会社の利害を超越し、新会社の利益・発展のみを願い、これを第一義として、合理的かつ公正に全ての判断・行動をなすこと。
2. 人事は能力・業績に基づき、公正にして適材適所に徹すること。
3. 重要な意思決定は十分なる議論を尽くして後、行うこと。
4. 業務プロセス・諸制度・技術等について、フェアに評価を行い、優秀と判断されるものを新会社に採用することにより、コスト優位性をはじめとする世界最高水準の競争力を有する企業構造を構築すること。

　なお、本基本理念は、統合後の会社運営に際しても適用されるものとする。

出所：『JFEファクトブック第3版』（2002年11月22日発行）

ることを物語っている。

　また、同時並行的に、人事報酬制度も新しく設計を行い、業績連動型に切り替え、制度上も業績を残せば個々人に還元される仕組みを導入した。

　このようにしっかりとした基本理念を背景に、新制度の導入などのインフラの実行も伴うことが、社員に新会社という主語のもとに仕事をする上での意識づけや理念の浸透をする上で有効な手法である。

　さらに、個々人に向けたメッセージにも象徴的なものがある。「（統合することによって）今までもらったことのないボーナスを手にしよう」というわかりやすいメッセージである。統合の必要性やメリットを従業員個々人にわかりやすく示すとともに、経営トップは個々の社員に対しても従来以上に利益を上げる仕事への取組み方の必要性を説いた。モチベーションを上げるだけでなく、売上やシェア傾注ではなく収益を上げるためのあらゆる工夫や行動変革を実践することにつながるのである。

　このように、前記のメッセージは、個々の従業員レベルから「新会社」に目を向けさせることによって、活力を引き出し、企業価値を高めていく上での一貫した全体的な取組みである。

原則1：統合シナリオを当初にしっかりと描く

　ポストM&Aは、スタートである両社の基本合意（DAY 0）以降、企業価値を向上させステークホルダーの評価を長期的に得ていくというゴールまでの中長期にわたる持続的なシナリオが必要である。
　単に表面上の組織をひとつにすることに止まらない、価値を高めるためのシナリオ作り、さらにその実践のモニタリングが成否の鍵を握る。
　実際は、統合を推進していく機構としては、統合委員会などプロジェクト形式で組織を組成して取り組むケースが多いが、ポストM&Aのスタートとゴールの期間を前提に、3年から5年越しで取り組むべき道程であることをまず理解する必要がある。また、適切なマイルストーンを設定し、プロジェクトの求心力を持続させながら取り組む必要がある。
　そこにおいては4段階アプローチが有効である（詳細は98ページ〜参照）。またこのシナリオ作りは早期に着手することが必要で、スタートであるDAY 0からDAY 1までの間にシナリオを描く必要がある。

原則2：ロケットスタートしスピード感を持続する

　統合成功への道筋を走るには、統合の熱が冷めないうちにいかにスピーディーにM&Aを実行できるかが鍵である。そのためには「ロケットスタート」が最も効果的で早道である。
　本来、DAY 1は単なる新会社開始のイベント日ではなく、戦略の実行の開始日でなくてはならない。DAY 1までの統合準備作業が後回しになり、DAY 1以降でいつしか現業に流されてしまうような状況、つまり「流れ出した水は止められない」というよく起こる悪しき状況に陥らないことが大切である。いわば「水を流し始める日」であるDAY 1に、どのような状態まで準備を完了し、その先の統合作業の見通しを立てて迎えるか、つまり「水が流れる前に流し方を十分に考えるべき」なのである。
　そのためには、DAY 0から統合計画に早期に着手するとともに、その質の

高さにこだわる必要がある。実際に策定する青写真とその計画である統合プランが、その後の統合過程の道標になるものであり、その後の成否を分ける上できわめて重要性が高いものである。

また、統合におけるスピード感を維持するには、明確なマイルストーンの設定と、ポストM&Aに取り組む社内体制の工夫が必要である。多くの場合、M&A交渉までのメンバーと統合に携わる人々が異なるため、情報やノウハウの乖離が発生する。また、統合自体は中長期にわたって取り組むべきテーマであるため、マイルストーンがあいまいになり、進捗をモニタリングすることも不完全になりがちである。そうしたモニタリングの体制をしっかりと整えてこそスピード感を持続することが可能になる。

原則3：シナジー効果の実現をマネジメントする

　M&Aの目的のひとつでもあり、ポストM&Aで成果を上げる重要なポイントは、シナジー効果をいかに実現させるかである。そこにおいては、シナジー効果を、戦略策定や交渉の段階での机上の議論に終わらせずに、実行を見据えてより具体化し検証していくタスクにつなげていくことが必要である。

　つまりシナジー効果を、単にディールの一過性の議論に終わらせずに、実現化するまでマネジメントしていくという発想が必要である。実は日本企業では、M&Aのプロセスにおいて、シナジー効果というテーマについて首尾一貫してマネジメントしている例というのは、きわめて少ないのが実情であり、いわばこれらはM&Aの成功に向けた見落としになっている。

　シナジー効果のマネジメントについて、最も重要なことは、DAY 1までにシナジー効果を経営目標化することである。つまり、DAY 0以降に現場も交え、より具体的な議論を通して定量化を行い、新会社のビジョンや中期経営計画の目標設定に落とし込むことである。

　DAY 1までに目標化すべき理由は、大きく2つある。ひとつはシナジー効果の実現化へのリスクマネジメント、具体的にはM&Aの"交渉上"の数字と"実現上"の数字のギャップを把握し、実現に向けた対策を早期に講じられるようにするためである。

2つ目はシナジー効果の実現性を引き上げるためのモニタリング、すなわち、DAY1以降の道程の中で進捗状況をコントロールしうるPDCAサイクルを構築できるようにするためだ。

原則4：3つの重点領域にノウハウを投入する

①経営戦略：戦略に統合ダイナミズムを織り込む

新会社が企業価値を向上させていく上で重要なのは、言うまでもなく経営戦略である。統合における経営戦略には、単体だけでは実現できなかった相手方の経営資源や統合メリットを的確に把握して、成長可能性を織り込むことが重要である。そして当事者同士で共有化された統合メリットを、ビジョンとして具体的に明文化されたものに落とし込むことが先決だ。ビジョンとは、双方が将来目指すべきゴールであり、明確に描き、掲げられるかどうかが重要である。

成長志向のM&Aにおいては、同一事業ドメインを強化するか、異事業ドメインを拡大するか、それぞれの方向を企業グループとしてどのように取り組んでいくのかによって位置づけが異なってくる。M&Aの対象先の事業と機能のそれぞれについて、自社の対象との類似性に着目していくつかの戦略類型を考えることができる。こうした類型化を試みる目的は、統合戦略を描く上での目標や施策の重点の置き方がより明確になるからである。

統合後の経営戦略を考える上では、両社の経営資源を前提にして統合によって生み出される強みを、いかに生かせるかがテーマである。統合によって生み出されるダイナミズムをいかに競争優位にできるかに着目すべきだ。そのダイナミズムとは、プレゼンス（市場での存在力）、イノベーション（革新する力）、シンクロナイズ（同調する力）、レバレッジ（少ない投資で大きな成果をもたらす力）であり、シナジー効果を上げていく上での原動力になるものである。統合前の単体の経営戦略では反映しえなかったこのような要素を、いかに織り込み競争優位につなげていけるかが、新会社の経営戦略上のポイントである。

②組織・ガバナンス：組織をどのように統合し変革するか

ポストM&Aにおける組織統合のポイントは、統合両社において、統合前の

既存組織を前提としすぎずに、より踏み込んで、あるべき姿に向けて組織構造を積極的に変更することだ。成功企業ほど、統合後の組織構造の変革についてあらゆる面で積極的である。

新会社のあるべき組織やガバナンスを構築する上では、組織図、ポスト、その役割と責任権限の定義、適任の人員配置を行うというプロセスを経ることが求められる。統合後の組織変革の範囲についても、組織図の組替えや人材配置に止まらず、会議体ルールや責任権限の見直しまで踏み込んで行うことが、成果を上げていく上では望ましいアプローチである。

つまり、統合新会社の戦略を実行するためのあるべき組織に近づけていくことが、成功には必要な考え方である。組織統合は、合併や買収の双方のケースによって検討すべき要素が多少は異なるものの、共通していえるのは、双方の組織に積極的に踏み込んで組織構造を変革していくことは、統合の成果を上げていく上では有効だという点である。

③人事・風土：コミュニケーションに労を惜しまない

ポストM&Aの難所のひとつは企業風土・カルチャーの融合である。また併せて風土にも大きな影響を与える人事関連の統合も重要になる。

企業風土については、統合ではなく融合を果たすことがポイントである。融合とはどちらかに合わせ単一色にするのではなく、それぞれが交わり合って新たな風土が形成されていく状況を意味している。

当事者の会社同士が統合したとしても、一方の風土を押しつけて、モノカルチャーを強要することでは上手くいかないものである。いわばひとつに合わせるべきものとそれぞれを生かしていくべきものとが交わり合って、従来とは異なる新しいものが生み出されていく土壌を創ることがポイントである。すなわち風土融合の意図するところは、風土の同一化ではなく、同軸化である。

「同軸化」とは、新会社の視点から、企業の根本として軸となる部分を共有し、それ以外は違いが共存することを許容する考え方である。具体的には、経営理念、社訓や信条、行動原則、ビジョンなど根幹になる要素を一本化し、その上であくまで微細な点をどちらかに同一化するというよりも、むしろ違いは受け入れ交わり合う中で、新会社にとって理想的なものに作り変えていくというこ

とを志向しているアプローチである。

人事制度の統合は、企業風土のみならず統合の人材面のインフラとして広範囲に影響を及ぼす大きな課題のひとつである。人事制度は新会社の骨格を決める重要なインフラである。戦略や組織の方向性と整合性をとる必要があることに加えて、企業風土を形成していくことにもつながる。

人事制度の議論はよく両社の現存制度の比較の文脈で語られがちであるが、本来は将来志向で整合を検証すべきものである。新会社としてのビジョンや戦略をもとにして、そこにおいて今後必要とされる人物像やキャリアパス、戦略や組織運営の考え方に適った資格制度や評価制度を取り入れるべきである。また、新会社の収益力や業界平均の賃金水準との兼ね合いでの競争力などを踏まえた報酬制度などについて、新会社としての今後のあり方に直結させて整合を持たせて設計していくべきである。制度統合の方針や新制度への移行方法については、できるだけ早期に、遅くともDAY 1までに決定しておく必要がある。

また、人事・風土融合を進めていく上では、「チェンジマネジメント」、いわば「過去」から「未来」への変化・変革をコントロールしていく手法も必要である。実際に、組織全体を旧来の既存の価値観やタイプから新しく目指す方向に変えていくための手順、タイミング、スピード感をどのように考えていくか、過去のやり方に慣れてしまっている現場の意識をどのように変えていけるか、そのための組織変革の実行力が求められる。これはトップマネジメント層のリーダーシップとそれを可能にする体制の構築の仕方によるところが大きい。

原則5：強力なリーダーシップを終始貫く

なぜ統合にはリーダーシップが必要なのであろうか。統合というイベントをきっかけに一気に利害のぶつかり合いが表面化する中で、これらの対立を乗り越えて新会社としてひとつの方向に導くのに必要な力は、経営のリーダーシップをおいてほかにはないからである。

将来の利益のために現在の利害を超越して率いる力、それが統合におけるリーダーシップである。統合する両社が成功する鍵は、両社の経営者が一枚岩でリーダーシップを発揮できるかにかかっている。最終的に統合の成果を左右す

る決め手は、経営トップ同士の信頼関係に基づくリーダーシップである。

　多くの統合ケースから学ぶことは、まず交渉の過程においては、経営トップ同士が最初の段階で、互いに譲れないこと、いわば互いに「話しにくいテーマを先に話題にする」ということの重要性である。表面的な友好関係を優先し、本来的に固執することを後に回すと、まとまらなかった場合のダメージは計り知れない。その一方で、互いに妥協できない点はあらかじめさらけ出し、その上でそれらの話をお互いが受け入れられると確認し合った段階で、互いに尊重すべきポイントが明確になると同時に、風通しのよい関係が構築できる。

　そのようなコミュニケーションを通じることで、トップ同士の信頼関係は、一段確固たるものになるのである。その上で、目指すべき方向に向かって、両社の全社員を対象にして前面に出てリーダーシップを発揮していくことが最終的な成果への原動力になる。

●ディール完了後の過ごし方が成否を分ける

　英国のデロイトの調査によると、統合については、英国企業の例でも、実際に企業は往々にしてディールを完了させたことに満足してしまい、統合に対しては十分な注意を払わない傾向がある。通常はディールが完了する時点で緊張感を失い大仕事が終わったと錯覚してしまうか、疲弊してしまって統合に対するエネルギーを割くモチベーションが残っていないというケースが多い。

　この点については成功企業（ベストプラクティス）においては、その取組みの仕方が大きく異なる。成功事例からわかることは、統合の成否は一般的にディール完了後の90日をいかに過ごすかにかかっているということと、その計画の"質"が成否を左右するという事実である。

　そのためには、計画の立案はディールが成立する日よりもかなり以前からスタートすべきであることを示唆している。統合の最初の営業日（DAY 1）よりも前に、最大限の利益を上げられるような統合の青写真（ビジョン、戦略）や財務目標、統合の実行計画、コミュニケーションプランなどをあらかじめ策定して組織で合意をとっておくことが大切である。また、社内の組織体制においては少なくともディール成立の3ヵ月前から統合担当の取締役をM&Aチームの一員として参画させておくことが重要である。

これらの点を踏まえて、成功企業では特に以下の4つに留意している。

① **明確な目的設定**

ディール当初に設定していたM&Aの根拠、ビジョンを明確に示すことがまず重要である。また、統合計画立案や、推進リーダーの選任、経営レベルのコミットメント、利益源泉の観点から優先順位づけすることも大切なことである。このようにディールの初期の段階から、十分に余裕を持って計画立案に着手して準備が整った企業ほど、最終的には大きな価値を実現する傾向がある。

② **コントロール**

統合計画に気をとられて日々の業務が手薄にならないようにする、またはその逆になることを回避することも重要である。そのためには精度の高い統合計画を立てるとともに、十分なリソースを充てることが重要である。確実な計画立案、計画管理、利益のモニタリング及びその報告や評価を行うための実際的な手法を導入して徹底させることが欠かせない。また、計画実行に当たってのリスク管理も重視しながら、リスクや問題に迅速に対処して困難な意思決定を早期に下すことのできる能力を高め、統合計画の構築と実行コントロールの両方をしっかりと行っていくことが必要である。

③ **人材管理**

M&Aによって統合する側とされる側の両方の従業員の不安や不透明感が高まるということを認識しておく必要がある。これらをあらかじめ認識している企業は統合の実施によって生じる問題の半分は解決していると言っても過言ではない。成功企業は、早期から人事マネジメントチームを組成して、十分なリソースとスキルの蓄積をさせるとともに、双方の企業文化の相違点を特定してあらゆるレベルでの変革計画を立てている。

④ **コミュニケーション**

成功企業ほど、標準的な企業よりも統合の要所でコミュニケーションを図るための準備を重要視している。この段階では、内部及び外部のステークホルダーからの効果的な関与を確保するために必要なプロセスが実施されているか否かが試される。一般に人材とコミュニケーションの問題は定量化が難しいので、経営課題の優先順位が下がりがちであるが、これらを財務上の利益に貢献するほかの優先課題と同等のレベルで捉え、扱うことが重要である。

2　統合の成功シナリオ

「2つの壁」を超えるシナリオを描く

　ポストM&Aの成功シナリオにおいては、統合後の株価や業績（売上、利益）の推移にもあるように、DAY1以降は継続的に成長の軌道に乗せて企業価値を高められるかがテーマである。そこにおいては、立ちはだかる「2つの壁」をいかに超えていくかが共通して見られる課題である。それは「利益創出」と「成長持続」の2つの壁である（図表3-3参照）。

　M&Aの成功は「当初の目的を達成しステークホルダーの評価を得ること」である。統合によって当初の単体であった以上の利益を捻出し、さらに収入も持続的に増大させて企業価値を継続的に高めることがテーマである。

　統合後には、かつてないリスクや非効率性など利益創出を阻む要因が多く存在し、かつ業界環境の変化をはじめ、持続的に成長することを困難にさせる要

図表3-3　ポストM&Aにおける2つの壁

□ ポストM&Aを成功に導くには、DAY1から3〜5年越しで「利益創出」と「成長持続」という"2つの壁"をいかに乗り越えていけるかが鍵を握る。

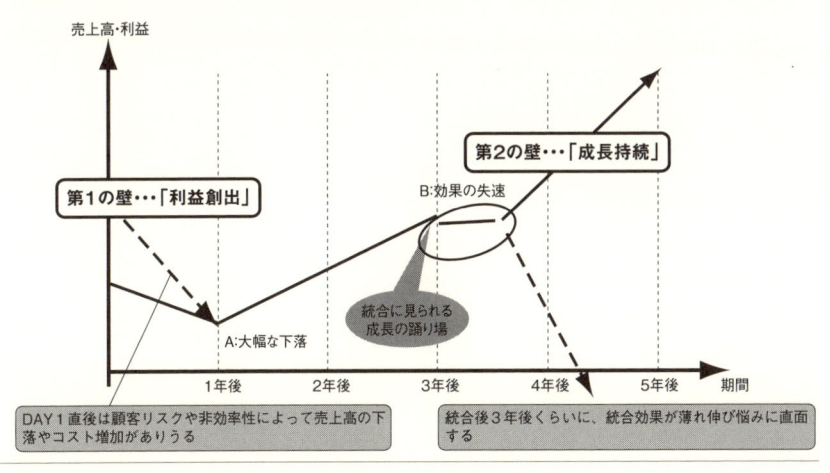

（縦軸：売上高・利益、横軸：期間　1年後／2年後／3年後／4年後／5年後）

- 第1の壁…「利益創出」
- A:大幅な下落
- 統合に見られる成長の踊り場
- B:効果の失速
- 第2の壁…「成長持続」

DAY1直後は顧客リスクや非効率性によって売上高の下落やコスト増加がありうる

統合後3年後くらいに、統合効果が薄れ伸び悩みに直面する

因も多々存在する。そのような状況下で企業価値を高めていくには、中長期的な視点で戦略とシナリオを持って取り組んでいくことが不可欠である。DAY1以降、1年から3年をメドにその先の5～6年という中長期的な目線で、迫りくるハードルに対して対応策を見据える必要がある。

「利益創出」という壁

まず第1の壁をいかに超えるか。ここでの壁とは「利益創出」という壁である。統合のケースでは、統合前の単純合算以上に利益を生み出すことが要求される。すなわちシナジー効果が端的に現れる部分である。ここでの壁とは、統合後の混乱や一時的な非効率性による収益圧迫の圧力を乗り越えて短期的なシナジー効果を実現することにある。

統合直後は、業務上の混乱やお互いの理解不足からくる非効率化など多かれ少なかれリスクが顕在化する。それらのハードルをいかに乗り越えて、安定的統合と効果の早期実現を果たせるか、それが利益創出へのテーマになる。

コスト削減のシナジー効果をいち早く実現する

統合当初は、双方の経営資源が一体化することにより、重複個所や類似個所また多様な事業をグループに抱えるなど、一時的に非効率性を抱える状況に陥るのである。それによって当事者同士の双方に理解が不十分なことにより現場では様々な混乱を伴うものである。DAY1においては、まず新会社としてのオペレーションを目立ったトラブルなく円滑に立ち上げられるかが試される。そして、この時期のもうひとつの重要なテーマは統合効果の早期実現だ。

統合によって非効率性やリスクが高まるという点を踏まえて、とりわけ重複領域の一本化やスケールメリットが出やすい機能など比較的目に見えやすい領域について、コスト削減に関するシナジー効果を極力早く実行することが必要である。売上面のシナジー効果の着手も同時に行い、少しでも早く実現することが求められるが、コスト削減においては管理可能なものが多いため、早期に結果を出すことは絶対条件である。これらを実行するには痛みが伴うため一般

には先送りにされがちだが、痛みが伴うものほど早くやるというのが、当初の課題を乗り切るための鉄則である。特に、重複している組織・機能の統合や、人事統合や外部との取引条件の改善などといったインパクトが大きいコスト削減施策の実行は必須の課題であり、その結果として短期的な利益をいかに生み出すことができるかを決定する。これらに対しては、最近特に資本市場をはじめ外部の目も厳しく、スピード感をもって対応できるか否かによって、株価をはじめとして企業の将来の期待値の評価に影響を与えていく。

このように、安定的立上げとシナジー効果の早期実現という2つの課題を両立しつつ、確実に利益を生み出すことは、その先の第2の壁を乗り越えるための投資原資を捻出することにもつながっていくのである。

リストラの限界を打破する

次に利益創出に続く第2の壁とは何か。それは「成長持続」の壁である。統合後企業が企業価値を持続的に高めていくには、将来にわたって継続してキャッシュフローを増大させる必要がある。そこには、資金効率を高めながらもトップラインである売上をいかに伸ばしていくか、という課題に取り組むことが重要になる。成長持続への壁は、DAY1当初から待ったなしで厳然として存在するが、第1の壁を乗り越えた暁にも依然として重くのしかかる。

ここで第2の壁を成長持続としているのは、短期的な売上増大はそれに値しないことを明らかにするためである。つまり継続してグループ全体としての事業規模を拡大していく状態、すなわち成長戦略を持続的に実行していくことを意図している。

第1の壁である利益創出について陥りがちなケースとして、統合直後に徹底したリストラクチャリングを行い短期的利益の確保に成功するものの、その先に売上が伸び悩み、結果的に成長軌道に乗せきれないといった例がある。このケースはまさに第1の壁は超えつつも第2の壁で行きづまっている成功の道半ばといったパターンだ。第2の壁を乗り越えていくすべは、単なるリストラ的な取組みだけでは限界がある。

かつて一時期、企業再生が多く求められた時代は、V字回復というのがひと

つのキーワードであった。下降線をたどる業績に対して短期的に出血を止めて利益を確保し、その上で強みや競争力がある事業に集中的に投資をしながら売上を伸ばしていくというストーリーである。

● **単独の企業再生と決定的に異なるポイント**

　ここで指摘している第2の壁も多少それと類似しているイメージがあるかもしれないが、企業再生のケースと決定的に異なるポイントは2点ある。ひとつは、M&Aという外部の経営資源を含めて成果を出していくことを前提にしている点だ。単独の企業再生の場合は、基本的に自社の限られた経営資源の活用を前提に検討されるものであるが、成長戦略におけるM&Aの場合には、相手先の経営資源をいかに活用していくかは当初の目的そのものである。

　2点目は、DAY1以降に売上成長がコスト削減と同時並行で求められるという点である。実際に統合前以上に売上を伸ばしていくことはその過程で相当に時間もかかることから、持続的、かつできるだけ早期に成果を上げることを念頭に置くと、DAY1から同時並行的に取り組んでいくことが求められる。さらに売上成長の難しい点として、マーケット環境が変化していく中で成果を出していくことにあり、DAY1当初から変化を予想した上での将来のシナリオを構築して、できるだけ変化を先取りして進めていくことは必要不可欠である。

　このように第2の壁を乗り越え持続的な成長をすることは、DAY1から数年越しで取り組むべきテーマである。

数年後の成長の「踊り場」をいかに超えるか

　2つの壁という視点から統合事例を分析すると、一般的に統合後の経営者によく見られ陥りがちな傾向として、統合効果を上げる優先順位として第1の壁を意識しすぎるあまり、第2の壁への備えがおろそかになることがある。通常、コストシナジーを実現することにおいても、組織や人事面の統合は時間とエネルギーや神経を使う作業のため、ただでさえ難しい作業である。加えて、売上成長の打ち手を同時並行して行うというのはさらに難易度が高いマネジメント

である。

　実際に統合後3年から4年程度経過した時期から、現場レベルでは統合の存在を既に過去のものとして意識しなくなるものだ。統合当初の短期的なシナジー効果の発現も一段落し、単に統合当初の目に見える成果もある程度限界は見えてくる。業界の環境変化も著しく統合の勢いもしだいに落ち着いてくる状況下で、ややもすると統合当初の経営戦略の延長線上では乗り越えられない壁にぶつかるようになる。いわば成長の「踊り場」に差しかかる状態といってもよい。この段階をどのように乗り越えていくのか、第2の壁を克服するために次なる一手をどのように打つかが重要なテーマになる。

「成長型ビジネスモデル」への再構築を

　ポストM&Aという視点から捉えると、成長持続の壁を乗り越えるには、M&Aによって「成長型ビジネスモデル」への再構築がどこまで図れるかにその答えがある。この成長型ビジネスモデルの再構築を可能にするために、実は前提として求められることは、統合によるビジネスのインフラがどの程度一本化されているかということである。

　ポストM&Aにおいては、情報システム統合や人事制度の統合といった実務的統合がよく話題になるが、それは単に会社がひとつになるから制度やシステムを一本化するという表面的な議論ではなく、本来の目的とするところは、M&Aによってビジネスモデルを再構築するために前提となるインフラを揃えることにある。つまり、M&Aによってもたらされた両社の経営資源をどの程度将来にわたって土台として活用できるかどうかである。その意味で、DAY1以降で制度やシステム、風土などの人的な要素も含めて統合作業が終了し、ハード・ソフト両面での「成長のインフラ」が整っているかどうかはビジネスモデルを再構築する上での鍵を握る。

　インフラとは主に組織構造、人事制度、経営管理システム、情報システム、業務プロセス及び人材、ノウハウの融合や新たなる企業風土の醸成である。こうした諸々の制度・システム・風土を、旧来の組織を脱却して新会社仕様に一本化できるか否かは、成長戦略の打ち手に影響を与える前提条件になる。

外部とのさらなる提携や買収も視野に入れる

　第2の壁を乗り越える理想的なシナリオは、DAY1以降の統合作業で一本化した経営インフラが土台になって、既存の経営資源の活用により売上シナジーを上げること、そしてその上で新たな成長の芽を見出し、さらなる成長シナリオを描くことである。

　統合当初の段階では、両社の持っている既存の製品や顧客を活用しながら、現有リソースの組合せによる売上シナジーを実現していくこと、つまり事業ドメインを見極めてしっかりとした営業戦略を打ち出していくことが必要である。その上で、次の段階としては既存の製品に止まらず、双方の無形資産やノウハウを活用し、新製品開発や新業態などの新たなビジネスを作ることがポイントになる。例えば、両社で進めてきた研究開発の成果としての新製品発売、新規事業の展開、新規アライアンスの発掘などである。

　新しいビジネスモデルを視野に入れてその先の成長戦略を描くことが、第2の壁を乗り越え、成長を持続するポイントになる。そこでは、両社の経営資源に止まらず、さらなる外部リソースの活用を視野に入れた提携や買収といった次なるM&Aもテーマであり、具体的な選択肢を持てるかどうかによって、その先の成長の描き方は大きく変わってくる。

成長シナリオの成否は利益創出にかかる

　このようにDAY1以降、3年から5年越しで試行した施策を新たな成長の原動力にできるかどうか、両社の統合による本来の統合効果を最大化させた上、その先のビジネスモデルの抜本的な転換を図ることが飛躍的に成長し続けていく上でのポイントである（図表3-4参照）。

　これらの成長シナリオを実現する上では、実は、第1の壁の利益創出がその必要条件となる。つまり、統合後の一定期間でシナジー効果を実現しながら収益性を高めて、そこで獲得された利益という原資に基づいて、その後の成長性が高い事業機会に重点投資をして、その先を支える成長型ビジネスモデルを構

図表3-4 ポストM&Aの成功シナリオ

□ポストM&Aの成功のシナリオは、DAY1から3年から5年越しで「利益創出」と「成長持続」という2つの壁をいかに乗り越えるかというテーマで施策を講じる。

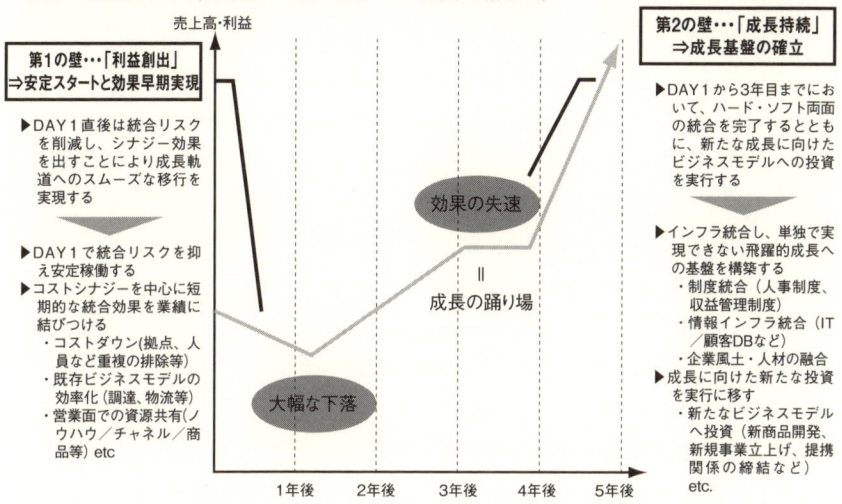

第1の壁…「利益創出」
⇒安定スタートと効果早期実現

- DAY1直後は統合リスクを削減し、シナジー効果を出すことにより成長軌道へのスムーズな移行を実現する
- DAY1で統合リスクを抑え安定稼働する
- コストシナジーを中心に短期的な統合効果を業績に結びつける
  ・コストダウン(拠点、人員など重複の排除等)
  ・既存ビジネスモデルの効率化(調達、物流等)
  ・営業面での資源共有(ノウハウ／チャネル／商品等) etc

第2の壁…「成長持続」
⇒成長基盤の確立

- DAY1から3年目までにおいて、ハード・ソフト両面の統合を完了するとともに、新たな成長に向けたビジネスモデルへの投資を実行する
- インフラ統合し、単独で実現できない飛躍的成長への基盤を構築する
  ・制度統合(人事制度、収益管理制度)
  ・情報インフラ統合(IT／顧客DBなど)
  ・企業風土・人材の融合
- 成長に向けた新たな投資を実行に移す
  ・新たなビジネスモデルへ投資(新商品開発、新規事業立上げ、提携関係の締結など) etc

(グラフ: 売上高・利益 縦軸、1年後〜5年後 横軸。「大幅な下落」「効果の失速」「＝成長の踊り場」)

築していく、この投資サイクルこそ統合の成功シナリオである。

DAY1以降の中長期的な時間軸でこのような投資展開ができるかどうかによって統合の成功が近づいてくる。

【ケーススタディ1】成功シナリオ①
国内トップクラスの開発パイプラインを実現

——中外製薬

　2002年に外資系会社ロッシュグループの日本ロシュと合併した中外製薬は、DAY1以降に着実に統合を進めていった。DAY1以降の1年目については、統合後の混乱を経験している。1年目は統合に絡んだ関連特別損失を一括処理し、純益は200億円の赤字になり、とりわけ1年目の前半ではオペレーション面でも合併によるMR（医薬情報担当者）の教育のため、営業活動に若干ながら停滞が生じるなど一時的には収益が落ち込む局面があった。しかし、統合後半年間に、本社及び支店の重複を解消して事務所の維持コストを削減し、生産・研究拠点の統合が奏功して1年通期では営

業利益は拡大した。
　2年目には、併せて全般的なコスト削減努力により販管費比率は大幅に改善し実質大幅に営業増益を果たした。一方では、事業面でも2年目に一般薬事業をライオンに譲渡し本業である医療用に集中する体制を整えた。
　そして迎えた3年目に、日・米・欧の臨床試験の共通業務を集約した臨床研究センターが稼働を開始し、その後新薬の研究や開発などに注力し、リウマチ治療薬MRAを国内外で申請した。さらにこの頃に、成長が見込める生活習慣病領域に参入した。

新製品抗ウイルス剤の爆発的ヒット
　また、シーズ探索と創薬に力点を置くために他社と連携し未来創薬研究所を設立、専門MR制を導入、製品寿命管理や価値最大化などを目指す専門チームを設置するなど、研究開発や営業面でも力を入れて新たな試みを実践し、次なる発展へ向けて手を打っていった。この頃、統合により生み出された新製品抗ウイルス剤が爆発的にヒットして企業価値を大いに増大させ、統合後最初のピークを迎えたのである。
　中外製薬では、統合により自社開発品目に加え、ライセンス契約によりロシュ社及びジェネンテック社などが創製した品目が加わったことにより開発シナジー効果が発揮され、国内トップクラスの革新的な開発パイプラインが実現された。また、ロシュ社との共同開発・販促においてもシナジー効果を発揮していた。中外製薬とロシュ社は共同開発・販促に関する契約を締結し、欧米において、実際にロシュ社との共同開発を推進することにより、中外製薬の開発はより効果的で効率よく実施されている。
　統合から5年以上が経過した現在においては、新薬の申請を毎年続けており、研究開発費や販売管理費がかさんで収益が圧迫するリスクは負いつつも、グローバルなネットワークに基づいたパイプラインを最大限に駆使しながら、新薬の研究開発に重点を置きながらコア事業へ経営資源を集中投下し、持続的な成長を続けている。

【ケーススタディ2】成功シナリオ②
コスト削減効果を梃子にさらにM&Aを展開

———エディオン（家電業界）

　家電小売業界のエディオンは、M&Aによる統合効果を立て続けに実行し成長を遂げている。2002年3月、中国・四国・九州地方を中心に展開するデオデオと、中部地方を中心に展開するエイデンが、株式移転によりエディオンを設立し、エディオングループが誕生した。

　共同で持株会社を設立して経営統合して以来、1年目から徹底した店舗の統廃合を実行していった。家電直営店を2店舗新設、3店舗を統合し2店舗を閉鎖するなど併せて経費の削減を進める一方で、オリジナル商品の開発、人材育成、物流改革などの売上成長への布石を打っていった。

徹底した店舗統合とオリジナル商品開発

　統合後2年目に当たる2003年度にはカタログ通販事業を買収しテレビ通販にも参入した。その後も家電直営店7店舗を新設し、18店舗を閉鎖するなど徹底した店舗の統廃合などの合理化策と、オリジナル開発商品の開発や提携（リユース事業で業務提携を実施）などによる売上成長の手立てを同時並行的に行っていた。

　DAY1から3年目に当たる2004年にはエディオン全体では、不採算店閉鎖が一巡し、出店25、退店26の計画を立て他地域へ出店を加速する方針を明らかにした。原価面ではエイデン、デオデオ両社の商品管理システムを統合したことにより共同仕入増加による原価低減や、新店出店、不採算店削減効果などにより増収増益を実現した。2004年度には、デオデオとエイデンの事業統合が完了し、仕入統合によるスケールメリットの達成、情報システムの一本化、組織統合による本部のスリム化など、多くの統合効果を創出した。

　また、2005年4月には、近畿エリアでトップシェアを誇るミドリ電化と株式交換による事業統合を行い、これにより売上高は7,000億円を超え、中部以西の地域シェアNo.1を誇る家電量販店グループとなった。さらに傘下の家電量販のネットショッピング事業を統合し、送料無料やポイント

サービスなどで差別化を図り大幅に刷新した。

M&Aにより積極的にグループ組織を拡大

　2006年7月には、関東地方を中心に20店舗を展開する石丸電気との資本提携を行うことで、関東地方の強化と今後のシェアアップの足がかりを得ることができ、より広い範囲で魅力的な物流・サービス網の構築が可能となった。また、エイデンは、静岡県に5店舗を展開する三石電化センターと事業統合を行い、「EIDEN」のストアブランドで静岡県東部の店舗ネットワークを補完した。こうしてM&Aにより積極的に傘下のグループ組織を拡大するとともに、本部機能統合や仕入機能の統合で相乗効果を発揮するなどのスケールメリットを生かしていった。

　2007年には、北陸を中心に「100満ボルト」のブランドで事業展開をするサンキューとの資本提携を行い、エディオングループの店舗ネットワークは2007年6月末時点で1000店舗を突破した。今後は、家電・家具・インテリアのカタログ及びインターネット通販事業を手がける暮らしのデザインも含め、さらなる統合効果を創出し、売上高1兆円の達成に向けた取組みを強化する方向である。

　このようにエディオンの統合後シナリオについては、常に継続的に組織の統廃合を通じてコスト削減効果を実現し利益創出の壁を越える一方で、矢継ぎ早にさらなる外部リソースを活用したM&Aを推し進めることにより成長持続を果たしている。

3　成功へのマイルストーン

評価タイミングは1年以内を意識する

　ポストM&Aは、統合の発表によって株価が高騰したから評価されるわけでもなく、また単にDAY1が無事に立ち上がっただけで評価されるべきものでも、初年度の収益が改善したから安心できるものでもない。これらはすべて一連のプロセスの中の好材料のいくつかであり、最終的にはそれらが連なって先述の2つの壁を乗り越えて当初のM&Aの目的を達成し、その結果としてステークホルダーから評価され続ける状況を作り出せたかどうか、そのような長期スパンで継続的に捉えていくべきテーマなのである。

　しかしながら、現実に目を向けてみると、この成功シナリオという長距離走を完走できているランナーはきわめて少ない。実際にM&Aの現場担当者の声を聞くと、交渉が終わった段階ですべて力が尽きてしまい、長距離走のスタートどころかゴールを迎えてしまっているケースが非常に多い。交渉の成立は一時的に結果の白黒がはっきりする性質のものであるが、成功シナリオへの道程は長く連続しており、端的に直接的な手ごたえが感じにくい側面があることも、経営者や現場担当者にとって悩ましいものがある。ポストM&Aの重要性は理屈では理解できていても、実際にそこまでエネルギーをかけることができないというのが実感であろう。

　このような疲弊感をどのように捉えマネジメントしていくのかは、実際にポストM&Aの道程を歩んでいく上で無視できない課題である。

　また、一方で当事者の外の側から見た際の課題もある。周囲のステークホルダーの目である。企業当事者にとって長い道程であっても、周囲の競争環境はその成果を悠長に待ってはくれない。DAY1には実行を開始して早々には何らかの結果を出すことが求められる。そのため中期的な計画を描きゴールを見据えつつも、常に適切なマイルストーンを設定し、定期的にモニタリングしながらスピードを意識して進めていくことが必要である。

評価タイミングは成功企業ほど短期化

調査結果によると、M&A成功に向けた最初の評価タイミングは1年をメドにすることが相応しい（図表3－5参照）。また、その傾向は成功企業ほど短期化していて、非成功企業ほど長期化していることがわかった。市場からは統合後1年以内で何らかの結果を出せるスピード感が要求されていることがわかる。

この調査の設問では「M&Aの成功に向けた最初の評価タイミングはいつか」という問いに対して回答を募った。その結果、成功企業では、最も多い回答は統合日から1年後というものだった。それに続くのが半年後である。またこれを成功企業と非成功企業の比較で見ると、より特徴が顕著に現れる。

成功企業は1年後までが70%となるのに対して、非成功企業は55%で、相対的に割合が下がる。また、同時に非成功企業の中で最も回答が多いのが3年後で、4～5年後と合わせると45%となる。成功企業ほど、評価タイミングが短く、非成功企業ほど長期的に悠長に構える傾向がある。成功のためには、評価のタイミングは1年以内をメドにしながら、なるべく早いタイミングで最初の評価を行うことが重要である。

1年以内に結果を出すスピード感を持つ

統合の評価タイミングをめぐる議論として「ポストM&Aにおいては相手と打ち解け理解するまで時間がかかるから、統合作業は時間をかけて徐々に進めていくアプローチをとらざるをえない」とか、「それらの統合の成果については、タイムラグもあるので結果が出るのはおそらくは2～3年後になるであろう」という声がよく聞かれる。だが、最初からそのような見通しで悠長に構えているケースほど結果が伴わない場合が多い。

一般的に統合作業とは想像以上に過酷でエネルギーのかかるものだ。また、それを専属で行う余裕がある企業は少なく、実務担当者は兼業で別の業務を抱えながら担当するケースが多い。そのような場合は、DAY1前後は統合作業に力を注いでいるものの、その後新会社がスタートするのを見届けると現業で

図表3-5｜M&Aの最初の評価タイミング〜企業分類別での比較〜

☐ 成功企業の最初の評価タイミングは「1年後」が最も多く、1年後までに評価する企業が大半（70％）を占める。非成功企業ほど、「3年後」や「4〜5年後」をタイミングとして挙げる傾向がある。

・成功企業ほどM&Aの最初の評価タイミングは短期化しており、1年後をメドに初回の評価を行い、M&Aの効果を計測することが重要であると考えられる。

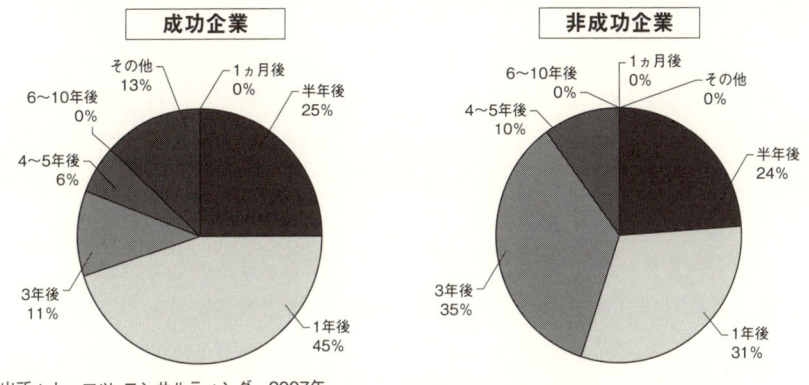

成功企業
- 1ヵ月後 0％
- 半年後 25％
- 1年後 45％
- 3年後 11％
- 4〜5年後 6％
- 6〜10年後 0％
- その他 13％

非成功企業
- 1ヵ月後 0％
- 半年後 24％
- 1年後 31％
- 3年後 35％
- 4〜5年後 10％
- 6〜10年後 0％
- その他 0％

出所：トーマツ コンサルティング 2007年

忙殺されるようになり、かたちの上で存続している統合作業はしだいに手がつかなくなり、いつしかどこかへ忘れ去られてしまいがちになる。統合作業に腰を落ち着けて着手しきれないうちに、同じ状態のまま月日だけが経っていくという結果になる状況がよく見られる。

一方、成功事例を見ると、DAY 0 からDAY 1 までの間に相当なエネルギーを費やして、やるべきことの大半を完了させている。あらかじめ統合効果を意識した青写真が現場のライン業務で描けていれば、DAY 1 以降は現業自体が統合作業の延長という環境になる。その点を考慮すると、統合作業が3〜5年越しの中長期的なものであることを視野に入れつつも、少なくとも"1年以内"に何らかの結果を出していくスピード感を持って取り組むことが重要である。

4 ポストM&Aの全体工程
4つの時系列フェーズでアプローチする

　ポストM&Aの成功シナリオはどのような進め方をしていけばよいのであろうか。ポストM&Aの全体スケジュールは、対象企業の規模や形態によってもやや異なるものの、成功シナリオを時系列で意識した際に、以下の4つの段階（フェーズ）を経て進めることを推奨する。

　その第1段階はDAY0からDAY1、第2段階はDAY1から1年以内、第3段階は2年目以降3年目まで、そして第4段階は4年目以降、というフェーズである（図表3－6参照）。

フェーズ1：成立から成功へのつなぎ

　フェーズ1は、基本合意前後からDAY1に向けて案件の交渉と同時並行的に進める、いわば成立と成功をつなぐ位置づけのフェーズである。この段階でのテーマは2つある。ひとつは、新会社のスタートであるDAY1をターゲットにその日を迎えるための具体的なマネジメント（DAY1マネジメント）と、2つ目は、統合全体像を見据えた計画化（統合マスタープラン策定）が主たるミッションになる。

　ひとつ目については、DAY1にいたるまでの過程で、各ステークホルダーとどのようにコミュニケーションをとって期待を高め、リスクをコントロールしていくかがテーマになる。実際には、基本合意での情報開示以降、継続的にIR活動を行いながら資本市場の株主や広く顧客に対して積極的なメッセージを発信する一方で、従業員に対しては期待を高めるだけでなく、統合に向けた不安を解消する対話も必要になる。時に必要であれば個別に人材の引留め策（リテンションプラン）を講じるなど、各所に気を配りながらコミュニケーションをしていくことが求められる。さらに、DAY1直後には、新会社のスタート

図表3-6｜成功シナリオの４段階アプローチ

フェーズ1 （DAY0～DAY1）	フェーズ2 （DAY1以降1年目）	フェーズ3 （2～3年目）	フェーズ4 （4年目～）
成立から成功への つなぎ ①DAY1マネジメント 統合に向けた社内体制の構築と、DAY1を迎えるためのステークホルダーマネジメント ②統合マスタープラン DAY1以降の統合全体像を見据えた数年越しの統合計画（統合マスタープラン）策定	軌道に乗せる ターニングポイント ①DAY1の安定立上げ 新会社を円滑にスタートし当初の混乱を最小限に抑え安定運用の確保 ②統合効果の早期実現 コスト面での削減効果を中心に実行に移し、単年度業績へインパクトを実現	本格的な成果の実現 ①統合作業の完了 各種インフラの統合（ハード：制度・システム、ソフト：風土、の両面） ②統合効果の本格実現 売上増大のシナジー効果も実現 ③新ビジネスへの試み 新規のビジネスモデルへの試みと投資	次なる成長への転換 ①ビジネスモデル再構築 統合成果としての人材、ノウハウ、データなど知的資産を活用し新ビジネスの構築 ②さらなる提携・M&A 外部の経営資源の組入れも含め、さらなる提携やM&Aによる成長シナリオの実行
「利益創出」の壁	「2つの壁」を越える		「成長持続」の壁

を切るための多くの変更への対処やアピールも必要な実務である。

　2つ目の統合マスタープランにおいては、交渉段階でラフに描いていた統合効果（シナジー効果）に関する本格的な分析と、その結果に基づくDAY1時点における経営目標の設定、並びに各領域において検討した結果の集大成である統合全体の青写真や統合作業のアクションプランを構築することが主な内容である。統合マスタープランにおいては、DAY1を迎えた段階で新会社の目標とすべきビジョンと数値目標、またそれに向けた統合スケジュールが見えている状態になることがゴールである。つまり、フェーズ1はその後数年にわたって続いていく統合作業全体の方向性を決める重要なフェーズである。

フェーズ2：軌道に乗せるターニングポイント

　フェーズ2については、DAY1での立上げ以降、初年度の決算期間である1年目までをひとつの区切りとして設定する。
　このフェーズにおけるミッションは2つある。ひとつは、安定的なDAY1の立上げである。新会社としての運用が円滑にスタートし、当初の混乱を最小限に抑え業務運用を安定させることが当初の目標である。そしてもうひとつの

ミッションは、シナジー効果（特にコスト面での削減効果は必須）を早期に実行に移して単年度業績への利益インパクトを実現することにある。これは統合の成功シナリオにおける第1の壁「利益創出」に向けて着手することを意味している。このコスト削減においては、重複機能の統合やスケールメリットの生みやすい仕入れや物流などの機能において、変革に着手して確実に1年以内に統合前に比べて効果を上げることが求められる。と同時に、人事制度や情報システムなどのインフラ面での統合作業に着手し、変革の流れとその道筋を作ることも求められる。

　このフェーズ2において、つまりDAY1から1年以内に統合作業を着実に実行に移し、当初のリスクを抑えながら確実に一定の統合効果を業績に反映させることができれば、それ以降の成長軌道に乗せていくことが可能になる。いわば、統合成功に向けた軌道を作るターニングポイントになるのが最初の1年である。別な視点から換言するならば、フェーズ2は、DAY1時点で描いた統合全体の進め方やスケジュールについて、その実現性や有効性についての最初のモニタリングフェーズとしても重要な位置づけである。

フェーズ3：本格的な成果の実現

　フェーズ3は、統合2年目以降、多くの場合は統合新会社が策定する中期経営計画の対象期間と連動する。このフェーズ3のミッションは、フェーズ2で実行に移された統合施策について具体的な成果を実現すること、統合効果を企業業績に反映し成功シナリオの第1の壁である「利益創出」の効果を本格的に実現することにある。ただし、ここでの利益創出の意味合いは、コストシナジー中心であったフェーズ2に加えて、売上シナジー、つまり新たな収入機会の増大も含めた結果を出すことが求められる。

●計画のPDCAサイクルが機能する時期

　フェーズ3においては、既にフェーズ2において人材交流や相互理解が深まった前提で、それらをクロスセリングなどの施策を通して営業面での成果として反映させることや、新たなる営業面での試みを行って収入機会の増大を成果

として実現していく段階にある。いわば新会社としてのDAY 1 の中期経営計画において掲げられた統合施策や、目標数値が実行され成果を出すタイミングがこのフェーズである。またはDAY 1 当初に織り込まれた計画のPDCAサイクルが機能する時期と捉えることもできる。

　最近は、DAY 0 からDAY 1 までの期間が短縮化することに伴い、人事制度や情報システムなど、比較的時間やエネルギーのかかる領域についてはスタート日をDAY 1 以降でDAY 2、DAY 3 と別途位置づけて段階的なスタートとする場合も増えているが、人事統合やシステム統合などの統合作業の実行とともに、それらの成果を業績に結びつける努力が求められる。つまりは、統合作業の実を上げることが大きなテーマである。

　その上で本質的には、ポストM&Aの成功シナリオにおいて向き合うべき2 つの壁のうち第 1 の「利益創出」の壁を乗り越え、利益体質の転換を果たしていくこと、またそれと同時にこの段階においては、第 2 の壁である「成長持続」の壁の克服を見据えて、新たなビジネスモデル構築に向けた「投資」や新たなる収入機会への試みを積極的に行っていけるかが問われるフェーズである。

フェーズ4：次なる成長への転換

　フェーズ4は、ポストM&Aの最終フェーズであり、先ほどのポストM&Aの成功シナリオにおいて向き合うべき第 2 の壁である「成長持続」を乗り越えて、ビジネスモデル再構築に向かうステージである。多くのケースではちょうど時期的にはDAY 1 以降の中期経営計画を改定し、その先の新たなる中期計画を策定する時期に該当する場合も多い。

　ここでのミッションは、DAY 1 以降の統合実務の成果を次なる成長ステージにいかに引き継ぎ、転換していくかということにある。この段階では、DAY 1 当初のビジョンで掲げていた状態と比べて、実際にどのようなギャップがあるのか、を見極めて修正していくとともに、次なる成長に向けて抜本的なビジネスモデルの転換を図っていくべきフェーズである。

　当該フェーズにおいては、統合の成果として人材のスキルやノウハウ、データなど潜在的な経営資源も含めて知的資産を最大限に活用し、新しいビジネス

を業績に結びつけて成長の原動力にしていくシナリオを描く視点が求められる。また、この段階においては、新たなる外部の経営資源の組み入れも含めてさらなるM&Aによる成長シナリオを描くことも、飛躍的な発展に向けては重要テーマとなる。

　以上フェーズ１から４までポストM&Aの成功シナリオを描いてきたが、当然ながら規模や状況、統合の形態の違いなどによって、それに伴う時間軸の長さやタイミングは多少異なる。しかしながら、程度の差こそあるものの、ポストM&Aにおける成功シナリオを実現するには、各マイルストーンを置きながら、このような方向性と手順、ミッションを明確にして進めていくことは有効である。

フェーズ０：アーリーステージのポストM&A

　ポストM&Aのアプローチとして原則的にDAY０時点から速やかに開始することをフェーズ１と定義して４段階の進め方を見てきたが、一方で最近の先進事例の取組み状況を凝視している中では、ポストM&Aの開始時点がより一層前倒しになる傾向にあることが挙げられる。具体的には、基本合意（DAY０）を待たずに開始する、いわば初期段階（アーリーステージ）からの取組みといったケースもある。これらは言い方を換えるならば「フェーズ０」と表現することもできる。

●広がるステークホルダーへ早期に対処する
　実務上は、条件的合意の正式な書面は作成していないものの、ほぼ両社が経営レベルで統合することの意思を固めた段階で、基本合意以前にあらかじめ統合計画を策定するアプローチである。これは、DAY０の基本合意というイベントを境にステークホルダーが一気に拡大していくため、各ステークホルダーの対応を前もって慎重に考慮した上で、基本合意自体を進める必要性が高まっていることが背景にある。
　もともと大型のM&Aの場合には、事前の検討作業に十分な時間を要するこ

ともあり、合意前に統合後も見据えた検討を行う例は多かった。とりわけ上場企業においては、東京証券取引所の適時開示規則の関係などから、基本合意段階（DAY0）での情報開示を併せて行うことが多いため、開示を念頭に置いた影響に関する備えは十分にしておく必要性はより高まる方向にある。

　このように初期段階からのポストM&Aを検討すること自体は早いに越したことはない。むしろ情報開示後のステークホルダーへの影響を考えると、DAY0の前からポストM&Aの重要課題（特にステークホルダーに対して起こりうるリスクなど）に対応しておく必要性は一層高まることから、早期対応は望ましい。また、交渉自体を進める上でも統合後のあり方を想定することなしに両社が実質的な議論を深めることには限界があり、交渉当事者の側から見ると必然的な流れともいえる。

● 市場への開示タイミングと交渉への影響

　一方で、市場からの適時開示の要請やインサイダー規制などの法的観点から早い段階での情報開示が求められる反面、当事者同士が十分合意されるまでは開示に踏み切れないなど交渉上リスクが絡む面が多々あるのも事実である。そのために、交渉の行方が流動的な中で統合を考えるのは早いほうがよいとは一概に言い切れないところもある。

　そのため、フェーズ0が有効に役割を果たすためには、正式な意思の取り交わしの形態は別としても、両社の合意の程度が一定以上深いものであることが前提になる。そうでなければ統合の議論を先行させても、M&Aの交渉が成立しないという憂き目に遭う可能性がある。

　このようにアーリーステージにおけるポストM&Aへの取組みが今後一層増えていくと考えられるが、その際は市場への開示タイミングと交渉への影響を念頭に置きながら、適切な範囲を見極めて取り組む工夫が求められる。

> 【エピソード】従業員向けの開示レベルを事前に擦り合せ
> ——ライバル会社同士の合併
> 　A社とB社は統合を検討するに当たり、両社の経営陣同士は合併することに同意し内々に協議書で基本的な条件を擦り合わせていた。しかしいざ

発表するとなると、一般株主や顧客、とりわけ両社の従業員への影響が心配されるため、基本合意書を締結する前にそのあたりの影響と対策を十分に検討してDAY0を迎えようと考えた。特に両社が気にかけていたのは従業員への影響である。

両社は同業同士であり、ライバル同士としてしのぎを削ってきた間柄である。また同業ということもあり給与水準や営業スタイルの違いなど内部的な情報もそれなりに把握をしていた点も重なって、合併を発表した際の従業員への影響、とりわけ営業員のモチベーションやそれに伴う人材流出のリスクを警戒していた。そのため、DAY0と同時に合併の情報が公になる前に、従業員向けの情報開示レベルをお互いに擦り合わせておこうということで、基本合意内容と同時にDAY0時点のコミュニケーションプランの策定を行った。

特にその中では、事業領域で両社重複する部分に対する事業の方針や、給与水準をはじめギャップが大きい個所に対する対応方針について大枠で事前に話し合い、合意しておくこと。また、その時点で決定できないことに対して質問等を受けた際の応答方法について最低限の足並みを揃えるべく事前に周到な検討を行った上で、DAY0を迎えた。実際には基本合意書のみならず、各ステークホルダーから想定される質問に対応したQ&A集を作成して両社で共有した上で臨むことで、発表当初に予想された大きな混乱を回避することができた。

また、同時にそれらの統合方針をDAY1に向けて実行に移すべく、基本合意発表直後から検討体制を立ち上げて、懸案事項のひとつである営業体制のあり方や、新しい人事処遇や給与水準をめぐる検討を開始した。このようにDAY0以前から比較的早期に統合に向けた検討を開始することは、DAY0からDAY1に向けた検討を立ち上げる上でスムーズに移行できる点で望ましい対応方法といえる。

5　統合領域の全体像
5つの領域で解決アプローチを考える

　ポストM&Aでは、フェーズ1においてはDAY0からDAY1にかけて全体の青写真（グランドデザイン）とそれに伴う統合マスタープランを描くことが求められる。そこにおいて統合作業の全体フレームワークを考える上では、経営全体を「戦略」「組織」「業務プロセス」「制度・システム」「企業風土（カルチャー）」の5つ領域で体系化し、それぞれの領域ごとに実際に問題が起こりやすい個所を中心にその解決アプローチを考えることが有効である。
　以下、ポストM&Aの全体像をつかむために領域ごとに重要な論点を述べてみたい（次ページの図表3-7参照）。

1　ビジョン・戦略を策定する

　戦略領域の対象となるものは、中長期ビジョン、事業ドメイン、事業戦略、企業理念といったものが含まれる。中長期経営ビジョンでは、将来的にどのような事業領域で社会的役割を果たし、業界ポジションとしてどのような位置を占めたいのかを明確にし、事業ドメインの定義や事業戦略においては、限られた経営資源をいかに有効に活用し、シナジー効果をいかに上げるかが重要だ。
　ポストM&Aにおけるビジョンや戦略を考える上では、グループとしての経営戦略の体系を意識する必要がある。グループ経営計画の体系の主たる構成については、グループとしての経営理念、経営方針（ステークホルダーに対する基本スタンス）、グループビジョン、グループ中期計画、各社中期経営計画、各種グループ経営組織・管理制度という体系である。これらは、一連の体系として整備することによってグループ経営の中枢になる経営ツールであり、ポストM&Aにおけるグループ価値を高めていく源になるものである。それらの体系に基づいてグループとしての中期経営戦略を考えていく。

図表3-7 ポストM&Aの統合領域

統合領域は、「戦略」「組織」「制度・システム」「業務プロセス」「企業風土」の全領域にわたる

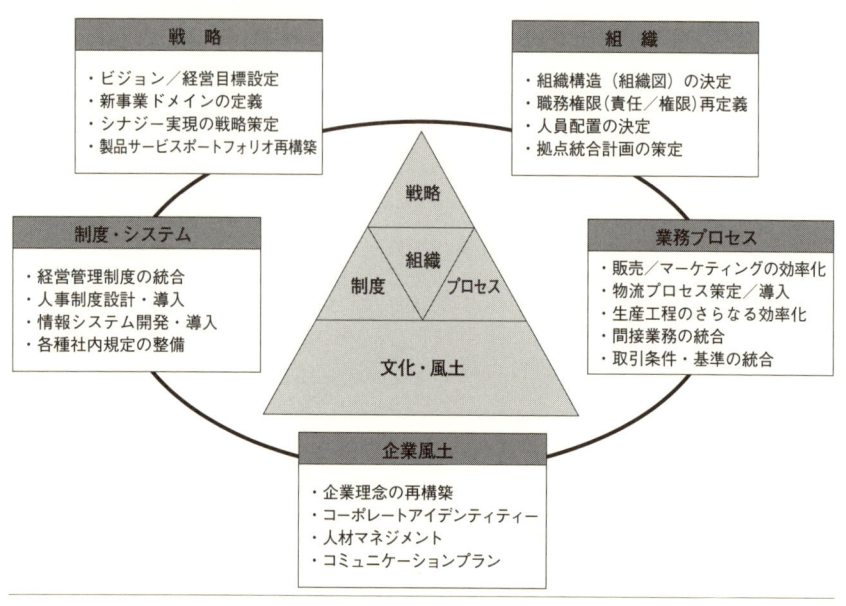

戦略
- ビジョン／経営目標設定
- 新事業ドメインの定義
- シナジー実現の戦略策定
- 製品サービスポートフォリオ再構築

組織
- 組織構造（組織図）の決定
- 職務権限（責任／権限）再定義
- 人員配置の決定
- 拠点統合計画の策定

制度・システム
- 経営管理制度の統合
- 人事制度設計・導入
- 情報システム開発・導入
- 各種社内規定の整備

業務プロセス
- 販売／マーケティングの効率化
- 物流プロセス策定／導入
- 生産工程のさらなる効率化
- 間接業務の統合
- 取引条件・基準の統合

企業風土
- 企業理念の再構築
- コーポレートアイデンティティー
- 人材マネジメント
- コミュニケーションプラン

　統合後の戦略を検討する上では、「経営資源の再配分をいかに効率的に行うか」と「シナジー効果をいかに戦略に反映するか」という2点がポイントだ。

①経営資源の再配分

　ここにおける経営資源の配分とは、いわば人員再配分など組織構造や要員計画に影響を与えるものと、事業運営に関連する投資（設備投資、情報システム投資、研究開発投資、広告宣伝投資など）や資金運用など予算計画や資金計画に影響を及ぼすものが主たるものとして挙げられる。これらの投資配分を、統合のもたらすダイナミズムの発揮しやすい個所に重点的に配分していくことが戦略上合理的な判断である。

　統合新会社の戦略を考える上で、経営資源の効率的な再配分におけるひとつのアプローチとしては、「製品・サービス」と「顧客」の2軸の観点から新会社の双方が対象としていたドメインを重ね合わせ、重複領域と、双方の一方に

しか関係していない非重複領域を明確にし、その上で新会社としてどの領域に力を入れるかの重みづけや戦略の方向性を決める。実務上は、対象会社双方の顧客と製品をプロットし、重なり度合や関係性の濃淡により資源配分のポイントを絞り込んでいくなどの方法がある。

②シナジー効果の反映

　新会社における経営戦略においては、統合によるシナジー効果をいかに戦略に落とし込んでいくかという発想を持つことが必要だ。先の例でいえば、各ドメインに関して重複／非重複の部分のそれぞれについて、重複部分は既存顧客に対して浸透を図るため営業力を強化する一方で、製品や顧客を絞り込み、効率性を高めていく可能性を考える。ここでは統合によって、いかに高収益な体質を実現するかが目標になる。
　一方、非重複の部分はクロスセリングによる事業規模拡大の方策を考える。本来非重複領域は、一方が有していた顧客や商品に対し、相手が有している新規の顧客・商品を相互に営業することで、売上貢献シナジー効果を発揮しうる可能性に富んだ魅力的なものである。
　これらをアクションベースで落とし込み、その上で戦略達成後の目標数値を明確に設定することが大切である。

2　組織とガバナンスのあり方を決める

　組織・体制における主要論点は2つある。ひとつは、組織構造（枠組み）をどう作るか、いわば新会社内の組織図をどう作るかという点。そしてもうひとつがその枠組みに基づいて人の配属をどうするかという人員配置の問題である。いずれの論点も決定するまでのスピードが重要な要素である。特に統合作業の当初の段階で、トップや部門長を決定し責任の所在を明らかにすることが、新会社のガバナンスのあり方を決定する上で鍵といってもよい。
　また、統合後の新会社組織は、人事的処遇と密接に絡み、双方の水面下での主導権争いになる最たるテーマであり、デリケートな問題である。一般的に新組織においては、新規色を強めるか、両社旧組織の既存色が強いかで大きくパ

ターンが分かれる。理想的には、新会社には新たな考え方に基づく組織を構築すべきというのが結論である。ただ、実際には妥協的産物として両社旧組織が並存した状態で立ち上がるケースが多いのも現実である。そこで、あるべき方向に向けていくには、「経営トップの意思」と「意思決定の手順」が決め手になる。とりわけ人員配置における意思決定は経営トップ層しかできない事項であるため、トップ同士の考え方と明確な意思によるところが大きい。

　さらに、それに加え重要なのは、ポストより先に組織の枠組み（組織図）の議論を先行して考えるという手順にある。先に述べたように、組織は人事的処遇と表裏一体のため、人の顔を思い浮かべて議論し始めると収拾がつかず、また人のためにポストを作る必要に追われ、往々にしてあるべき組織とはかけ離れていく場合が多い。中期ビジョンや戦略に基づいて、どのような組織体制がそれを実行する上で有効かという、いわば、あるべき組織を機能的に立案し、その上で適する人材を決めていくという手順を徹底するということが新組織構築における重要なポイントである。

3　業務プロセスを変更する

①業務プロセス

　業務プロセスについては、機能ごとに最善のあり方を考える必要がある。具体的には、営業、物流、生産などの工程ごとに、新会社にとってローコストで効率的な業務プロセスを作っていく。また、統合により規模が大きくなる間接業務をいかに効率的にしていくかを併せて考えることも今日的課題である。効率化のみならず、オペレーションの取引条件や各種基準・ルールをどのように変更していくかが、実務上の課題として不可欠の論点になる。

　これらの統合作業の検討は、それぞれの機能領域単位で双方の現場レベルで行うことが通常である。その際に、双方の業務のやり方を比較検証し、より効率的な方法に合わせる作業になる。効率化を伴った業務統合における機能領域ごとの検討のポイントとして、①双方とも業務上必要不可欠なプロセスで比較して効率的な側に合わせる、②取引条件面で有利なほうに合わせる、③まったく新しい方法で一層の効率化を図る、など効率化へのアプローチの視点がいく

つか考えられる。例えば①については、受注出荷プロセス、需給調整業務、営業の外勤活動、経理財務業務の業務手順などが対象になる。②については、品質・納期・コスト管理、仕入単価、取引先選定基準、見積選定基準などの基準・ルールにまつわる項目である。③については、アウトソーシング、大規模なシステム化、間接部門のシェアードサービス化など、より抜本的な業務改革につながるテーマが対象になる。

これらのアプローチから、各領域の現場業務において結果的に収益性が高まる方法を選択し、統合化に向けた検討をしていくことになる。

②情報システム

システム統合は、業務プロセスの統合に密接な影響を与えるいわばインフラに当たる部分であることに加えて、システム統合の開発期間によっては統合スケジュール自体に影響を与えるテーマである。したがって、統合局面においては、比較的早期にシステム統合のあり方をめぐって方針を決定することが肝要である。そのためには、異なるシステム間で機能の比較を行い、より高機能なシステムに統合化することが原則である。

各種システム機能の性能比較を行い各社のシステムを評価して、優れているほうのシステムを存続させ、他方のシステムは破棄することになる。だが、実際問題としては、そこにたどり着くまでに、ベンダーや協力会社等の外部も巻き込んでのある種の利害対立があって、どちらかにシステムを統一しにくいところが出てくるのも特有の現実である。ここでは、①システム統合方針をどれだけ早く決められるか、②技術的・客観的なベンチマークをどのレベルでできるか、③経営トップがコミットできるような体制をいかに作れるか、の3点に留意する必要がある。これらのしがらみを乗り越えて、比較優位に基づく新システム統合を構築することが肝要である。

4 制度・システムを統合する

現場レベルのルールを決めるのはまさにこの「制度」である。人事・給与制度、業績管理制度等の経営管理制度をどう統合していくか、また業務ルールに

影響を与える情報システム統合も検討の対象となる。これらは、実際に日々の業務遂行のルールを明文化し、新会社のビジョンを目に見えるかたちで具現化するためにも重要である。

①人事制度

　統合を成功させる人事制度統合のあり方は、経営戦略や組織と整合するかたちで新たな人事制度を構築することが望ましい。

　人事制度の統合のパターンについては、大括りに整理するといくつかの方法が存在する。代表的なものとしては「現行制度を統合せずに両方を併用させる」「どちらか一方に合わせる（片寄せ）」「どちらか一方をベースにしつつも、もう一方の制度の要素も反映し折衷型の制度を作る」「新しい考え方に基づき制度をゼロベースで構築する」といったパターンが想定される。これらのいずれの方針で統合を進めるのか、という統合パターンをあらかじめ想定しつつ、移行のタイミングやスケジュール、財務的なインパクトなどを明確にする。

　また、制度統合の議論と併せて、新人事制度への移行のタイミングについては同様に留意する必要がある。本来ならば統合前から新人事制度構築の準備をして新会社設立と同時に制度を切り替えるのが理想的だが、統合前に新組織が決まるタイミングが遅れるため、構築作業の余裕がなくなるケースもありがちだ。実際は1年後なりその後にずれ込んでしまう場合も多い。

　どちらの選択が望ましいかは一概に言えないが、どのような移行方法においても、DAY1時点で新人事制度移行についての「宣言」を行うことによる"アナウンスメント効果"の有効性について検討することは重要である。

②経営管理制度

　経営管理制度の統合では、とりわけ管理会計制度や財務会計システムの統一（勘定科目の統一等）や各種の会計処理規定など、ひとつの会社として管理インフラをどのタイミングでどう合わせるかという最低限の統合作業についての考慮が必要である。

　管理会計的な業績管理のあり方を考える上でまず重要なのが、業績管理制度の統合である。これは特に新会社の経営戦略や組織運営ときわめて連動性が強

いため重要性が高い。基本的には組織を動かす中で、経営戦略と連動させて業績管理をどうするか、そこをどのような指標で評価していくか、といった方針に関してはあらかじめ整合性を明確にしておいたほうがよい。

日々の業務オペレーションを回していく上での決算、予算スケジュールの統合が、統合時の隠れた論点としては重要である。

また、諸々の規定類を統一することも重要である。規定自体は、過去にあるものがそのまま残っているケースが多いが、統合・新会社設立をきっかけにして、従来のルール自体を見直し、作り替えて整備していくことも必要になってくる。特に、統合時点から必要になる日々の業務に関係が深い就労規定（就業時間、休暇、制服等）など労務関係の規定に関しては、統合時までにあらかじめ関係会社間で調整し統合する必要がある。

5　企業風土（カルチャー）を融合する

①経営理念

企業風土の融合においては、基本となるものは、新会社をどうするべきかという経営哲学や理念である。実際の統合場面では、力関係上主導権を握る側のものの考え方が優位になりやすい傾向にある。しかしながら、経営理念は、その後、長期的に企業全体のカルチャーを作っていく上での根本になるものなので、吸収及び対等の場合を問わず、新たに会社を設立するつもりで構築する必要がある。これは、どういう会社なのかを言葉で表すことで会社としての求心力を保つ軸を作る意味もある。

また、企業理念は、経営ビジョンを具現化する上でも、人事制度等の制度インフラを作る上でも必要になる前提条件である。したがって、経営者の意識を明確に打ち出すことが不可欠である。

②コミュニケーションプラン

企業風土の融合では、人同士のコミュニケーションが重要なのは言うまでもない。とりわけ統合後の新会社の価値向上に向けては、そこに従事する人材においていかに高いモチベーションを醸成できるかが鍵を握る。M&Aに伴って、

諸条件や企業風土の違いから従業員のモチベーションが低下することは必ずといっていいほど起こりうることであり、それに対するケアと積極的な対応策を検討していく必要がある。

モチベーションを高めるための条件として、会社自体の将来・ビジョンに関連するもの、組織における処遇や役割・立場に関連するもの、人事的な評価、個人の金銭的な処遇に関するものなど、いくつか主だったものは考えられる。一般に「やりがい」と感じられるのは、自分の仕事や居場所が明確で、それが周囲や会社にとって役立ち、経済的及び非経済的両面で評価されることであろう。優秀な社員であるほど会社や経営者の将来の方向性については関心が高く評価基準も高いものである。その意味で、企業としては優秀で意識が高い社員をしっかりと登用できるシステムを機能させることが重要である。

組織図での人員配置、人事制度の仕組みづくりなどのハード的な仕組みづくりを行うとともに、先に述べたビジョンや経営理念の浸透と、コミュニケーションプランの実行といったソフト面の両面でアプローチすることが求められる。特に経営側から従業員との距離感を近く感じられる関係を維持するための情報開示・発信や、コミュニケーション機会の創出を行うことが有効である。最近はイントラネットや電子メールなどで経営者や関係部署との直接のコミュニケーション機会が持ちやすくなったこともあり、内部的にもそれら従業員の問題意識やニーズを吸い上げ、常に目を配る工夫をすることが必要となる。

重点3領域がポストM&Aの成否の分かれ目

ポストM&Aの領域別統合の中で、すべて重要であることは言うまでもないが、とりわけ新会社のあり方を決める上で当初重要な領域がある。それは、経営戦略、組織・ガバナンス、人事・風土の3領域である。これらは、統合における難易度が高く、その影響が全社的に及ぶため最優先で取り組む必要がある。
「経営戦略」の統合であるが、新会社のビジョンや戦略を作る際にシナジー効果を新会社の戦略にどう織り込むのかが一番重要なポイントとなる。その場合、あるべき姿に基づいてトップダウン的に落とし込んでいくことが望ましい。

またそれに伴って、新会社の組織・ガバナンスも戦略との整合性をとって構

築していく必要がある。これらの組織・ガバナンスのあり方は、M&Aの形態によっても大きく特徴が分かれてくる。合併の場合はひとつの会社組織になるわけであり、当然ながら組織上も機能の重複をどのように解消していくのかが喫緊の課題になる。

　買収のケースは、買収先の組織のあり方をどのようにするか、どこまで買収元の人材を送り込むか、また組織図自体に何を要求していくかによって親会社としてのガバナンスの強度が変わってくる。すなわち、経営戦略とそれを実行するための組織体制、ガバナンスのあり方は最初に着手すべき緊急性の高い領域である。

●風土の違いは論理的には解消はしない
　同時に、企業風土や人事制度統合についても、検討の遅れが許されない重要なテーマである。M&Aの交渉途中からこのあたりのテーマは認識されるものであるが、ポストM&Aの場合は、DAY 0以降に一気にステークホルダーが拡大するプロセスマネジメントであるがゆえに、実際多くの立場の人が深く絡むステージになると、おのずと意識していない風土的なギャップを強く感じる場面が増えてくる。

　風土というものは、背景にある企業としての共通の価値観であり、仕事に対する習慣など時を経て形成されたものが結果として現れるもので、一朝一夕に変わるものでない。その違いは理論的に解消するものではないために、かなりの時間と労力を費やすことが必要になる。そのため統合作業を進めていく上で表立ってかたちには現れないものの、底辺のところで方向性の決定に相当の影響を及ぼす要因になりうるのである。これらについては、人事制度や人材マネジメント、コミュニケーションや価値観の形成などを複合的に絡めながら解釈すべき課題である。

　実際にポストM&Aに取り組んだ経験がある日本企業においては、この段階での重要実務は、経営戦略、組織・ガバナンス、人事・風土の３領域を重要視している。

M&Aの成果を上げるために欠かせない実務

　調査によると、ポストM&Aで重要な実務は何かというテーマについて、優先順位の1番目と2番目を問うた結果、群を抜いて1番目に回答が多かったのは、「新会社としてのビジョン・戦略立案（経営目標の明確化）」という経営戦略領域であった（図表3－8参照）。ビジョン・戦略の統合の中で特に重要な要素は中期経営計画であり、統合した後どうやって中期経営計画を作っていくのか、またそこにおいてどのように経営目標というものを明確にするのかがテーマである。当然そこには統合におけるシナジー効果も反映されるべきものである。これらの戦略をどの程度策定できるか、その精度によってその後の統合の成果に相当差が出てくる。

　次いで2番目に多く回答が集まったのが、「異なる企業風土・文化の融合」であった。風土融合であるがゆえに、その実行すべき施策の範囲は幅広く、組織図を変えたり、人事制度を一本化したりといった人事マネジメント上のインフラを整えるハード面でのアプローチに加えて、経営理念や人材交流というソフト的な要素の取組みも同時に組み合わせながら実行することが求められる領域である。

　1番目と2番目の回答を合算したトータルの割合で見ると、最も重要視すべき経営戦略に続いて「組織の一体化とガバナンスの強化」という回答も相応に重要視されていることがわかる。組織・ガバナンスの統合では、組織図を変更したり、人員配置を見直したり、会議体の運用ルール、権限規程の変更をしたりといったことが施策として含まれてくるが、ポストM&Aの成功に向けては、単に資本の一体化だけではなく、組織・ガバナンスの統合に入り込んで、状況に合わせながら効果的なコントロールをいかに実行できるかが重要である。つまり統合領域において、とりわけ、経営戦略、組織・ガバナンス、企業風土の3領域については、ポストM&Aの成果を上げていく上でとりわけ重要視すべき必須業務であるといえる。

図表3-8 ポストM&Aの成否を左右する重要な実務

□ポストM＆Aのフェーズにおいては、「新会社としてのビジョン・戦略立案（経営目標の明確化）」を重要な実務として挙げた企業が最も多く、戦略に基づく「組織の一体化とガバナンスの強化」や「異なる企業風土・文化の融合」も成否に与える影響が大きい。

・ポストM&Aにおいては、①ビジョン・戦略の統合、②組織・ガバナンスの統合、③風土文化の統合の3つがポイントである。

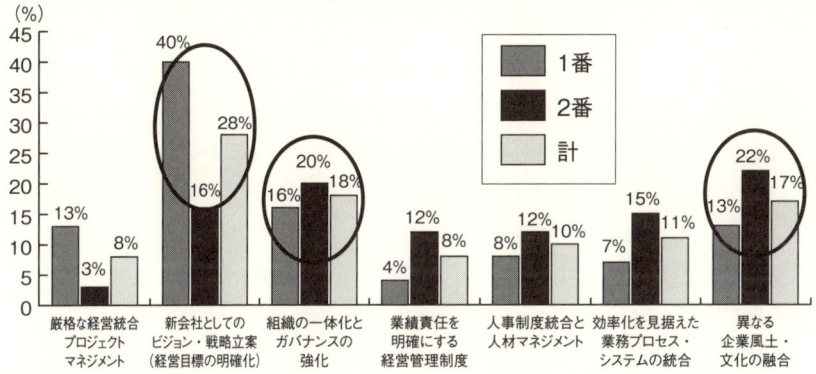

項目	1番	2番	計
厳格な経営統合プロジェクトマネジメント	13%	3%	8%
新会社としてのビジョン・戦略立案（経営目標の明確化）	40%	16%	28%
組織の一体化とガバナンスの強化	16%	20%	18%
業績責任を明確にする経営管理制度	4%	12%	8%
人事制度統合と人材マネジメント	8%	12%	10%
効率化を見据えた業務プロセス・システムの統合	7%	15%	11%
異なる企業風土・文化の融合	13%	22%	17%

出所：トーマツ コンサルティング　2007年

優先順位を明確にして取り組む

　ポストM&Aにおける統合実務は、統合の領域が広くかつステークホルダーが増加する一方で、時間的な制約やスピードが求められる。加えて、双方の思惑や風土的な要素も多分に影響を与えるため、机上の論理的な議論だけではことが進まない。きわめてウエットな要素も加味して取り組んでいかなければならないことに難しさがある。

　そうした意味で、これらを前に進めていくには、まず通常以上にエネルギーと労力をかけて取り組むべきテーマであるとの認識を持つことから始まる。同時に、最も優先すべき領域にエネルギーを注力して優先順位を明確にして取り組んでいくことが求められる。

　そのためにも最初はあくまで新会社の立場に立って"あるべき論"に基づき早期にトップダウンでグランドデザインを描き、統合領域においても優先順位を明確にした上でスケジュール化して進めていくことが、その後の統合の性質を決定づける重要なポイントである。

6　統合マスタープランの策定
3つのステップで質の高いプランを作る

　ポストM&Aのロケットスタートを切るには、その方向性を決定づける最重要フェーズであるDAY 0 からDAY 1 までのフェーズ1をいかに進めるかが最初のポイントである。具体的には、フェーズ1においていかに品質が高い統合マスタープランを早期に策定できるかが鍵である。ここでは、前述の統合領域の全体像を踏まえながら、DAY 1に向けた統合マスタープラン策定に当たっては以下の3つのステップで進めることが有効だ。

ステップ1：成功シナリオを大まかに描く

　フェーズ1におけるステップ1では、新会社としてのビジョンや経営目標、経営戦略、統合効果（シナジー効果）及び統合リスクの初期仮説の構築を行う。ここでは、当初の統合目的と戦略上のメリットを見極め、目指すべき統合目標を明確にする。これはいずれ統合の成果を判断する上で拠りどころになるポイントであり、統合のゴールを決める議論であるため、最初に明確化する必要がある。そもそも統合によってどのような効果を期待していたのか、統合によるメリットはどこにあるのかを明確に定義することである。

　その上で、実際に両社の経営資源を活用することによって、具体的にどのようなシナジー効果が期待できるのか、またその一方で統合におけるリスク要因はどこにあるのかを見極める。具体的にはシナジー効果の項目を列挙し大まかな財務的な影響を見積もる、同時にリスク要因を洗い出しそれに対する解決策を考えるといったタスクを遂行する。実際にそのような検討を行っていくと、統合自体の目的やメリット、目標とするレベルがより鮮明にイメージできるようになるものである。それらを踏まえて統合の成功シナリオを大まかなレベルで描いてみることが必要である。

これらのステップ1については、タイミング的にはDAY 0前後から最終合意に向けて、デューデリジェンスや価値算定などと同時並行で取り組むことが多い。実際にはデューデリジェンスや企業価値の算定において、事前にシナジーを検証するための項目やその効果の程度、また気になるリスク要因もデューデリジェンスの項目に加えて調査していくことが望ましい。その結果得られた情報がその後の統合プランを検討する上で重要なインプットになる。
　これらのデューデリジェンスは、単に最終合意を結ぶ目的のためではなく、ポストM&Aも見据え初期段階の統合計画の検証材料として活用するという発想をもって取り組むことが大切である。このように最終的な合意段階で当初の統合のビジョン、統合目的、新会社に期待されるメリットや懸念されるリスクなどが仮説として明確になっていることが求められる。

ステップ2：あるべき姿を青写真に具体化する

　ステップ2では、ステップ1の成果を基にしながら、新会社のあるべき姿を青写真としてより具体的に描いて統合会社の基本構想を策定する。すなわち戦略、組織、業務プロセス、制度システムという各領域についてどのような統合の姿にするかといった統合方針を策定する。ここではステップ1で検討した全体像や統合目的やシナジー効果を高めるための効果的なあり方を、事業や機能ごとに描いてみる工程である。
　加えて、その青写真をどのように進めるかという統合シナリオを策定する。統合メリットを出すという目的に向けて、成功シナリオにおける2つの壁をいかに克服すべきか、またそのためのシナリオについて具体的に検討していく。ここにおいては、4段階アプローチを念頭に置きながら初年度で成果を出せる部分と、長期的なスパンで考えるものを時間軸に置き直す作業を行いながら、統合のスケジュールに落とし込んでいく。
　一方でこのステップにおいては、あるべき理想の姿と、現状のギャップとがかなり明確になるのも特徴である。例えばある部門は重複しているため統合したいと考えていても、実際にそれぞれのやり方で人員を抱えて組織が運営されていて人件費水準も明らかに違う場合、理論的には統合すべきと描いても実際

に行うには多々工夫が必要である。しかし、ここではそのギャップを明確にするということが大切である。まずはゼロベースで効果を出すためのあるべき統合の絵を描いた上で、そのギャップを確認し、それらを克服するための統合シナリオを検討して、スケジュール化していくという手順である。

あるべき姿が頭でわかっていても、実際にはかたちに描かないことが多い。それは、お互いの利害を抱えた中で潜在的に現状の既得権益を保守しようという力が働き、なかなか現状を踏み越えた大胆な統合の絵は描きにくいからである。これらを打破するためには、統合当初の経営層による強いリーダーシップを発揮しながら、成功に向けた統合のシナリオを経営陣自らが青写真として描き示すことが重要である。

ステップ3：スケジュール化と準備作業に着手する

ステップ3については、DAY1に向けた準備作業と統合マスタースケジュールを完成させ、統合マスタープランとしてとりまとめをしていく。統合マスタープランには、成功に向けた統合シナリオに基づいて、短期的な統合作業から中長期にわたるものまでスケジュールにおいては広く含まれる。これらの統合マスタープランについては、統合シナリオのフェーズを踏まえ、具体的な統合内容とDAY1以降の期日についてはDAY2とかDAY3とか段階的にマイルストーンを置いて取り組んでいくための体制を整える必要がある。一般に「100日プラン」というが、DAY1から100日以内に行うべき統合作業を集中的に計画し実行するアプローチであり、ロケットスタートを切るうえでは有効な方法である。

一方で、ステップ3では、差し当たってはDAY1に向けての準備作業（DAY1マネジメント）も同時並行的に行う必要がある。DAY1向けの実行計画は詳細に作り即着手していくことが求められる。DAY1をターゲットにした作業計画については、統合推進委員会の指揮のもとで、各現場レベルも巻き込んでDAY1がトラブルなく立ち上がるための詳細なチェックなどを行っていくなど、プロジェクト体制のもとで進めていくことになる。

このようにステップ3においては、DAY1に向けた直前の準備・本番移行

作業と、DAY 1 以降を見据えた統合マスタープランの完成を並行して行い、DAY 1 から統合シナリオの実践に向けたロケットスタートを切れるための準備を完了させるのである。

新会社設立に向けてやるべき作業項目を整理

　このように統合マスタープランでは、ポストM&Aの全体像として統合シナリオの各段階でどのような実務を行うかを明らかにする。統合作業は、実際に基本合意以降スタートし、DAY 1 までにわたる期間におけるタスクの全体像を想定する。これらは、統合スケジュールや形態によって、相当異なるところがあるものの、一般的に、全体として統合新会社設立に向けて行うべき作業項目を整理したものである。先に見た統合領域（戦略、組織、業務プロセス、情報システム、人事制度、管理制度、企業風土等）のそれぞれで、統合シナリオの各フェーズの時間軸において、どのような効果を期待して、どのような統合方針に基づいて統合していくのかを明らかにしていく。

　ここでは、新会社の「あるべき姿」を構築する視点に立って各領域において統合を議論すべき主要項目をサンプルとして図表に示す（次ページの図表3－9参照）。

統合プロジェクトによる統合実務の検討作業

　DAY 0 の基本合意が成立すると、統合会社同士は正式に統合委員会を組成して統合実務の協議をスタートさせる。通常は、統合委員会にいくつもの機能ごとの分科会が組成され、具体的な統合実務の検討をしていく。

　そこでは2つのことがテーマとして協議される。ひとつは、DAY 1 をどのように迎えるかの準備作業と、2つ目は、統合プラン、いわばDAY 1 以降も含めた統合作業計画を策定することである。

1　プロジェクト体制の構築

　統合プロジェクトの体制の組み方としては、経営トップや役員層が参画する

図表3-9 総合マスタープランの主要項目（サンプル）

●新会社としてのあるべき姿
・経営理念
・経営方針・基本姿勢（ステークホルダー向け）
・経営ビジョンの定義
 - 事業領域・ドメイン
 - 経営目標（目標市場シェア、売上高、等）
・全社戦略（ドメイン別戦略、事業、機能別戦略）
・主要シナジー効果と実現施策
・統合における基本方針・行動原則
・重点統合領域と統合基本方針
・統合全体スケジュール・アクションプラン

●領域ごとの統合基本方針
○事業戦略
・事業戦略方針の立案
 - 事業成長シナリオ
 - 製品統合、顧客、チャネル統合方針
・機能戦略の立案
 - 購買、物流、営業／マーケティング
 - 製造、研究開発、間接機能
○組織・ガバナンス
・経営体制とガバナンス方針
 - 新会社役員構成
 - ガバナンス基本方針
・組織統合方針
 - 新組織図、主要ポスト、責任権限、人員配置
 - 組織統合スケジュール

○人事制度
・人事制度統合方針の策定
 - 新人事制度設計方針
 （資格制度、評価制度、報酬制度）
 - 福利厚生制度等
 - 企業年金制度等
・統合スケジュール（労働組合協議含む）
○企業風土の融合方針策定
・目指すべき企業風土の姿
・風土融合へのアプローチ
・風土融合に向けたアクションプラン
○コミュニケーションプラン
・ステークホルダーごとのコミュニケーションプラン
・リテンションプランの必要性
○業務プロセス
・業務統合方針の策定
 - 統合対象拠点・部門
 - 新業務プロセス方針、統合スケジュール
○情報システム
・システム統合方針の策定
 - 統合対象システム方針
 - システム機能、コスト比較と評価
 - システム統合方針、統合スケジュール
○各種管理制度
・会計制度統合方針策定
 - 財務会計制度統合方針（会計処理基準、勘定科目統合等）
 - 管理会計制度統合方針（業績管理、予算編成プロセス等）
 他

統合委員会という機構を作り、その下に現場業務レベルの各機能領域において、両社の現場部門長を頂点とした実務的な分科会を作る。併せて機能横断的に共通する制度インフラ（人事制度、情報システム等）は全社的課題であるので、これ自体をひとつの分科会（タスクフォース）として独立させて形成する。

　統合プロジェクト全体の推進体制については、統合スケジュールにおけるタイミング、階層（経営者層、経営陣補佐（企画系スタッフ）、現場管理職レベル、担当者レベル）に応じて形成の仕方が異なる。基本的には、経営者周辺のごく限られたメンバーで大きな合意事項の意思決定がまずなされるが、それ以降の統合作業そのものについては、機能別分科会を形成して詳細をつめて、適宜統合委員会に報告し、最終判断を仰ぐ進め方が一般的である。

　これらの体制のもと、トップ直結の意思決定を可能にするには、各分科会からいかに情報を定期的にトップである委員会に上げるかが、重要なポイントになる。情報伝達のあり方の例として、各分科会の定例会には担当役員が参加し、

重要なタスクフォースの打合せ（例えば情報システム統合の進捗会議等）には、経営トップ自らが常に出席し、コミュニケーションをとるなどの工夫が必要である。経営トップの意向、経営陣のビジョン・戦略と、もろもろの現場レベルの悩みについて、状況認識を共有し、可能なものはその会議の場で決定していくスタイルを確立できると、統合作業だけでなく会社のカルチャーそのものにおいても好影響を与えるので、経営トップ自らが常にコミットしていく姿勢を現場に示すことが重要である。

2　PMOの役割

　これらの体制構築において、統合効果を高める推進のあり方のポイントとして、実務上重要なのは通常PMO（project managing office）と呼ばれる事務局と経営企画スタッフの役割である。実際の統合プランやスケジュール遂行の推進役を担うため、体制上どのように位置づけ、どこまでの権限を有するのかは考慮すべきである。統合におけるシナジー効果の分析や、企業風土融合に向けた全体的なコミュニケーションへの取組みなどは、機能横断的に全社ベースで行っていくものであり、実務的にはPMOがとりまとめる役割を担うからである。

　トップマネジメントによるリーダーシップも上位のレベルにおいては重要であるが、各現場にて日常のリーダーシップをとっていくのはPMOであるため、人選については、現場に対して説明をでき、説得ができるような社員を配置する必要がある。また、同時にPMOは、適宜現場リーダーを参画させるイニシアチブをとることも求められる。

　PMOの役割としては、DAY1に向けたプロジェクト・マネジメントと全体の統合戦略のとりまとめが基本となる。分科会ごとの取り組むタスクを全体として吸い上げて、抜けや漏れがないようにチェックするとともに、機能横断的なタスクについては主導的な役割を果たす。

　また、プロジェクト全体の見地から価値を高める統合戦略を作り上げることも大切な役割である。その主たるもののひとつが、統合シナジー効果の検討タスクがある。これはともするとDAY0からの体制上の位置づけが不明確なままDAY1を迎えてしまうことも多いため、PMOが主要テーマとして位置づけをアレンジし、実務的な推進を担うことが求められる。

3　プロジェクトの情報管理

　これらのプロジェクトを進めていく上では、DAY 0 前後では明らかにコミュニケーションをとる関係者が広がり環境が異なるため、情報管理における環境の作り方にも配慮が必要である。DAY 0 以前の交渉段階では、経営者同士のごく限られたメンバーのタスクフォースが形成され、あくまで情報統制が行き届いた環境下において秘密裏に行われる。そこにおいては、社内外に情報が漏れないようにする情報統制能力が求められる。

　一方で、DAY 0 以降は、対外発表を終え、対内外ともに統合作業が本格的にスタートするとコミュニケーションすべき範囲が一気に広がるため、DAY 0 以前とはまったく異なるコミュニケーション経路を構築する必要が出てくる。統合委員会をはじめ、両社の経営トップが顔を出すべき会議体を決定し、現場管理者から経営に上げるべき意思決定事項を明確にして、コミュニケーション頻度を上げるあり方を早めに決めていく必要がある。この段階以降は、実際の新会社設立の準備作業としての時期でもあるため、経営者の意図や作業の進捗状況等基本的な情報はすべて両社内に開示（イントラネット、メール等）し、現場と一体の動きで環境を作り上げる工夫を積極的に行う必要がある。

第Ⅱ部
ポストM&Aと経営戦略

第4章

統合ダイナミズムを生かした経営戦略

1　成長志向の統合戦略

成長戦略の中にM&Aを位置づける

　今どきの企業において経営ビジョンや中長期経営戦略を描く上で、M&Aを視野に入れていない企業はおそらく皆無であろう。一方で、将来を考える上で、M&Aを脅威と感じる企業も以前に増して増えているのも事実である。日本経済全体がかつてに比べて活力を取り戻し、企業も過剰資産を抱えて不良債権処理に追われていた数年前に比べて、個別企業のリストラクチャリングによる投資余力の回復をベースにして、各社が成長志向に転じてきていることが、M&Aが注目される背景にある。

M&Aの方向性は2つの選択肢に収斂

　投資能力は各社備わってきたものの、コア事業を取り巻く市場環境に目を転じてみると、大半の業界では国内においては成熟状態にあり、その中で競争スピードを加速させながら自力でパイを拡大していくことには限界がある。つまり、今後の成長シナリオを想定していく上では、バブル期の成長志向とは異なり、他社も巻き込んだ展開を視野に入れて考えざるをえない。
　こうした背景の中で、多くの企業がM&Aを検討している方向性はおのずと、コア事業を中心とした同一事業領域か、その他の事業を含めて異事業領域を成長させるか、大きくは2つの選択肢に対し各社いかに取り組むかに収斂される。

1　コアとなる事業ドメインを強化

　ひとつ目は、M&Aを通してコア事業となる事業ドメインを中心に強化する方向で成長するシナリオである。既存事業での勝ち残りを考えるには、業界内のM&Aを積極的に働きかけるという選択である。
　業界内M&Aといっても様々なバリエーションが存在する。代表的なものは、

同業他社との水平統合のようなかたちでの再編を積極的に仕掛けて、業界のトップレベルのシェアやプレゼンスを確立するという戦略である。同業の中で水平統合を志向して、規模のメリットや業界内でのポジションの確立、地理的エリアや顧客基盤を広げることである。

地理的エリアとして代表的なものは、海外に市場を求めるという選択肢である。最近特に増加傾向にあるクロスボーダーM&Aだ。製造業をはじめ、かねてからグローバルなマーケットを相手にビジネスを行ってきた企業においては当然のことながら、それ以外の業種や会社も外に目を向けるようになってきたのは最近の傾向である。かつてはクロスボーダーM&Aといっても、現地の比較的小規模の会社を買収することが主流であったが、最近は日本の本体と同程度かそれ以上の、いわば小が大を呑むという類の買収を日本企業発で仕掛けるようになりつつある。それだけの投資能力があることが前提ではあるが、今後生き残りにおいてはグローバル競争が当然の状況になる中で、ボーダレスな組織再編が身近になりつつあるということである。

それ以外にも、同業内の取引先関係を巻き込んだ垂直的な統合形態を模索するという選択肢がある。これらは、コア事業における自社が保有する一連のバリューチェーンを拡大したり、また周辺の新たな機能領域を取り込んで差別化したりということが可能になる。

2　新規参入で異なる事業ドメインを開拓

2つ目は、新規事業に参入する、いわば異なる事業ドメインや異業種セグメントを開拓していこうというシナリオである。既に業務提携や資本提携などで参入している企業を親会社が子会社化して、グループとして取り組んでいくケースや、異業種間での経営統合などがそれに当たる。

これらの異業種間のM&Aでは、対象市場に関する自分たちにはない知識・経験を獲得し、外部の経営資源やノウハウにゆだねながら活用余地をさらに大きくしていくことを志向している。これらの新規事業ドメインを拡大していく戦略は、自社にノウハウや経営資源が乏しい場合、当初の投資や事業運営上のリスク、展開していく時間などが多くかかるなどクリアすべきハードルも多い。だが、競争環境の変化のスピードは増す中にあって、自社の経営資源で時間を

かけて育てていくという方法は非現実的になりつつある。そのため、外部の経営資源の活用も視野に入れたM&Aという手法の必要性は、今後ますます高まっていくことが予想される。

"買い"だけではなく"売り"も選択肢

以上の2つの方向性においては、M&Aの"買い"のニーズはいたるところに起こっているのは当然である。また一方で、最近の特徴として、"売却"ということへの抵抗感の薄れが挙げられる。かつては事業を手放すことは計画の断念といったネガティブな受止め方が支配的であった。しかし、最近ではコア事業に資源を集中する経営戦略と表裏一体として、比較的安定しているノンコア事業も好条件で売却することを戦略的に推し進めるケースが増えてきている。現に大型物件には数十社の買い手が競合し、熾烈なオークションが行われる案件もまれではなくなってきている。

このように、企業グループの大きな成長戦略の中で、経営資源の選択と集中の一環としてノンコア事業の積極的な売却や他社資本の導入による切り離しなど、"売り"の選択肢も戦略上視野に入ってきている。グループ全体の事業構成において、M&Aが企業価値向上にどのように影響していくかを考えることは、今後の成長に向け必要不可欠な戦略テーマである。

成長を志向する4つの統合戦略パターン

このように成長志向のM&Aにおいては、同一事業ドメインを強化するか、異事業ドメインを拡大するか、それぞれの方向を企業グループとしてどのように取り組んでいくのかによって位置づけが異なってくる。そこにおいて、戦略上の目的と対象事業との関係からM&Aを類型化してみると、いくつかの代表的なパターンとして表すことができる。ここでは、M&Aの戦略類型を捉えるに当たり、M&Aの対象先の事業と機能のそれぞれについて、自社の対象との類似性に着目して座標軸を設定してみる。

この類型化を試みる目的は、新会社の成長戦略上のM&Aの狙いを定めるこ

とで、統合戦略を描く上での施策の重点の置き方を明らかにするためである。加えて、統合によってもたらされるダイナミズム（139ページ～参照）を十分に考慮し、シナジー効果を統合戦略に確実に織り込むためである。

● 「事業」と「機能」の２つの類似性が軸

　先に見たように、相手先となる対象会社のコア事業が、自社の事業ドメインのいずれに該当するのかによってM&Aのスタンスが大きく異なる。具体的には、同一事業なのか異事業なのか。ここでは、自社の事業と相手先の事業との「類似性」によってひとつの軸を形成する。事業の類似性とは、顧客接点に関連する経営資源（つまり誰に何を売るか：顧客と製品・サービスに関する経営資源）をひとつの軸として置いている。つまり、重点顧客のセグメントが類似しているかどうか、また自社で販売している製品やサービスが類似しているかどうか。つまり事業の観点で、対象先の事業と自社事業が類似しているか否かという点がひとつの判断軸である。

　もう一方で、機能の類似性を軸に設定している。機能の類似性とは、機能（研究開発、製造、物流、営業など事業を営むための一連の機能連鎖）の経営資源に関するものを対象にしている。その中には、研究開発施設や人材、物流拠点や工場・製造ライン、営業拠点・営業チャネルなども含んでいる。M&Aの相手先の企業に関して、それらの要素について自社の経営資源との類似性の度合（強いか弱いか）を識別することをひとつの判断軸と置いている。

　ここで「事業の類似性」と「機能の類似性」をそれぞれの横軸、縦軸にとり、マトリックスにしてみると、４象限のフレームが形成される。これらの４つのM&Aは、それぞれ成長戦略の文脈から「ポジションアップ型」「バリューチェーン強化型」「ビジネスモデル開拓型」「ポートフォリオ拡大型」と位置づけることができる（次ページの図表４－１参照）。

類型Ⅰ：ポジションアップ型（同一事業内で"横"に成長する）

　第１象限であるが、事業、機能の両面において最も類似性が高いM&Aの場合の例としては、ここでは「ポジションアップ型（類型Ⅰ）」と位置づけている。

図表4-1 | M&Aの戦略類型

機能の類似性
(機能的経営資源：生産設備、技術ノウハウ、営業拠点等を含む)

	異業種・他ドメイン	同業種・同一ドメイン
強	**類型Ⅲ ビジネスモデル開拓型** 異業種でありつつも、機能に関する経営資源で一定の類似性や重複が存在する場合、類似機能を結節点としながら、非類似領域も含めて新しい事業アイデアを構築することが有望である	**類型Ⅰ ポジションアップ型（水平統合）** 事業・機能の類似性が最も高い統合は、同一事業内における水平統合型M&Aが代表例。競合同士が水平統合される場合などは必然的に業界のポジショニングに影響を及ぼす
弱	**類型Ⅳ ポートフォリオ拡大型** 当事者同士の経営資源はそれぞれ独立色が強く、双方の重複個所はほとんど発生しない自己完結型の場合は、当該事業同士の関係性以上に、コングロマリットとしてグループ事業ポートフォリオの中で戦略的に位置づける	**類型Ⅱ バリューチェーン強化型（垂直統合）** 事業の類似性が高く機能の類似性が低いという方向ほど垂直統合が該当。同一事業内において、機能面で補完関係にある場合、一体化によって機能連鎖が再構築され、バリューチェーン強化が可能になる

（縦軸：**事業の類似性**（顧客層、製品・サービスに関する経営資源を含む）　左=弱、右=強）

　これは同一事業内のM&Aであり、かつ機能面でも重複している競合同士が水平統合する場合などが代表的である。また最近の傾向では、業界の競合他社との合併や持株会社化などの水平統合のみならず、海外進出など同一事業で地理的エリア拡大を狙ったケースなど、いわば同一事業における面的拡大を意図した統合がこのパターンに該当する。

　これらの企業同士が統合すれば必然的に業界のポジショニングに影響を及ぼす。つまり業界内で一気にシェアが拡大し業界内での順位が格段に上がることにつながる。これは、機能や事業が重複している競合同士の水平統合に限った例ではない。あくまで類似性を軸においている理由はそこにある。事業でターゲットが厳密には異なっていても比較的に関連性がある場合の統合もそれに含まれる。

事例①　三井リース事業・協同リース

　リース会計基準が変更され競争が一層激しさを増しているリース業界におい

て、三井系リース会社の三井リース事業と、農林中央金庫・ＪＡグループ系の協同リースは、2008年4月に共同持株会社を設立し、10月をメドに3社合併する。統合後の総資産は約1兆6000億円と業界5位の規模に躍進し、将来的にはリーディングカンパニーとして持続的に成長できる複合型ファイナンス企業への進化を志向している。

　統合新会社は、業界内のメガバンク系列の再編とは一線を画し、商社系リース会社の特長である商品力の強さ、仕組み構築力、地域展開力と、銀行系リース会社の財務的信用力を生かしたプレゼンスの向上、リスクマネジメントの高度化、ＪＡ・銀行系リース会社の全国ネットワークを生かした垂直・水平的営業展開など、両社ならではの特長を生かし、さらに統合によるスケールメリットを生かして営業組織・拠点等の営業体制及び基幹システム等の情報インフラ基盤について効率化を図ることにより、収益性と健全性の均衡がとれた事業基盤を構築し、業界内での独自のポジション獲得を目指している。

事例② 明治製菓

　コア事業を起点にしながら、関連性が見込める顧客セグメントに対して製品ラインやターゲット層を拡大していくポジションアップ型の例もある。明治製菓もその例である。既存事業とかけ離れたところのM&Aは志向しないものの、関連性のある周辺領域に拡大することが従来以上にセグメントの幅が、製品ラインナップの広がりを確保できることにより、業界内での差別化によりポジションアップを志向するM&Aと位置づけることができよう。

> 【ケーススタディ1】 コア事業に軸足を置きながらターゲット層を拡大
> ──明治製菓
> 　明治製菓は、高級菓子事業への参入を目的として、当該セグメントでのブランド力を評価し2004年に「マキシム・ド・パリ」の高級菓子事業を事業譲渡によりグループ連結子会社化した。当該事業は、既存事業では持ち合わせない顧客セグメントである高価格帯で大人向けのブランド力を有したサービスを提供しており、この事業を獲得する結果として、一般顧客向けにコモディティーを中心とした既存の製菓事業から、プレミアム、ス

ーパープレミアム層というターゲット顧客のセグメントを広げるという戦略的な意図があった。このようにコアとなる既存事業を起点に置きながら、M&Aを通じて短期間に着実に周辺のターゲット層を開拓し事業展開していった成長戦略の事例である。

　これらの背景には、自社の成長戦略において、あくまでコア事業に軸足を置きながら既存事業の強化を起点に置いてM&Aを活用するという同社の基本となる考え方がある。実際に同社は、「短期間に既存事業の価値最大化を図る」という目的のもと、M&Aに取り組む際に以下の5つの基本方針を明確にしながら、適宜意思決定を行っている。

①既存領域の横展開（ブランド力ある商品）
②プレミアム領域への展開（コモディティーからワンランクアップ）
③上流領域への展開（消費財から素材・業務用）
④自社にない販売網（海外など）
⑤モノ作りの範疇を超えないで付加価値化（飛び地に拡大せず、商品とソリューションの結びつきの付加価値化の追求）

コア事業をダメにするM&Aはリスクが大きい

　明治製菓では「M&Aの成否は戦略と社内推進体制にある」とし、過去の経験を通して、自社の競争優位性の強化と価値向上に向けた戦略なくしてM&Aの成功はないと認識している。過去に多くの買収や売却の案件を手がけてきているが、戦略を検討する上では、買収効果、シナジーの検討と同時にディスシナジーやリスクの検討を怠らずに行い、意思決定の判断基準も併せ持っておくことの重要性を痛感している。

　特に、そこで重要なのは自社のコア事業の戦略との関係である。明治製菓は、M&Aの基準として収益性や市場の成長性などを加味して様々な経営指標を用いて評価を行っているが、最終的な判断においては、コア事業か否かという点が最も重要視されるという。そうした意味を踏まえると、経営資源、時間、経営者の注意をコア事業から奪ってしまうような大型M&Aは、リスクが高いと指摘する。成長戦略におけるM&Aは、既存のコア事業を従来以上にもっと機能させることができれば成功と考えてよいと

捉えている。M&Aの成果は、あくまで自社の戦略とのマッチングのさせ方が鍵を握るとの考え方に基づくためである。

類型Ⅱ：バリューチェーン強化型（同一事業内で補完関係を作る）

　事業の類似性は高いが機能の類似性が低いという方向については、類似事業において機能面での重複がなく、補完的な関係が強いという関係からバリューチェーン強化型（類型Ⅱ）として位置づけている。この方向性が極まるほどに一般に垂直統合といわれる形態が該当する。すなわち同一事業内において、機能面での重複がなく補完関係にあるような場合は、双方が一体化することによって機能の連鎖関係が再構築され、結果的にバリューチェーンを強化することが可能になるという関係である。

　最近では、業界全体のサプライチェーンを再構築して業界再編のきっかけになるなど、同一業界内において川上、川下を巻き込んで"縦"の成長を志向した統合などが特徴的である。典型的な例としては、メーカーが顧客接点を高めるために、川下で営業網を有している販売会社や販売代理店を買収した結果、販売の拡大につながるだけではなく、クレーム対応力が強化され、それを製品開発に反映する力が高まったケースであるとか、サプライチェーンにおいて例えば、小売業や卸売業同士が統合することによって、川下のポジションの向上により大手メーカーとの取引が可能となり、物流効率が、バイイングパワーが増大する、今まで取扱いが認められなかった商材をよりよい条件で仕入れられるようになるなどのケースである。

事例①　セコム

　具体的な例としては、セコムが医療機器卸マックを買収した例などが挙げられる。セコムは、自社開発している医療・福祉機器販売の拡大を目指して、医療機器卸会社のマックを買収した。マックの全国営業網を活用し、自社（セコム）で開発している医療・福祉機器の販売の拡大を目指す。また、要介護者向けのロボットや生活支援リフトを開発中で、既存製品に加えて介護・福祉機器もマック経由で販売することを目指している。

事例②　JR東日本

具体的事例としては、JR東日本が生活情報出版社を買収した例が挙げられる。JR東日本が、第2の柱である生活サービス事業における商品化へのマーケティング力、及び商品開発力の獲得を目指すために、㈱オレンジページをグループ傘下とすることで、生活サービス事業に不可欠な「最終消費者のニーズを的確に把握し、商品化するマーケティング力、商品開発力」を獲得し、その活用によりさらなる顧客価値を創造することを目指している。

類型Ⅲ：ビジネスモデル開拓型（類似性を生かしながら新事業）

座標軸の左側の2象限はともに事業の類似性が少ない、いわば異業種のケースが該当する。ここでの異業種とは、対象としているターゲット顧客層と提供している製品やサービスの"組合せ"が異なるケースを指す。例えば一般消費者を対象にしている事業においては、結果的にターゲット層の類似性は高いが、提供している製品・サービスを合わせて考えるとその違いがより明確になる。事業の類似性が弱い異事業同士のM&Aにおいて、さらに機能の類似性の強弱によって位置づけが異なってくる。

まず機能の類似性が高いケースについては「ビジネスモデル開拓型(類型Ⅲ)」として位置づけている。具体的には、異業種でありつつも、機能に関する経営資源で一定の類似性や重複が存在する相手先とのM&Aである。それら一部の類似機能を結節点としながら、非類似領域も含めて新しい事業アイデアを構築する余地が存在する。ある機能を外部から獲得することで、既存の機能を活用できる用途が拡大して新たな収益源を見出すケースなどが該当する。

●共通要素を活用して新技術や新製品を開発

具体的には一部の共通要素（技術・ノウハウなど）をともに活用することによる新技術開発、新製品開発などで新たな市場を開拓していくような統合のパターンが該当する。例えば、提供している製品・サービスは異なるものの、そのもととなる基礎技術については類似性があり、ともに研究開発において共同研究をすることにより新たな製品開発が可能になるケースや、商品が異なるも

のの近隣エリアに物流網や営業基盤を有しており、相互に営業的協業ができれば販売効果が見込める場合などが挙げられる。

> **【ケーススタディ２】共通性と補完性を有する異業種間の大型統合**
> ——キリングループ・協和発酵グループ
> 　キリングループと協和発酵グループの異業種による戦略的な事業・資本提携のケースは興味深い。両グループは「企業グループ対企業グループ」の提携関係を標榜する中で、具体的には、キリンホールディングスがTOB（株式公開買付け）及び子会社キリンファーマを対象にした株式交換により協和発酵株50.1％を取得し連結子会社化し、2008年10月に協和発酵とキリンファーマが合併する。医薬以外の事業は順次、事業統合・提携を検討していく。その結果、医薬品の事業規模は両社を合わせて2000億円規模となり、キリングループは酒類・飲料企業としては連結売上高が２兆円を超える規模になる見通しである。統合新会社である「協和発酵キリン」は、株式上場を継続しバイオテクノロジーを基盤に医薬を核にした世界トップクラスの研究開発型ライフサイエンス企業を目指す方針である。

戦略的提携の大きな柱は医薬事業

　戦略的提携の大きな柱である医薬事業は、キリングループにとっては酒類、飲料事業に次ぐ第３の柱としての成長期待があり、協和発酵グループにおいてはバイオケミカル、食品等複数事業が存在する中での中核事業である。医薬事業の統合においては、医薬技術融合による創薬力向上、プレゼンス向上による新規抗原の獲得機会の拡大、開発スピード加速、海外事業展開の促進、研究開発・営業等で規模拡大と効率性追求など統合効果を生かして競争力強化を図り、がん、腎、免疫疾患領域を中心に抗体技術を核にした日本発のグローバル・スペシャリティーファーマを志向している。

　同時に、医薬以外の事業については、両グループ間で重複や補完性が存在するものも多く、グループ全体として様々なビジネスモデルを模索できる余地が大きい。具体的には、バイオケミカル事業は、新会社の子会社として独自の経営体制構築と成長を目指し、アルコール事業・食品事業、健

康食品通信販売事業は、キリングループに同一の事業や共通点が存在するため両社事業を統合する方向で具体的検討がされている。

独自のビジネスモデルを開拓できる可能性

当該ケースは、単なる製薬企業同士の業界再編とは異なり、食品大手と医薬品大手という異業種グループ間の大型統合であり、複数事業を有する両社グループの力を最大限に発揮できるバランスに熟慮している点が特徴的である。このことは、医薬をはじめ重複事業同士の業界内の競争力やプレゼンス向上を追求すると同時に、グループ内に様々な共通性と補完性を有した経営資源を持つことで、中長期的には既存の事業ドメインの枠を超えた成長シナリオと独自のビジネスモデルを開拓できる可能性を秘めている事例といえよう。

類型Ⅳ：ポートフォリオ拡大型（自己完結型の新事業で多角化する）

次いで、事業面、機能面の双方での類似性が弱い領域については、当事者同士の経営資源はそれぞれ独立色が強くなっており、双方の重複個所はほとんど発生しない自己完結型のパターンである。

当該事業同士の関係性以上に、コングロマリットとしてグループ事業ポートフォリオの中で戦略的に位置づけるのが妥当である。成長志向の中では、従来経験してこなかったような新規事業を早期に立ち上げていくケースや、あるいはまったくの新規マーケットに参入していくきっかけとして買収などを活用して多角化を志向するケースなどが該当する。つまり、M&Aをすることによってグループ全体として事業ポートフォリオの拡大、再編成をする意味合いで、「ポートフォリオ拡大型（類型Ⅳ）」として位置づけることができる。

これらのポートフォリオ拡大型においては、従来グループで有していない事業や機能全体を取り込む買収のようなケースもあれば、既にあるグループ全体を起点にしながら、機能的な補完が同事業を統合させる方法で拡大していくなど様々な形態がありうる。基幹事業以外のドメインで将来を支える新たな領域を育てていく際にM&Aを活用する例として挙げられることが多い。

三菱ケミカルHDの例については、グループ全体の事業ポートフォリオにおいて、M&Aによって新たなドメインを育ててきた事例であり、大きな意味ではポートフォリオ拡大型に属すると捉えることができるが、その発展過程では、機能統合や業界の中でのプレゼンス向上のための水平統合など、ポジションアップ型やバリューチェーン強化型を経て成長を果たしている例としても興味深い。

【ケーススタディ３】現実的なメリットも享受した段階的なM&A
——三菱ケミカルHD

　三菱ケミカル・ホールディング（三菱ケミカルHD）は、M&Aを効果的に活用しながら事業ポートフォリオ改革を実践し、グループとしての成長を果たしてきた。「万物化成（常に変わっていく）」という理念のもとで不断の事業のリシャッフルを追求し、時代に適用すべく常に変貌を遂げてきている。

　2003年からの中期計画の第１段階では将来への足固めと布石の期間との位置づけのもと、再編再構築を主体とした改革を、2005年からは成長に軸足を置いた事業の選別と重点的資源投入の事業ポートフォリオ改革を行った。中期的な経営計画に基づき事業評価基準に基づいて各事業体を評価し、その上で再編や再構築が必要なものを順次撤退、譲渡、売却などにより再編成を行った。一方で、成長に向けて投資すべき分野についてはM&Aという"時間を買う"手段を積極的に活用してポートフォリオ改革を加速していった。

　その中にあって、M&Aという手段を通じて事業に参入しグループの主力ドメインのひとつとして拡充させてきた事例として、医薬事業への参入の取組みの経緯は興味深い。三菱化学グループの医薬事業は1971年の研究開発から始まったが、原体の製造を行うようになっても、販売については複数の医薬会社に委託することとし、開発・製造の充実強化を中心に事業展開を図ってきた。

医薬事業の成長で継続的に企業価値が向上

　この間、販売委託先のひとつである東京田辺製薬と資本や人的な提携関係を結び、徐々にこの提携関係を強化していったが、開発、製造の品揃えがある程度でき、継続的に新薬開発の基盤も整ったことから、製販一体の事業展開を目的として、東京田辺製薬を1999年10月に100％出資の完全子会社化するとともに、三菱化学の製造開発機能をこの子会社に移管し、新たに三菱東京製薬を発足させた。いわばグループ傘下に入ったかたちで、垂直統合の合併を行った。これによってグループとしては製販一体化がなされ、本格的に医薬事業のすべての機能を持つ会社としての基盤が整ったのである。

　その後、研究開発と営業のMRにおける規模のメリットを追求する狙いからさらなるM&Aを志向し、三菱東京製薬と上場企業であるウェルファイド社との合併により三菱ウェルファーマを誕生させ、三菱化学の上場子会社として医薬事業が運営されることとなった。合併比率の関係から当初の出資比率は40％強だが、TOB等によって出資比率を高めてグループとしての戦略を共有し意識を同じくする過程を経ながら、事業上のメリットも同時に追求した。2005年には三菱化学と三菱ウェルファーマの上場企業同士による共同持株会社を設立して、純粋持株会社としてグループ運営を一体化した。これらの背景には、次なるアライアンスへの備えとしての意味合いが含まれていた。その2年後2007年には、国際的な展開や業態の多様化を見据えて、国際創薬企業への展開、ジェネリックとテーラーメード医療の展開を強力に推し進めるために、持株会社下の子会社である三菱ウェルファーマ社が田辺製薬と合併する選択を行い、新会社が2007年10月に誕生させるという判断を行ったのである。

　このように、三菱ケミカル・ホールディングは、グループ全体の事業ポートフォリオにおける事業ドメインの位置づけを明確にし、個別事業の成長戦略に基づいてM&Aを戦略的に活用し、多様なスキームを駆使しながら段階的かつ現実的なメリットを享受しつつ継続的にグループ企業価値を高めている。

2　統合戦略のパラダイム

統合ダイナミズムを織り込んだ事業戦略を描く

統合がもたらす4つのダイナミズム

　M&A戦略において、単独での経営戦略と最も異なるのは、相手側の経営資源と自社の経営資源を合わせて考える必要があるという点である。すなわち、企業の経営資源の規模と範囲が変化することを前提に戦略を描くことがポイントになる。そこにおいて、統合新会社が中長期的に成長を果たせるか否かは、新会社としての経営資源を最大限に活用した経営戦略での競争力が決め手になる。M&Aにおいては、まずお互いの有する「強みが強み足りえる」か、そして両社が合わさったときに「それがどのように強化されるのか」を明確に描くことが重要である。それらの視点を抜きに、意味のある戦略を語ることはできないし、統合の道筋を描くことは難しい。

●従来とは何が変わったのか着目する視点

　それらを踏まえて統合後の経営戦略を考える上では、統合によって従来とは何が変わったのかに着目する視点を持つことが有効である。ここでは、統合によって生み出される4つのダイナミズムについて解説する。両社の経営資源を前提にして、これらの統合によって変化を促す力（ダイナミズム）がどのように影響を与え、戦略上の"強み"に転換し、それを生かしながら競争優位に変えていけるのかを洞察することが重要である。

　これらのダイナミズムは、両社の経営資源を生かしたシナジー効果（詳細は170ページ〜参照）の源泉となる考え方でもある。いわば統合双方の単体レベルでの成長戦略と、相手方の経営資源を合わせたプラスアルファがどこにあるのか、それを考える上ではこれらの力学を理解した上で、従来単体では描けなかった成長シナリオがどう描けるのかを明確にするのだ。

図表4-2 統合がもたらす4つのダイナミズム

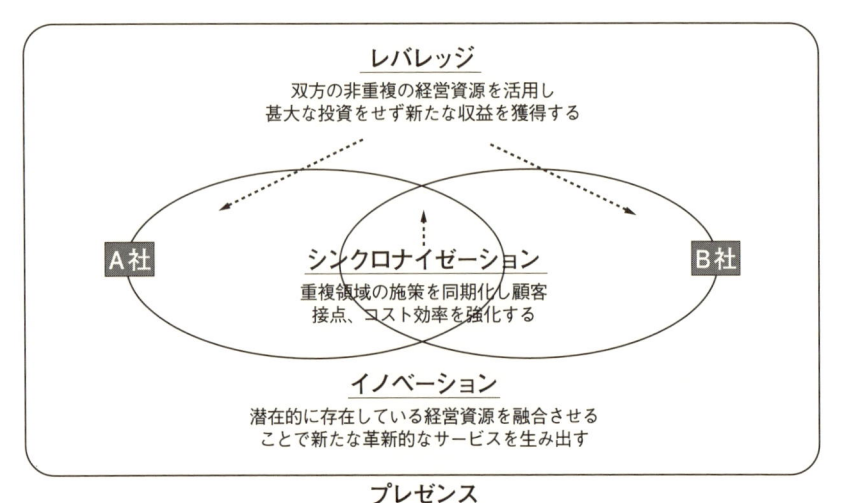

レバレッジ
双方の非重複の経営資源を活用し
甚大な投資をせず新たな収益を獲得する

A社　シンクロナイゼーション　B社
重複領域の施策を同期化し顧客
接点、コスト効率を強化する

イノベーション
潜在的に存在している経営資源を融合させる
ことで新たな革新的なサービスを生み出す

プレゼンス
統合により市場の中での存在感や地位を向上させる

　それらのダイナミズムとは、以下の大きく4つの視点で捉えることができる。①プレゼンス（市場における存在力）、②イノベーション（革新する力）、③シンクロナイゼーション（同調する力）、④レバレッジ（少ない投資で大きな成果をもたらす力）の4つである（図表4－2参照）。

①プレゼンス（市場における存在力）

　統合によってマーケットにおける地位や存在感が高まることは大きなダイナミズムである。いかなる形態であっても統合によって経営体は規模的に、また面的にも広がりをもたらす。例えば、同業同士の業界再編のような場合はシェアに影響を与え順位が変動することは即起こりえることであり、大手上場企業が中堅会社を買収する場合も、買収後は大手グループの傘下の企業という位置づけになる関係上、業界内でも対外的な存在感は大きくなる。
　プレゼンスとひと言で表現しても、その経済的価値についてはすぐには見えにくい潜在的な側面が強いものの、業界の力関係に変化をもたらしたり、全体

としてのブランド認知の向上により幅広い範囲で影響を与えたり、本来大きな可能性とインパクトを秘めた力である。実際にこれらが導き出す効果は、結果としてスケールメリット、いわば規模の経済などにつながる。また、財務的には統合によって基盤が安定することが期待できる場合は、その結果として信用力が高まり資金調達における条件が有利に機能することや、運用効率が高まるなど、ファイナンス面での効果をもたらす場合もある。

②イノベーション（革新する力）

　潜在的に存在している両社の経営資源を融合させることによって、新たな革新的なサービスを生み出すことが可能になる。そのイノベーション力は新会社の中長期的な成長を支える原動力になりうる。
　ここでの潜在的な経営資源とは、人材スキルや、顧客情報やノウハウ、知的財産などの無形の資源を意味している。これらが融合することにより、既存のものでは生み出せなかったような新業態や新規サービスなどのビジネスモデルが可能になる。このようにイノベーションを生み出す代表的な局面としては、新事業や新業態など新しいビジネスの構築がひとつのテーマである。例えば、製薬会社においては、研究開発データや研究員のノウハウの共有により新薬開発が可能になるとか、情報通信業界でインフラとコンテンツを組み合わせて新サービスが開発されることなどが例として挙げられる。こうした新しく革新的なものを生み出す力は、統合当初においては潜在的なものを顕在化させビジネスとして実現していくことができれば、ドラスティックな収入増加をもたらす大きな成長の原動力になりうる。

③シンクロナイゼーション（同調する力）

　別個に行われていたものを、そのタイミングや内容を同一に揃えること、同期させることをシンクロナイゼーション（以下、単にシンクロとも表記）と呼ぶ。統合によって、いかなる業種であっても両社の間で多少なりとも同種・同質な領域が生み出される。それをひとつの企業グループとして同時かつ一元的に捉

えて戦略的に活用していくことは大いに可能性を秘めている。つまり元来同種であっても別の文脈で行っていたものを同一的に実現していく力である。

●**マーケット浸透力とコスト競争力という２つの戦略**
　シンクロナイゼーションを発揮していく上では具体的には大きく２つの戦略的な方向性がある。特定のマーケット浸透力を高めていく戦略と、コスト競争力をより向上させる戦略だ。まずマーケット浸透力を高めていくという戦略は、従来は同じ顧客に対して双方の会社が別々に販売していた製品を、同じタイミングで統一的に見せることにより顧客に利便性を提供するとともに、バラバラであったがゆえに喚起されなかった購買ニーズを引き出すことであるとか、営業情報・ノウハウを一本化による顧客ニーズ分析の精度を向上させ、顧客への浸透度を高めていくなどの施策が求められる。

　また、コスト競争力については、ひとつは範囲の経済であり、もうひとつは重複の排除という２つの着眼点で捉えることができる。まず範囲の経済であるが、通常の定義に従えば、「異なる種類のものを同時に生産することで費用が逓減される原理」もしくは「異なる種類の事業やサービスについて共有可能なコストを一元化することによる効率性の向上」などと表現されるが、別個に行われていた異種類のものが同時に生産できコストが安くなるケースや、多種類の製品を販売する際に費用が共通化される場合などは、これらの範囲の経済が発揮されるのである。

　また重複の排除については、同種類のものがそれぞれ別個にあった場合にそれを一本化することによって、元来同種類のもののため、単純化していえばコストが半分で済むというシンプルな原理である。実際には「同一ターゲットに複数のリソース（ヒト、モノ、カネ）を投入している、もしくは同一機能に重複リソースが配置されている場合に、いわば重複の削減と再配置によりコスト効率の向上が見込めるのである。こうして同期化可能な領域においては、収益増大とコスト効率向上の双方向での戦略が有効である。

④レバレッジ（少ない投資で大きな成果をもたらす力）

レバレッジとは本来「梃子(てこ)の力」を意味するが、ここでは、統合の局面において、既存のリソースを前提にして、双方の経営資源を活用し合い既存資源の組合せを有効に選択することで、甚大な投資をせずとも新たな収益を獲得することを可能にする力をいう。
　統合においては、片一方において既存で有している経営資源についても、もう一方においては新しいものという領域が存在する、つまり経営資源が重複しない領域（非重複領域）である。この非重複領域をどこまで活用して統合新会社の事業規模や収益につなげていくことができるかが課題である。

●営業におけるクロスセリングが典型例

　典型的な例は、営業におけるクロスセリングがある。つまり事業範囲の拡大に伴って、製品・サービスメニューの多角化と相互販売によってもたらされる収入の拡大であり、レバレッジが最も期待できる局面である。例えばM社とA社が統合する際に、両社の顧客が重複しない対象において、M社の既存顧客に対して片一方のA社の商品を売り込む、またその逆にA社の顧客に対してM社の製品を売り込むということが可能であれば有効な戦略となる。
　クロスセリングにおいては、非重複領域であれば必ず実現しうるものではなくいくつかの現実的な制約があるが、既存の経営資源をベースにしてその梃子の範囲をどれだけ広げられるか、その投資効率を見極めることが重要だ。
　また、財務戦略においてもこのようなレバレッジは存在する。統合によって信用力が向上することでリスクが軽減し、資金調達のコストが低下する。一方で、資金需要が見込めて有力な投資領域に対して、単独ではできない大きな規模でリターンを期待できる投資が可能になるなどである。

M&A戦略類型と統合ダイナミズムの関係

　次に統合のダイナミズムとM&A戦略類型との関係を解き明かしてみたい（図表4－3参照）。戦略類型については、事業の類似性から同業、異業種のタイプに分類してきたが、まずこれらと統合のダイナミズムとの関係から見てみる。
　事業の類似性が強い同業同士のケース（ポジションアップ型とバリューチェー

図表4-3 | M&A類型と4つのダイナミズム

☐統合戦略においては、M&A戦略類型ごとに重点を置くべきダイナミズムを明確にし、それを踏まえて事業戦略に落とし込むことが有効である。

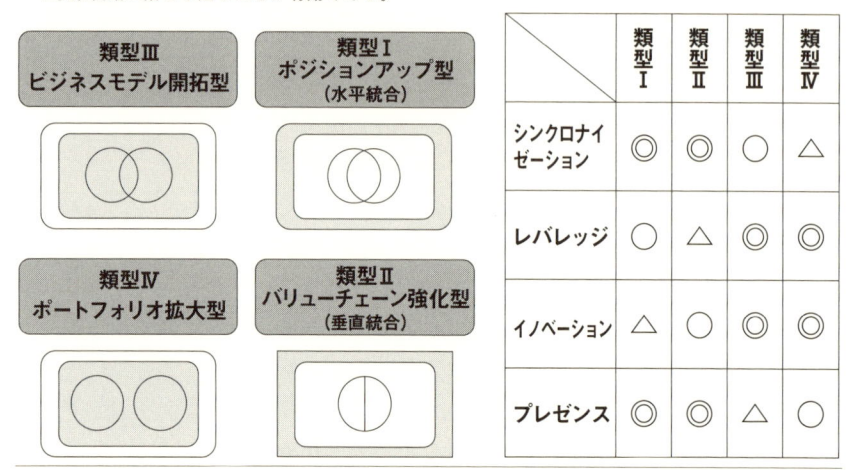

類型III　ビジネスモデル開拓型

類型I　ポジションアップ型（水平統合）

類型IV　ポートフォリオ拡大型

類型II　バリューチェーン強化型（垂直統合）

	類型I	類型II	類型III	類型IV
シンクロナイゼーション	◎	◎	○	△
レバレッジ	○	△	○	◎
イノベーション	△	○	◎	◎
プレゼンス	◎	◎	△	○

ン強化型が該当）は、元来顧客層や製品サービスにおいては共通要素が多い。この点から、統合の4つのダイナミズムにおいては、「シンクロナイゼーション」と「プレゼンス」が最も効きやすい。同業同士の統合の場合、シンクロナイゼーションやプレゼンスについては、統合当初から機能が発揮される可能性を有しており、取り組みしだいでは、短期的に目に見える効果が出やすい特徴がある。特にシンクロナイゼーションについては、マネジメントできるノウハウや人材が提供できることに加えて、重複の排除や、製品ラインナップの絞り込みや組替えなどは、実行後から短期的に効果を出しやすく、収益性向上に結びつきやすい特徴を持っている。

●異業種統合の場合は中長期的な視野が必要

一方で、異業種統合の場合（ビジネスモデル開拓型とポートフォリオ強化型が該当）は、顧客や商品サービスの観点で重複が少なく、ともすると"飛び地"になりうる領域もあるが、重複個所が少ないことから短期的に成果を出すことが難しい面がある一方で、従来はそれぞれが単体の業種・業態では着手できなかったものが、双方に自社にはないノウハウがあるためそれらを活用することに

投資をすれば、新しいビジネスや新製品が立ち上がるものである。この点をダイナミズムの視点で捉えるならば、レバレッジとイノベーションが鍵を握るということになる。

　異業種統合はリスクと時間を伴うことから提携などから入るケースが多いが、長期的なグループ内の新規事業領域の拡大を目指す手法としても有効である。つまりは短期的な効果が難しい反面で、将来の事業構想力を実現に落とし込む力があれば新たなビジネスモデルを構築し、長期的な企業の成長を牽引するだけの力になりうる。すなわち異業種統合は、既存のリソースを展開することによるレバレッジと潜在資源も含めたイノベーションにより、短期的に利益を獲得しうる同業同士の統合に比べ時間はかかるものの、同業同士以上に中長期的なドメインの発展可能性を秘めている。

　では、続いて各戦略類型ごとにどのようなダイナミズムが機能しやすいかを述べたい。

ポジションアップ型はシンクロとプレゼンス

　ポジションアップ型（類型Ⅰ）については、最重要強化ポイントとしては、「シンクロナイゼーション」と「プレゼンス」をいかに高めるかというのがテーマである。元来、類似性の高い事業領域と機能領域を有した統合のケースにおいては、業界内再編やライバル企業同士の合併など、業界的に比較的似ている企業同士が想定され形態が似通ってくるため、必然的に事業、機能の両面で重複領域が相当な範囲で存在し、シンクロナイゼーションが機能しやすい。

　そうした企業同士の水平統合においては、重複個所が多く一本化をしっかりと執り行えれば、短期的に相当の成果が出る。例えば、重複する物流拠点について設備や取引業者をどちらかに一本化したり、情報システムをどちらかに片寄せするなどである。さしあたり同一機能の強化や効率化による目に見えるコスト面でのシナジー効果の貢献度が高い。また、売上面では、顧客や製品・サービス両面で重複関係を合理化することで収益性を高めるだけでなく、顧客への浸透力を高め製品ラインナップの組替えによるアップセルなど販売面での強化も期待することができる。

プレゼンスについては、同業内の統合の大きな特徴として、統合によっておのずと市場シェアも含めてマーケットの中で相対的に位置づけ、ポジショニングが向上することが挙げられる。これによって実際にどのような経済効果が高まるかを考えることが求められる。

　なお、このポジションアップ型については、類似性の度合によっては、非重複領域が一定以上見込める場合がある。そのようなケースにおいては、上記の2つのダイナミズムに加え「レバレッジ」を相応に見込むことができる。当該事業同士における類似性の度合（非重複度合）によって、その力学のもたらすインパクトが変わってくることに留意が必要である。

バリューチェーン強化型はシンクロとプレゼンス

　「バリューチェーン強化型（類型Ⅱ）」において、ダイナミズムを発揮させる重要ポイントは、「シンクロナイゼーション」と「プレゼンス」である。

　このケースも類型Ⅰと同様に同業内での統合であるため、M&Aによって業界内の競争関係の構図を変化させることにつながり、取引の力関係に大きな影響を与える。すなわち、統合の結果もたらされる業界内での「プレゼンス」をいかに最大限に活用し、価値向上に結びつけていくかを考える必要がある。

　続いて「シンクロナイゼーション」についてであるが、これらは、ポジションアップ型（類型Ⅰ）のそれとは異なり、重複を排除するなどの効果を見込むのではなく、垂直統合のようなケースにおいて、従来異なる組織で別個に行ってきたものを同一組織内で同一的に行う際のメリットを意図している。例えば、川上、川下の機能と統合するような機能補完的な統合の場合、重複している機能が少ない一方で、双方統合したことにより一連のバリューチェーンが完成する。これらのバリューチェーンの構築により、製品供給のリードタイムが上がり、スピードやコスト面で従来と異なる競争優位性が構築される、などの例が挙げられる。

●構築バリューチェーンの競争力を検証すべき

　具体的には製造機能を有する企業が川下の販売機能を買収するような製販統

合において、統合により両社が一体になることで、現場レベルでの需要情報を同一組織内で共有化できることによって需給予測の精度が高まり、仕入から製造、販売までのリードタイムが向上し、不良在庫が削減される。また、別会社だったがゆえに発生していた取引が削減されることによって、合理化効果などが競争優位性になった、など統合メリットを享受できている例がある。

また、同一会社やグループに取り込むことにより、販売先のチャンネルが一気に拡大し、取引量が増大することによる製造原価の押し下げなどのメリットもある。このように、統合を起点にして同一組織体としてスピード、コスト面、品質面などで競争優位につながるバリューチェーンを強化できることが望ましいのである。

ビジネスモデル開拓型はレバレッジとイノベーション

「ビジネスモデル開拓型（類型Ⅲ）」において、強化すべきダイナミズムとしては、「レバレッジ」と「イノベーション」である。

とりわけ非重複分野については「レバレッジ」が機能すると考えられる。特に機能的な重複領域が一定存在することからそれらを結節点にして、双方にとって非類似領域において、既存のターゲット顧客セグメントや製品・サービスに関して双方が併せて展開できる可能性を検討していくことは有効である。

また、「イノベーション」については、既存の事業に止まらず、全体を通して将来的に新たな価値を生み出しそうなテーマ（例えば共同商品開発など）について、重複機能を起点に新たなビジネスモデルへと発展させていくことが期待できる。

例えば、これらのビジネスモデル開拓型においては、それぞれの業態における顧客情報の共有（顧客DB統合）などが実務上有効な一例として挙げられる。それぞれ業界や業態は異なるものの、共有の顧客情報から重点ターゲットを定め、従来の双方のサービスを提供することに加えて、その顧客のロイヤリティを高めるためにほかにいかなるサービス提供が可能かという観点から、新事業を検討するというアプローチである。

なお、一定の機能的な類似性や重複が見込めるケースの場合は重複個所にお

いては「シンクロナイゼーション」を活用していく余地も相応にあることに併せて留意が必要である。

ポートフォリオ強化型はイノベーションとプレゼンス

「ポートフォリオ強化型（類型Ⅳ）」については、「イノベーション」と「プレゼンス」が重点テーマである。

　イノベーションについては、類型Ⅲに比して事業のみならず機能的にも類似性が少ないため短期的な効果を得ることは難しい。しかしグループとしての中長期的な成長を考えた際に必要となるダイナミズムである。既存事業のラインナップの枠を大きく飛び越えて、将来の成長の原動力になりうる事業をグループ内で有している異なる事業ノウハウ等を起点に育て上げていく上では、グループとしてのドメインの範囲内においてまったく異なる事業を内部に保有して活用していくことが効果的なアプローチである。つまり、グループとして新規事業を開拓し育てていく上で、双方の将来的に新たな価値を生み出しそうな事業領域に投資を強化してイノベーションを起こすことが重要テーマである。

　また、プレゼンスについては、グループのポートフォリオにおいて、当該事業にM&Aを通して参入することは、業界内でのプレーヤーとしての認知を高める効果があるとともに、将来にわたって投資を続けることで一層業界内での影響力を高める効果につながることを意味している。

　これらのポートフォリオ型の特徴として、ダイナミズムの裏側で発生するリスクを分散させることによって、コア事業を中心としたグループ全体の相対的なプレゼンスを安定化させるという効果も期待できる。

3　新中期経営計画の策定

インタラクティブとトップダウンがキーワード

　ポストM&Aの方向性を実際のかたちにするのは、新会社の経営戦略であり、実務上は経営ビジョンや中期経営計画の策定になる。ポストM&Aにおいて、新会社の中期経営計画をどのようなアプローチに基づいて立てていくかは、その後の統合戦略の実効性を高める上で重要である。そこでのキーワードは、「インタラクティブ（双方向）」と「トップダウン」である。

　新会社の中期計画を策定する際に最も留意すべきことは、両社が既に有している中期経営計画の取扱いである。一般的に陥りがちな罠として、既にある経営計画を合算して新会社の中期計画にすることがある。これは、統合戦略を反映した中期経営計画とは異なるものである。そもそも既存の経営計画は単体としての経営資源を前提に作られたものであり、相手先の経営資源を念頭に置いたものではない。したがって、統合新会社の経営資源を前提にして4つのダイナミズムやそこにおけるシナジー効果を反映したものにはならない。

　つまり、ポストM&Aにおける統合新会社の中期経営計画は、合併や買収、共同持株会社などいかなる形態をとろうとも、統合会社としての前提条件に立って、成長志向でトップダウン的に、かつ、両方の計画をインタラクティブに見直すことが最も大切である。

インタラクティブで計画を見直す─単純合算では失敗する

　まずインタラクティブであるが、新会社の中期計画を立てる上では、両社が双方の計画に全面的に梃子入れするという認識で取り組むことが重要である。つまり一旦ゼロベースにして、両社合わせて作り変えていくという方法である。
　一般的に、悪しき買収例では、対象先の計画を一部修正して、半ば単純合算の計画を立てているケースをよく目にするが、それでは統合した意味がほとん

第4章　統合ダイナミズムを生かした経営戦略 | 149

ど計画に現れない。そもそも中期経営計画とは、両社の経営資源を1つのものとして考えて、統合がもたらす4つのダイナミズムがどのように効いてくるのか、それを具体的に落とし込んで反映させていくべきものである。単体を前提に作られた両社のものを合算して、重なるところを修正した程度では、本来の統合のダイナミズムを生かすことはできない。

　中期経営計画の主語を新会社に転換させ、両社合わせた経営資源をゼロベースで見直して双方向で計画を作り変えていく手法が求められる。

●成功企業ほど双方の計画を見直している

　ビジョン・戦略の統合の中で特に重要な中期経営計画であるが、統合後、どのように取り組むのかによって、統合の成否に差が現れてくる。

　合併・買収も含めた調査では、現実的ないくつかの選択肢をあらかじめ用意した。具体的には「両社の経営計画に基本的には手を加えず合算した」、例えばある会社を買収して、買収後の中期計画を立てるときに、その対象会社が持っている事業計画と自社が持っている事業計画を合算して事業計画を作ったというもの。ほかには「買収対象会社も買収元の会社も、両方の計画をもう一回見直した」「相手だけ見直した」「何もしなかった」というパターンである。

　回答結果から成功企業と非成功企業を比較すると、成功企業で「両方の経営計画を見直す」という回答が最も多い。反面、非成功企業では「合算したか、もしくは何もしなかった」が多くなっている（図表4-4参照）。

　この回答から得られる相違点はきわめて顕著である。つまりM&Aの成功に向けて統合後の中期計画の果たす余地はきわめて大きく、またその取組み方の違いがその成果を決定づけている。一般的には、特に吸収合併の場合、相手だけが見直すことや合算という簡易的な発想をとりがちだが、単純合算で何も手を打たない場合に効果は出ない。つまりは戦略の統合においては、双方の計画に踏み込んで再策定していくことが重要である。

トップダウンでアプローチ—"引き算"と"掛け算"の発想

　続いてトップダウンであるが、限られた時間の中で計画策定まで行うには、

図表4-4 | 中期経営計画の策定方法

□成功企業ほど「両社の経営計画を共に見直し再策定した」とする傾向があり、非成功企業ほど「自社の計画に本M&Aは概算で織り込まれていたため何もしなかった」「両社の経営計画に基本的には手を加えず合算してまとめた」とする傾向がある。

・M&A成功に向けてはシナジー効果を反映させた中期経営計画の再策定が非常に重要なポイントである。

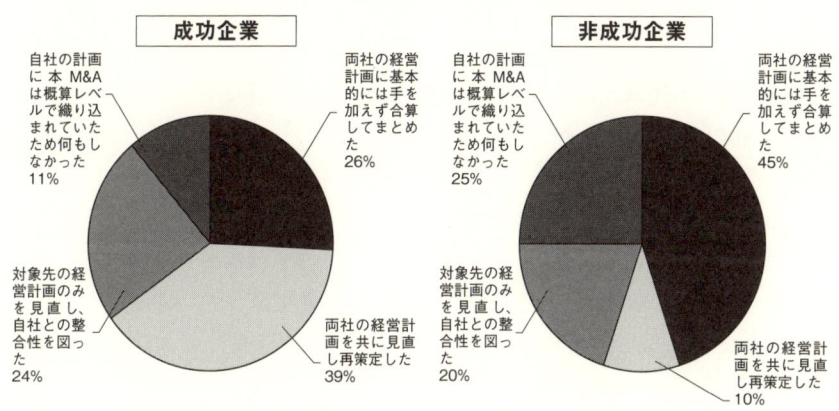

成功企業
- 自社の計画に本M&Aは概算レベルで織り込まれていたため何もしなかった 11%
- 両社の経営計画に基本的には手を加えず合算してまとめた 26%
- 対象先の経営計画のみを見直し、自社との整合性を図った 24%
- 両社の経営計画を共に見直し再策定した 39%

非成功企業
- 自社の計画に本M&Aは概算レベルで織り込まれていたため何もしなかった 25%
- 両社の経営計画に基本的には手を加えず合算してまとめた 45%
- 対象先の経営計画のみを見直し、自社との整合性を図った 20%
- 両社の経営計画を共に見直し再策定した 10%

出所：トーマツ コンサルティング　2007年

両社双方を巻き込みつつも、経営者の意思としてトップダウンでスピーディーにできるかどうかがポイントである。

ここでのトップダウンとは、単に経営サイドからの一方的な指示のもとに策定せよということではない。新会社の経営の意思として、「このレベルを目指す」とか「こうありたい」というものをゴールとして明示して、その上でどのようにしたら実現できるのかを考えていくというアプローチである。言い換えるならば、実現可能なものをボトムアップ的に積み上げて、現状の延長線上で将来の軌道を描くというアプローチとは異なり、達成すべきゴール設定から逆算して、現状とのギャップを埋めていくという手法である。つまりは、"足し算"ではなく、まず設定されたゴールと現状とのギャップを見極めて埋めていく"引き算"のアプローチである。

このようなアプローチをとることによって、既存の経営資源や概念にとらわれることなく、あらゆる戦略の選択肢を検討することができ、より大胆な成長シナリオを描くことが可能になる。またそれによって、目標と現状とのギャップを埋めるためには、統合がもたらすダイナミズムについても、既に目に見え

ているもの以外も含めて最大限に発揮して計画に織り込もうというドライブが強く働くのである。すなわち、"引き算"の解答として明らかになった現状とゴールのギャップを埋める施策は、現状で両社が既に掲げている施策の足し算ではなく、両社が有している経営資源を相互に活用する組合せを考えるといった、いわば"掛け算"で発想することが重要なのである。

　これらの傾向は、特に将来の新会社の売上水準を議論する際には頻繁に表れる。実際に我々の調査によると、成功案件ほどこのようなトップダウンアプローチで検討していることがわかる。

●成功企業は"あるべき姿"から売上を策定

　中期計画の売上の策定方法について、どのようなアプローチで検討しているかというテーマに関して、「市場においてあるべきポジションを確保するために必須となる目標金額」「成長戦略で目指すべき金額水準」「クロスセリングを見込んだ金額」「成り行き予測の金額」「特段何も工夫はしない」という5つの選択肢を提示して回答を集計した（図表4－5参照）。

　その結果、成功案件と失敗案件について比較してみると、成功案件ほど、「市場におけるあるべきポジション」や「成長戦略で目指すべき金額水準」で売上を見込んだ企業が多く、一方で失敗案件ほど、「成り行き予測」や「特段何も工夫はしない」という回答が多いのが特徴である。また、「あるべきポジション」や「成長戦略で目指す目標」という両者の回答割合を合わせて比較してみると、成功案件は両者合わせて全体の64％を占めている一方で、失敗案件の44％と大きく差が開いている。

　これらを見てわかるように、中期経営計画における売上計上の方法については、あるべき姿やそれに向けた成長戦略がいかに重要な条件になっているかが見てとれる。また、成功案件ほど、経営ビジョンや成長戦略に重きを置いて、いわばあるべき姿からのトップダウンアプローチで売上の設定をしていることが明らかなのである。

図表4-5 | 中期経営計画における売上の策定方法

□ 成功案件では、「あるべきポジション」や「成長戦略」で売上を見込んだ企業が全体の6割を占めている。
□ 「あるべきポジション」と「成長戦略」で売上を見込んだ成功案件の比率は失敗案件に比して高い。
□ 「成り行き」や「何もしない」ケースにおける失敗案件の比率は成功案件に比して高い。

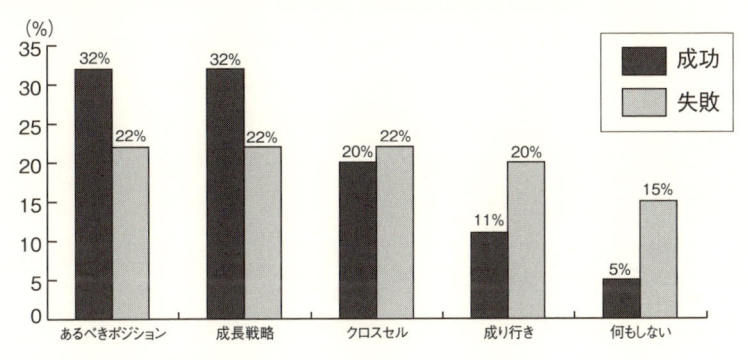

策定方法	成功	失敗
あるべきポジション	32%	22%
成長戦略	32%	22%
クロスセル	20%	22%
成り行き	11%	20%
何もしない	5%	15%

出所：トーマツ コンサルティング　2007年

"グループ全体"としての中期経営計画も不可欠

　統合後の中期経営計画を策定する上では、ポストM&Aの経営戦略上で不可欠な概念がある。それは"グループ"経営戦略という概念である。経営ビジョンや中期経営計画を策定する上で、M&Aの当事者グループ同士の統合後の単位として企業グループの中期経営計画を策定するという視点である。通常は、統合当事者の2社の中期経営計画に目が行きがちであるが、本来は当事者である両社は既存の子会社や関連会社などグループ会社を有していて、ポストM&Aにおいては、当事者のみならずそれぞれのグループとして一体化することを留意し、グループ全体としてのビジョンや中期計画を策定する必要がある。
　グループ経営戦略は、基本的な戦略計画の体系を念頭に置いて策定する必要がある。グループ経営計画の体系の主たる構成については、グループとしての経営理念、経営方針（ステークホルダーに対する基本スタンス）、グループビジョン、グループ中期計画、各社中期経営計画、各種グループ経営組織・管理制度という体系である。これらは、一連の体系として整備することによってグループ経営の中枢になる経営ツールであり、ポストM&Aにおけるグループ価値

を高めていく源になる。

●既存の事業の枠を超えて発想が広げられる

　ここで単独の中期経営計画と大きく異なるのは、グループ全体における事業ドメインや既存のグループ会社との連携（シナジー効果を含む）などがそこに含まれることである。ここでの事業ドメインというのは、単に現状の事業や連結上のセグメントの枠組みではなく、将来に向けて広がりを持たせた"意味の括り"である。将来に向けて既存事業の枠を超えて発想を広げ戦う土俵の境界線を示す概念単位といってもよい。これらの事業ドメインを決めることによって、既存の事業からの成長シナリオを描きやすくなるだけでなく、グループ全体としての経営資源の効果的な活用を考える上でのフレームワークができる。

　グループ経営戦略の体系とは、単体をベースにしている場合とは前提とする経営資源の範囲と規模が異なる中で、会社の枠を超えて、グループ内が連携して戦略を考えていける点で全体最適に寄与する概念である。

　このようにポストM&Aにおける中期経営計画においては、単体の中期経営計画のレベルから、さらに上位概念も含めてグループ全体として体系化した上で計画に落とし込んでいくというアプローチが大切である。

【ケーススタディ1】"提供できる価値"をグループの事業ドメインに

──小田急グループ

　小田急グループは、グループ経営を推進する上で、グループ全体の事業ビジョンと中期経営計画の体系を明確に位置づけている。小田急グループは、小田急電鉄を中心として関連会社も含めると100を超える会社数がある中で、グループとしての価値向上のために、元来から有していた経営理念や経営方針をベースとし、グループ各事業が進むべき方向性を示すグループ事業ビジョン『Value Up 小田急』を策定して、中期経営計画はその下部構造に位置づけた。

　グループ事業ビジョンでは、グループ全体の将来のグランドデザインを描くとともに、各事業や各グループ会社の主たるミッションを明らかにした。その中心的概念として注力したものに事業ドメインがある。

事業ドメインは、これまでの会社側の視点ではなく、顧客の視点に立脚し、グループとして"提供できる価値"は何かを議論し、それと併せて将来にわたってより事業展開の広がりを持った意味の括りとして事業領域を見直したものであり、「ドアツードア」「ライフスタイル」「リビングスペース」という３つで構成されている（次ページの図表４－６参照）。

　例えば、鉄道など交通事業については、ドアからドアへの移動を対象に価値提供するという意味合いから「ドアツードア」というドメインを設定し"お客さまの移動のしやすさ"を提供価値と位置づけている。不動産関連事業についてはより広い概念で住生活をサポートする「リビングスペース」としてドメインを設定し"エリアの特性に合った暮らしやすい街"という価値を顧客に提供するとしている。また、流通事業などについては、「ライフスタイル」というドメインを設定し、"顧客の日常生活の便利さや上質感"を追求するテーマと位置づけている。

ミッションを明らかにし中期経営計画に反映

　これらを基にして顧客などのステークホルダー向けのドメインミッションを共有した上で、事業部門や会社ごとにグループ内で貢献できるようにミッションを明らかにし、それらを中期経営計画に引き継いで計画化していくという体系をとっている。このようなドメインを設定することにより、既存事業や各グループ会社が自社の自主自立だけでなく、各社間でのグループ内の協働をより果たせるようになり、グループ企業価値の向上に結びつくと捉えられている。

ダイナミズムを発揮する部分に資源を重点配分

　統合後新会社の戦略を考える上で、経営資源の配分を効率的に行うことがポイントになる。ここで経営資源の配分とは、いわば人員再配分など組織構造や要員計画に影響を与えるものと、事業運営に関連する投資（設備投資、情報システム投資、研究開発投資、広告宣伝投資など）や資金運用など予算計画や資金

図表4-6 グループ中期計画体系～小田急グループの例

□小田急グループでは、グループ経営計画の体系としてグループ事業ビジョンを中核に据えて、3つの事業領域（ドメイン）を形成している。

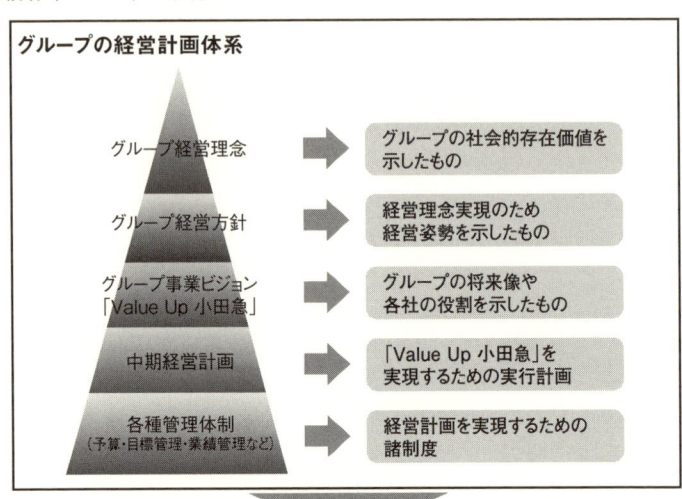

グループの経営計画体系

- グループ経営理念 → グループの社会的存在価値を示したもの
- グループ経営方針 → 経営理念実現のため経営姿勢を示したもの
- グループ事業ビジョン「Value Up 小田急」 → グループの将来像や各社の役割を示したもの
- 中期経営計画 → 「Value Up 小田急」を実現するための実行計画
- 各種管理体制（予算・目標管理・業績管理など） → 経営計画を実現するための諸制度

グループ事業ビジョン

従来から進めております「新宿」、「沿線」、「箱根」の各エリア戦略など、3つの事業領域が一体となってサービスを提供することで、グループの相乗効果をより高めてまいります。

ライフスタイル
お客さまの生活・ビジネスに必要な消費・事業活動の価値向上を目指し、特徴ある商品・サービスを提供するとともに、店舗施設のリニューアルや複々線高架下店舗の開発などを推進することで、"お客さまの日常生活の便利さ"を追求してまいります。

ドアツードア
お客さまの出発地から目的地までの移動における価値向上を目指し、引き続き複々線化工事を推進していくほか、駅施設のユニバーサルデザイン化や鉄道・バス・タクシーなどの連携により交通ネットワークを強化することで、"お客さまの移動しやすさ"を追求してまいります。

リビングスペース
住宅やオフィスなどお客さまの住生活の価値向上を目指し、住宅の供給だけではなく、安全で快適な暮らしに向けた機能やリフォーム事業の強化など、沿線の住関連サービス全般をカバーすることで、"エリアの特性にあった暮らしやすい街"を追求してまいります。

計画に影響を及ぼすものが主たるものとして挙げられる。これらの投資配分を、統合のもたらすダイナミズムの発揮しやすい個所に重点的に配分していくことが戦略上合理的な判断である。ここでは、M&Aの戦略類型とダイナミズムの対応において、資源の配分のあり方を考えてみたい。

ポジションアップ型

　ポジションアップ型においては、まずはシンクロナイゼーションを発揮するために、重複領域についての資源再配分が急務になる。具体的には、製品ラインナップの見直しに伴うリパッケージや廃止などの再編成コスト、営業拠点や営業人員の再編成に伴う重複個所の大幅な人員削減と重点先への増員計画、重複機能や重複投資を排除することで合理化を徹底し投資原資を生み出す一方で、重点ターゲット顧客への関係強化に対する人員や非重複分野への開拓に向けた販売促進の投資を強化するなどの再配分が求められる。

バリューチェーン強化型

　バリューチェーン強化型においては、例えば垂直統合のケースにおいてシンクロナイゼーションを発揮するためには、機能間での連携を高め、同期化を実現できるオペレーションを行うためのインフラ投資がポイントになる。具体的には情報システム投資や業務プロセス改善などが代表的である。需要予測から発注、生産、物流など各プロセスが高い精度で連携できてこそ機能連鎖の効率化につながり、統合によって一体化したメリットが享受できるからである。

ビジネスモデル開拓型

　ビジネスモデル開拓型においては、レバレッジを効かせるための、製品や営業人員への投資が必要になる。営業人員については、レバレッジの効果を出すために人員再配置やプロモーション、増産へのサプライチェーンの再整備が必要になる。例えばクロスセリングのケースを想定すると、既存の得意先への営業網を生かして一方の製品を販売する場合、人員の移動や従来販売してこなかった側の営業員への教育やノウハウの移管、販売量拡大に耐えうる生産、物流等の体制作りなど、一定の設備投資が必要になる。

ポートフォリオ型

　ポートフォリオ型においても共通に見られるダイナミズムであるイノベーションについては、まさに資源の配分が最も重点的になされるべき分野である。統合による合理化効果として捻出された原資の投資対象としては、これらの新しいビジネス業態や新製品・サービスの開発に対する投資である。

　そこでは中長期的な時間軸の中でどの程度の規模で投資を行えるかが、統合後の企業の成長力を決定していく要素になる。製造業であれば、研究開発分野において、統合に伴って既存の重点プロジェクトの再評価や投資の優先順位づけの変更、新規プロジェクトへの重点投資などが挙げられる。

　また、技術やノウハウのライセンス獲得に対する投資など無形資産に対しても投資をしていくことが求められている。このように、短期的な収益には貢献しないものの、中長期的な成長の芽になりうるものに対してどこまで資源を配分できるかということも、中期経営計画の中で明らかにすべき重要なテーマである。

　また、前記のいくつかの類型に共通して見られるプレゼンスを向上させていく上では、業界内でのブランド投資なども重要な資源配分である。新たなブランドを浸透させていくためや、重点商品・サービスに対し従来のプロモーション費用の配分を変えることによって重点化するなどの資源再配分が当てはまる。それ以外にも、統合によるスケールメリットを生かす上で、取引先の選別と主要取引先への取引量の重点割当てなども資源再配分の一環であり、資金の再配分として調達面で信用力向上によるメリットを生かして資金運用のポートフォリオを変更するなども、経営資源の再配分施策として有効な手立てだ。

　このように、統合によって構造上もたらされうるダイナミズムを現実のものにしていく上では、単独の場合とは異なり、新会社としての中期的な経営戦略の方向性に沿ったかたちで経営資源の再配分を考えていくことが求められる。

シナジー効果を施策化して計画に反映させる

　統合がもたらすダイナミズムを発揮するための資源再配分の方針が定まった

段階においては、それらを戦略に落とし込んでいくことが求められる。戦略とは、ビジョンを実現するための競争的な行動の道筋であり、その選択肢は無限にある。統合のダイナミズムは原理としてシナジー効果の源泉になるものであり、ダイナミズムを戦略に落とすということは、すなわちシナジー効果を施策化して、戦略として計画に反映していくことを意味している。

ここでは、中期経営計画の策定において、日本企業がどのようにシナジー効果を戦略に落とし、計画に反映しているのかを実態に基づいて見てみたい。中期経営計画はインタラクティブ（双方向）に両社の経営資源をゼロベースで見直した上で立てることの必要性は先に述べてきたが、具体的にシナジー効果の中期計画への反映の仕方についての調査においても、まったく同様のことが読みとれる。

●双方がシナジー効果を織り込むことが必要

シナジー効果の実現施策をどのように中期経営計画に織り込んだのかを、成功案件と失敗案件の比較において調査した。それによると、成功案件においては、「シナジー効果を踏まえ両社の戦略を一から見直した」と「シナジー効果

図表4-7｜シナジー効果の戦略への反映方法（成功・失敗企業比較）

- □成功案件においては、「シナジー効果を踏まえ両社の戦略を一から見直した」と「シナジー効果を生むための施策のみを両社の戦略に追加した」と回答した企業が全体の70％強を占め、失敗案件に比して著しく高い。
- □失敗案件においては、「既存戦略を並存させた」「自社に対するシナジーを優先させ対象先戦略を修正した」と回答した企業の割合が成功案件に比して高い。

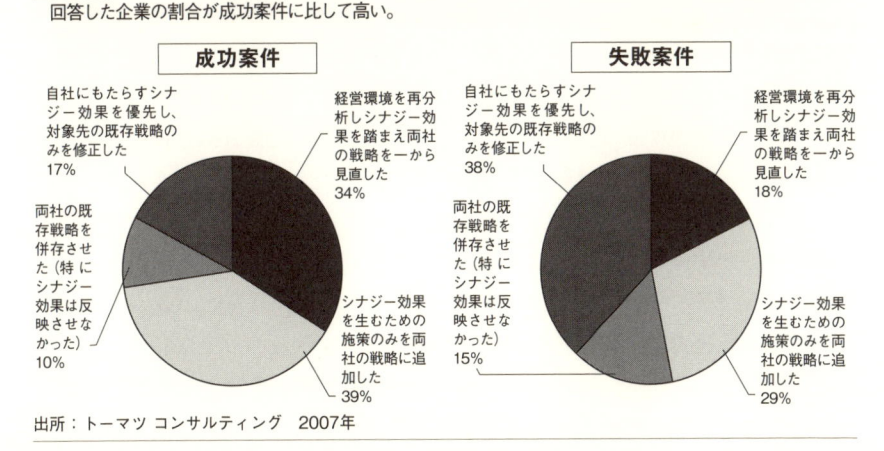

成功案件
- 自社にもたらすシナジー効果を優先し、対象先の既存戦略のみを修正した 17%
- 両社の既存戦略を併存させた（特にシナジー効果は反映させなかった） 10%
- 経営環境を再分析しシナジー効果を踏まえ両社の戦略を一から見直した 34%
- シナジー効果を生むための施策のみを両社の戦略に追加した 39%

失敗案件
- 自社にもたらすシナジー効果を優先し、対象先の既存戦略のみを修正した 38%
- 両社の既存戦略を併存させた（特にシナジー効果は反映させなかった） 15%
- 経営環境を再分析しシナジー効果を踏まえ両社の戦略を一から見直した 18%
- シナジー効果を生むための施策のみを両社の戦略に追加した 29%

出所：トーマツ コンサルティング　2007年

を生むための施策のみを両社の戦略に追加した」と回答した企業が全体の73％を占め、失敗案件の47％に比して著しく高い。この結果を見ても、成功案件ほど両社の計画をともに見直す中で、シナジー施策を積極的に反映していくことの重要性がわかる（前ページの図表4－7参照）。

一方で失敗案件においては、「自社に対するシナジーを優先させ対象先戦略を修正した」と回答した企業の割合が38％と、成功案件の17％に比して2倍以上の開きがあり、きわめて高い数値になっている。つまり、自社側の一方向の視点だけに立ってシナジー効果を分析して、相手方一方だけが計画に反映しているアプローチでは、成功には近づけないということである。

つまり、中期経営計画を策定する上では、統合する両社が既存の計画に手を入れることが必要であると同時に、そこにおいては統合によるダイナミズムを実現すべく、シナジー効果についても双方が織り込むことが、成功に向けては必要であることがわかる。

【ケーススタディ2】トップダウン目標＋ギャップを埋めるシナジー効果
──合併新建設会社K社

K社は、中堅の総合エンジニアリング企業であり、主要市場におけるポジションは3位のA社と5位のB社の企業同士の対等合併によって誕生し、統合によりトップに躍進することができた。もともとA社は大手企業の子会社で計画的経営が行われている企業であるのに対し、B社は創業100年近く経ち、経験と感覚で運営されてきた典型的なオーナー企業であったことから、両社の企業文化はまったく異なっていた。さらに、両社は数十年間にわたって敵対的な関係にあったことから、現場の社員はお互いに嫌悪感を持ち、なぜ統合しなければならないのかと、両社の現場はともに統合に強く反対していた。両社の社員が認識していたそれぞれの強みはまったく異なり、シナジー効果など期待できないと現場は強く思い込んでいた。

中枢となる経営理念を両社一緒に作り上げていく

DAY0からの統合プロジェクトにおいては、統合委員会と同時に機能別分科会が組成されたが、新会社としての求心力を保ちながら成長志向を

徹底すべく、中心的な役割を果たしたのが新会社の中期計画であった。まずは分科会の立上げの前に当初事務局や企画スタッフを中心に集中的に議論した統合効果目標を設定し、シナジー効果を創出する施策立案を分科会に義務づけて運営していくアプローチをとった。

　最初に行ったのが、統合目的に基づいて新会社の理念を再構築し、シナジー効果を踏まえた経営目標を設定する経営理念とビジョンの構築である。ビジョン統合の意味するところは、統合目的に基づいて理念を構築し、統合効果を盛り込んだ目標を設定して経営層がこれにコミットすることだ。統合をリードするT社長がこだわったのがその基本になる理念の構築である。経営者が代わっても企業として持続的に成長と発展を遂げ続けるために、経営理念から企業理念へと理念の性質を変えることが必要であると考えていた。

　また、経営理念は企業風土の構築や浸透にも大きな影響を及ぼすため、T社長の意向として持続的な発展を担う20年以上の在籍が見込まれる両社の若手と中堅社員を抜擢してボトムアップ型で立案を行った。中枢となる経営理念を両社一緒に作り上げていくことで、まず新会社の経営の軸足を固めた。

シナジーを意識させる目標をトップダウンで

　次に力を入れたのが、新会社の経営目標の設定である。統合3年後にシナジー効果を発揮し、単純合算プラスαとして、売上高、利益、利益率などの増加額や率を設定してシナジーを意識させる目標をトップダウンで掲げた。ここでいうトップダウンとは業界最高水準を定義し、それを経営者の思いを込めて目標値として設定した。そして、その目標を達成するための経営戦略を落とし込んでいった。

　当然ながら、それらの目標は現状からするとかなりのチャレンジであり、ギャップがあるものであったが、それをまず置くことで戦略の選択肢について制約を設けずに広く議論することが可能になるという利点があった。戦略を議論する上で留意したのは、客観性の確保である。両社の戦略を単に尊重して合わせるのではなく、まずゼロベースから両社の強みを把握し

た上で、客観的な市場分析結果に基づき、それに忠実に増加した資源の配分先を具体的なレベルで定めていったのである。

双方の強みを評価するアプローチを徹底

既成概念にとらわれず、客観的なセグメント分析や業界内での数字を使ったベンチマークを通して双方の強みを評価するアプローチを徹底したことにより、双方の思惑ではなく新会社の視点に立って、市場動向に忠実に新会社の資源配分方針を統合前よりも具体的なレベルで定めることが可能になった。

例えば、セグメント分析においては、従来は単に顧客が民間か官公庁かという次元で内訳の体系的把握が不十分であったものから、民間の中での業種や規模、地理的特性など顧客のセグメントを細部まで定義していった。

また双方の強みについても、バリューチェーンにおいて競争優位性を決定づける要因のいくつかを、徹底して比較していった。ブランド認知力、積算能力、原材料調達力、価格交渉力などの点で両社の水準を比較しながら業界として競争可能なレベルを明確にし、施策に落とし込んでいった。例としては、B社の高い積算方法を採用することで、入札条件で価格差があって失注していた受注を増やすであるとか、当該地域にて浸透度の高いA社ブランドの活用により、ある地域と同様の成約率を実現できることが見込める、または、市場ポジションの向上による交渉力アップにより、当該利益率を確保した売価の設定の実現が見込める、などの施策を打ち出し戦略化していった。

これらの目標から客観的な比較に基づく戦略の落とし込みを経て、両社の合算ではなくトップダウンで、かつゼロベースでの戦略を策定することにより、新会社目線での求心力ある中期計画が策定できたのである。

「DAY0からDAY1以降3ヵ月以内」に計画を策定

ポストM&Aの成功シナリオの4つのフェーズにおいては、DAY0から

図表4-8 中期経営計画の策定時期～成功案件と失敗案件の比較～

□ 成功案件・失敗案件ともに、「DAY1以降3ヵ月以内」に策定した企業の割合が最も高く、全体的に「基本合意からDAY1まで」と「DAY1以降3ヵ月以内」までに策定したと回答した企業が過半を占めている。
□ 一方で、「DAY1以降3ヵ月超6ヵ月以内」「1年超」かかった失敗案件の比率が、成功案件に比して高くなっている。
□「1年超」の割合は失敗案件のほうが相当多くなっている。

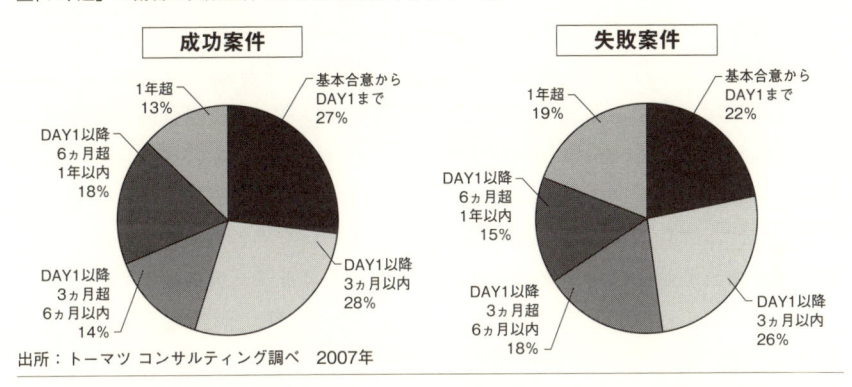

成功案件
- 基本合意からDAY1まで 27%
- DAY1以降3ヵ月以内 28%
- DAY1以降3ヵ月超6ヵ月以内 14%
- DAY1以降6ヵ月超1年以内 18%
- 1年超 13%

失敗案件
- 基本合意からDAY1まで 22%
- DAY1以降3ヵ月以内 26%
- DAY1以降3ヵ月超6ヵ月以内 18%
- DAY1以降6ヵ月超1年以内 15%
- 1年超 19%

出所：トーマツ コンサルティング調べ　2007年

　DAY1のフェーズ1においては、統合の青写真とシナジー効果を踏まえた統合目標の定量化が必須である。こうした過程を通じて、新会社の中期経営計画の骨子に当たる部分についてはDAY1までに完了する。

　本来はそれと同時にDAY1までに中期計画を策定するのが望ましいが、DAY1までは相互に理解が乏しく、実際には時間と情報量が限られるため、多くのケースにおいて、DAY1以降に中期経営計画を策定するケースはよく見られる。すべての事業部門の現場レベルも交えて、統合目標を達成するための戦略について議論を深めていくのは、DAY1以降のフェーズ2で行っているケースが多い。具体的な時期については、我々の調査では、成功したケースほど比較的早期に策定に取り組んでいることが明らかになった（図表4－8参照）。

●成功案件は計画策定タイミングが早期化

　具体的には、成功案件の多くは「DAY0からDAY1以降3ヵ月以内」に計画を策定している。
　中期経営計画策定のタイミングについて、成功案件と失敗案件において比較

をしてみると、成功案件のほうが、計画策定のタイミングが早期化していることがわかる。策定に着手した時期について、DAY０からDAY１まで、DAY１以降３ヵ月以内、３ヵ月から６ヵ月、１年超などの選択肢で回答を集めた。全体的には成功案件・失敗案件ともに、「DAY１以降３ヵ月以内」に策定した企業の割合が最も高かった。

　成功案件と失敗案件の比較においてみると、「基本合意からDAY１まで」と「DAY１以降３ヵ月以内」を合わせたDAY０以降３ヵ月以内に策定したと回答した企業が、成功案件では55％と過半を占めている。一方で失敗案件については、DAY０以降３ヵ月以内の割合は48％に止まり、成功企業よりやや割合が落ちる。加えて、失敗案件の回答の構成比率が、「１年超」という回答の割合が19％と、成功案件の13％と比べてかなり高くなっており、このことから、成功案件のほうが失敗案件より比較的早期に中期経営計画策定に取り組んでいることがわかる。

実行プロセスをモニタリングする仕組みを作る

　中期経営計画の策定は、新会社の成長の方向づけをする意味で大きな影響を及ぼすが、それ以降のモニタリングも同様に重要である。ポストM&Aにおいて、PDCAサイクルを確立できるかどうかは成功の道筋を描く上で鍵を握る。とりわけ最近は、戦略実行の成果の説明責任が高まる一方であることから、計画策定後のプロセスに対するモニタリングの仕組みと、中期的な保有、撤退のルールを持つことの必要性が高まっている。

　ポストM&Aのゴールについては、事業や法人を保有し続けることによる価値向上（バリューアップ）が最も望ましい成功シナリオとして考えられるが、とりわけ買収のケースにおいては、出口のひとつとして売却という選択肢も視野に入れる必要がある。欧米の事例や方法論を紐解いてみると、統合の次のフェーズとして売却・分離（Divestiture）という選択をとる例も多い。すなわちポストM&Aにおけるテーマであるグループ企業価値の向上の選択肢は、さらなる買収であり、また買収後の事業分離、売却なども含めて多様に存在するということである。

買収を経験した企業の担当者の悩みとして、対象先にある本当は欲しくはない事業や経営資源をどのように扱うかということがある。本来は経済合理性が高い部分のみの資産や権利・ノウハウが欲しいのに、企業買収の場合それらに加えて望まない要素（例として大量の従業員など）も合わせて対象にならざるをえず、結果的に買収後に高コスト要因になりかねない。また、不採算事業も合わせて買わざるをえない場合にどのように価値を高めていくべきかなど、悩ましい場合も該当する。交渉段階で本来取得したいものとそれ以外のものを切り分けて交渉できるのがベストであるが、実際はそうはいかないケースのほうが多い。

　そうした場合において必要となるのが、買収後つまりポストM&Aにおける出口戦略である。

事業会社も買収当初から出口戦略を描くべき

　出口戦略については、企業買収ファンドのようなファイナンシャルバイヤーの場合は、当然のことながら当初から買収後の企業について売却か株式上場かなどの具体的な出口の選択肢を有して買収に臨むわけであるが、事業会社にとっては、買収当初から出口戦略を描くことは現実的ではないという見方もある。しかしながらポストM&Aの統合シナリオにおいては、買収後の価値向上施策の選択肢は多く揃えておくことが望ましい。

　とりわけ買収の際の買い手企業にとっての選択肢は、主には、単独での企業価値向上、自社も含む自グループ会社との再編（合併含む）、他グループからの資本参加、売却などが選択肢として存在する。実際に事業会社にとって買収後の会社を売却するか否かの判断は困難を極めるが、M&Aの当初の目的との整合性、財務的な見通し、他事業とのシナジー効果の余地という点が最終的な判断の要素になる。多くの場合は当該事業が不採算事業かどうか、つまり財務状況の採算性が基準として重んじられる場合が多いが、本来はそれらに加えてより戦略的見地（例えば、グループ内の資源とのシナジーの余地や将来的な価値向上の選択肢など）から検討する必要がある。

　実際にマーケットの環境が変化していて、当初の目的が達成できないで存続

している会社も多く、将来的に見通しが立てられる状況かどうかは見極めることが必要である。また、グループ内で対象先を保有していることで、他のグループ会社とのシナジー効果の余地が見込めて、将来的にさらなる再編の可能性がある場合は、あえて撤退という選択肢をとらない場合もある。一方で、最近は財務状態が良好な事業においても、好条件で売却できるならば積極的に資金化することも戦略上は検討すべきという判断も増えており、将来志向に立ったグループの価値向上を図る上での戦略的な判断が求められている。

●モニタリングしながら保有か売却かを判断

これらを念頭に置きながら、原則は買収後の対象先の企業価値向上のシナリオを実行していくことにある。中期経営計画のモニタリングをしっかりと行う中で、状況に応じて価値を向上させるための資源の再構築をどのようにするのかを適宜検討し、そこにおける選択肢のひとつとして売却して資金化するという方法も視野に入れるのが実践的な方法である。ポストM&Aの出口においては保有し続けることによるグループの価値向上か、積極的な切り離し・売却による価値向上か、あらゆる選択肢を念頭に置いて進めていくことが戦略上は求められるのである。

つまりゴールは、単にM&Aの交渉を無事に成立させ、安全に統合のスタートをするだけでは終わらない。その先には将来的なグループとしての価値を高めていくために売却も含めて多くの選択肢を作り出し、定期的にモニタリングするというプロセスを経て、企業価値を高めていく意思決定をしていく過程がある。

【ケーススタディ3】戦略的整合性と投資採算性を軸に意思決定

——商社H社

過去に数多くのM&A案件を手がけてきた商社H社は、ポストM&Aにおけるモニタリングにおいても実践的な試みをしている。M&Aを行う前にまずは自社で有する情報網を駆使して対象会社を調べる。特に事前には財務的な投資基準を算定し、経済合理性があるのか否かを確認すると同時に、仮に当該M&Aを行った場合、その後何年で投資が回収できるか、典型的

な見方ではあるがしっかりと検証している。

　同時に、財務的視点のみならず経営戦略的な視点で評価していく。戦略上どのような意味を持つのか、垂直統合や業界内の水平統合の場合、それぞれの企業の価値連鎖（バリューチェーン）に与える影響がどのようなものかを見極める必要があるからだ。その上で両社が得られるシナジー効果を把握する。

　このようにM&Aの意思決定においては、「戦略的整合性」と「投資採算性」の両方の軸でその効果を捉える。定量的には期待収益率や資本コストを上回る収益が確保できるか、といった観点をはじめとして、財務シミュレーションで投資収益性について検討する。併せて、取得する資産が自己資本との比率でどの程度までが許容範囲かというリスク分析も併せて行う。それらの定量的な評価に加えて、過去のM&Aノウハウに基づいて定性面においてもチェックを行う。こうした戦略の観点と投資面の観点の両軸において精査を行って判断を下す。

モニタリングと出口のルールをしっかり持つ

　これらの事前検討の結果としてポジティブな分析結果が出ればさしあたり問題はないが、昨今の多くのケースでは、近頃の売り手市場にあって買収金額が高騰する傾向にある中で、投資採算性はやや難があっても、経営トップの意向もあって戦略的整合性の観点から投資にGOサインが出るケースが散見される。これらのケース、つまりは戦略的な整合性が見込めるが投資採算性が悪い場合については、特に投資後のモニタリングルールやEXITルールをしっかりと持っておくことが求められる。

　H社のケースにおいては、投資後も1年に最低1回は、買収企業の投資結果について全社レベルの投資委員会にかけられ評価をしている。これを経営トップ自らが行うことが慣例化しており、トップ自らが目を光らせている関係上、その準備のために当該会社の経営陣や実務担当者はそのモニタリングに対してそれなりの緊張感を持って取り組んでいる。

第5章

シナジー効果をマネジメントする

1　シナジー効果のマネジメント
効果の実現まで一貫してマネジメントする

シナジー効果は成功と強い関係がある

　シナジー効果をいかに発揮できるかは、M&Aの成功に向けて最も重要な要素である。ここで大事なことは、根拠が危うい机上の議論を超えて、シナジー効果を実現するまで「マネジメントする」という考え方を持つことである。
　成功企業ほどシナジー効果を実感できており、その発現は成功と強い関係がある。一般に、企業価値向上に向けてはM&Aによるシナジー効果の発現が大きな要素と考えられている。我々の調査では、過去経験したM&Aにおいてシナジー効果の創出を実現できたケースがあるかという問いかけを行った。
　ここでの回答として、先のM&Aの目標達成度合をもとに成功企業（8以上）、普通企業（6以上）、失敗企業（4以下）の3分類で集計した結果、シナジーの実感があると答えた割合は成功企業は92％、普通企業で31％、失敗企業は50％という明らかな違いが見てとれる。すなわち、M&Aの成功の達成度の認識とシナジーの実感値には相関関係があることが推察できる。裏返せば、M&Aの成功においてはシナジー効果の実現がひとつの重要な"モノサシ"になると考えられる。
　「シナジー効果は幻想か」とは、巷でよくいわれるフレーズである。M&Aの交渉過程において特に値段交渉において高値を提示する理由のひとつとしてシナジー効果が語られる一方で、机上で計算した効果を実際の成果として回収しているケースがあまりに少ない。そのため過剰な期待感を指して"幻想"と呼ばれるのであろう。シナジー効果は、本来は経営努力によって実現可能なものであるが、一方で実現に向けた道程は決して容易でなく、相応のエネルギーやリスクと向き合うことが要求される。そのため見通しなく過剰な期待をしすぎるのは危険である。

M&Aの各段階でシナジー効果を検討する

　シナジー効果のマネジメントとは、M&Aに関わるすべてのプロセスを各段階それぞれの目的と状況に応じて継続的にコントロールしていくことだ。すなわち、プロセス横断的に、シナジー効果を実現するまで一貫して追求していくスタンスが求められる。具体的には、M&Aの戦略策定から交渉実行、そして統合という各段階においてシナジー効果を検討する場面が存在する。

　例えば、ターゲット選定の段階では、戦略上のシナジー効果が見込めるところがどこなのか、またそれを得るためにどのようなスキームがよいかなどを検討する。そして、相手との交渉実行の段階で条件を決定していく上で、両社が統合した際のシナジー効果の度合は重要なテーマになる。とりわけM&Aの価格交渉においてはシナジー効果をどのように見るかで条件は大きく異なってくる。特に買収で競争となる場合、提示価格などでプレミアムをどの程度見るかなどは、シナジー効果をどのように織り込むかにかかってくる。この段階では、限られた情報の中でシナジー効果を概算し、可能な限り定量的に測ることが求められる。

　こうして交渉時に定量分析したシナジー効果であるが、交渉成立後において、すなわちポストM&Aの段階においては、今度は実現性を意識してより具体的な経営目標としての数値目標まで落としていくことになる。つまりDAY 1までに定量的な目標とアクションプランを立てていくことが求められる。

●日本企業のM&A成功率が低い大きな原因

　このように、M&Aの各プロセスにおいて、戦略立案、分析・評価、具体化・実現化というステップで一貫してシナジーマネジメントを実践することが必要なのである。実際に多くの日本企業においては、これらのプロセスが別個のもの、いわば縦割りになっており、M&Aのプロセスを一貫して、ましてやシナジー効果を一貫してマネジメントできている例はきわめて少ない。そこに日本企業のM&Aの成功確率が低いことの大きな原因が存在する、いわば日本の事業会社の見落としがちな点であると言っても過言ではない。

DAY1までに定量化を行い経営目標化する

　シナジーマネジメントにおいて、ポストM&Aの観点から最も重要なことは、新会社がスタートするDAY1までに、シナジー効果を経営目標化することである。つまり、DAY0以降に現場も交え、より具体的な議論を通して定量化を行い、新会社のビジョンや中期経営計画の目標設定に落とし込む。
　なぜDAY1までに目標化しなければならないか、その理由は大きく2つある。ひとつは、シナジー効果の外部へのコミットメントに対するリスクマネジメント、具体的にはM&Aの"交渉上"の数字と"実現上"の数字のギャップを把握し、外部に公表したシナジー効果目標を実現させる対策を早期に講じられるようにするためである。2つ目はシナジー効果の実現可能性を引き上げるためである。実現性を高める上ではプランニング以降の一貫したモニタリング、すなわち、DAY1以降の道程の中で、進捗状況をコントロールしうるPDCAサイクルを構築できるようにすることが重要である。

●当初の見積りと現実とのギャップを認識する
　まずひとつ目のリスクマネジメントについてであるが、実際にポストM&Aの現場においては、交渉当初のシナジー効果への期待が高いものの、DAY1までに現場を交えボトムアップで積み上げていくと、当初のバリュエーションや値決めのときに想定していた水準より低くなるリスクはよく起こりうる。机上で大まかに見積もっていた世界から現実化する過程では、投資コストや制約条件も出てくるのでそれなりに経営にとってはシビアな数字となる。そうした点から、DAY1の段階で当初の見積りと現実とのギャップを理解してスタートすることが、その後の影響を考えるときわめて重要な意味を持ってくる。
　仮にシナジー効果が交渉の中で想定した範囲で出そうにないということであれば、次の一手を早期に考える必要性に迫られる。具体的には、シナジー効果をさらに出すために抜本的な施策を追加する場合もあれば、もともとの目標設定や時間軸をもう一回見直す場合や、さらなるM&Aを視野にシナジー効果を拡大していこうと考える選択肢もある。つまり、ギャップに対応するための選

択肢をDAY1の早い段階で有することは、起こりうるリスクを事前に見極めて手立てを考えていくリスクマネジメントでもある。

このように、DAY0からDAY1までの間に、"交渉上"の数字から実現を見据えた"実現上"の数字に置き換えていくプロセスと、そのような過程を経てDAY1において実現に向けて必要な手立てを備えられるかどうか、それがシナジー効果を幻想に終わらせず、成果を現実に手にしていく上での最初のバロメーターになるのである。

2つ目の実現性を高めるという観点については、シナジー効果をDAY1までに定量化し財務諸表レベルへの落とし込みを行うことは、DAY1以降のシナジーマネジメントのPDCAサイクルを運用する出発点を作ることになる。DAY1でPDCAのP、つまりPLANの部分をしっかり持っておけるかどうかで、その後のPDCAサイクルの精度が大きく変わってくる。

通常の事業会社は、中期経営計画や単年度の予算計画に従って日々のオペレーションを実行していくが、シナジー効果の分析はM&Aの交渉プロセスの中で別個に行われるため、そのままにしておくと事業サイクルとの結びつきが希薄になり、それぞれが連携せず乖離した状態のままになる危険性がある。実際に多くの企業では、M&Aの担当チームが出したシナジー効果の数字が、対外的には全社の数値目標として語られているにもかかわらず、社内ではほとんど共有されておらず、事業部門レベルでは目標として落とし込まれていないがゆえに、当時算出した数字がDAY1以降もそのまま据え置かれているケースが多い。したがって、そのような状況を回避し、DAY1以降も経営としてシナジーをマネジメントできる仕組みを構築することが重要である。

DAY1までに、しっかりシナジーを定量化し事業部門の目標まで落とし込みを行うことによってはじめて全社的なPDCAサイクルの構築が可能になり、新会社全体がシナジー効果を念頭に置いたオペレーションをしていくことができるようになるのである。

案件成立よりも統合目的の明確化のために検討

シナジー効果に関して、どのような目的で検討しているのかを成功案件と失

敗案件とで比較した（図表5－1参照）。

　まずはM&Aの交渉プロセスの中で成立させるための重要な要素として捉えられるケースが多い。当然ながら、交渉成立後のポストM&Aにおいて、目標設定や各ステークホルダーへの説明にも多く用いられる傾向にある。そこで回答の選択肢としては、①価格決定など交渉条件の決定、②経営目標の明確化、③交渉過程における株主など外部への説明、④従業員をはじめとして関係者の間で統合理由を説明し納得感を得るため、といった対内外の説明目的として使う4つについて回答を集めた。

　その結果、成功案件と失敗案件を比較すると、成功案件が失敗案件を上回っている傾向が顕著に見られた項目は、「新会社の経営目標を明確にするため」という項目であった（失敗案件においては、同項目の比率が成功案件に比して低くなっている）。

　つまり、総じてシナジー効果を検討する上では、案件の成立のためということもさることながら、それ以上に実際の統合目的を明確に示す上で統合新会社の目指すべき目標として設定することが、成功に向けては最も重要視されていることがわかる。

図表5-1 ｜シナジー効果の検討目的（成功案件と失敗案件の比較）

□成功案件・失敗案件ともに、シナジー効果を検討する目的として「新会社の経営目標を明確化するため」と回答した企業の割合が高い。
□失敗案件においては、「新会社の経営目標を明確にする」ことを目的にした比率が成功案件に比して低くなっている。

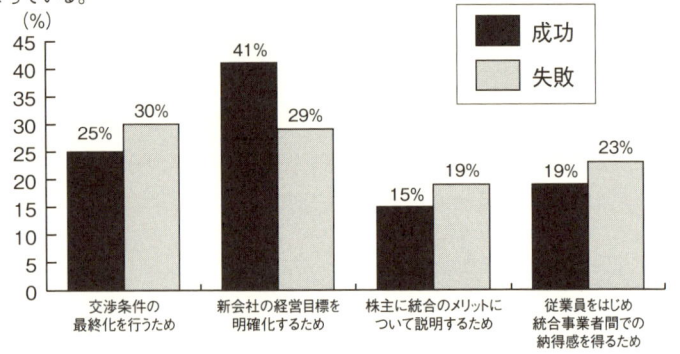

項目	成功	失敗
交渉条件の最終化を行うため	25%	30%
新会社の経営目標を明確化するため	41%	29%
株主に統合のメリットについて説明するため	15%	19%
従業員をはじめ統合事業者間での納得感を得るため	19%	23%

出所：トーマツ コンサルティング　2007年

2　シナジー効果とは何か
経営資源と機能のマトリックスで洗い出す

　シナジー効果を実際にマネジメントする上で、シナジー効果自体の言葉の定義から明らかにする必要がある。一般にシナジー効果とは、「双方の経営資源を有機的に活用することにより、総和（単純合算）以上に得られる経済効果」を意味するが、その内容や定義づけについては立場によって様々な捉え方がある。

コスト効率の面からは2つの原理で捉える

　まずコスト効率の側面に注目した典型的な見方としては2つの原理で捉えるのがわかりやすい。それは、「規模の経済」と「範囲の経済」である。規模の経済とは、一般にスケールメリットと表現するが、量（ボリューム）が増加することによって、相対的に固定費が下がる、言い換えると、生産しているものの数量が増えることによって1単位当たりの固定費が下がる効果をいう。特に機能の観点では、製造、調達、物流、営業（プライシング）といったあたりが当てはまる。製造のところは当然生産量が上がり、調達に関しても取引量が上がることで、調達ボリュームが上がる、取扱量が増えることで交渉力が増してバイイングパワーが高まり仕入れコストを低減できるなど、数が増えることによって得られるところが効果である。

　一方で範囲の経済とは、量（ボリューム）ではなく、種類（バリエーション）が増えることに伴う経済効果である。先に見たが、異なる種類のものを同時に生産してコストが低減される場合、もしくは異なる種類のものにおいて共有できるコストが存在する場合にその原理が働くのである。いわば取引する製品・サービスの対象先の範囲や取り扱う種類が増えることによって、固定費だけでなく、場合によっては1単位当たりの変動費が削減される原理と捉えることが

できる。これら範囲の経済は、どちらかというと営業やマーケティング面でのクロスセリング、共同の販促（プロモーション）といったものが代表的な例として挙げられる。これらは、種類が増えることの共通コストである販管費の相対的な低減が得られる効果である。

前記の原理は、シナジー効果についてコスト効率という観点から規模の経済と範囲の経済をうまく機能させ、相乗効果を出していくことが基本的な視点である。

経営資源に着目して2つに分類して捉える

シナジー効果を捉える際の別の切り口として、双方の経営資源に着目したアプローチがある。シナジー効果を経営資源の性質から2つに分類している。ひとつは「共有シナジー」、もうひとつは「潜在シナジー」と位置づける。

共有シナジーは、目に見える経営資源を共有することによって得られるシナジー効果、そして、潜在シナジーは、目に見えない無形の資産、ノウハウといった潜在的な経営資源を顕在化させるプロセスで捉えることができる効果である。共有シナジーの中では、事業シナジーと財務シナジーに分けて捉えることもできる。つまり通常の組織体が事業部門レベルで営業・投資活動によって得られる効果と、ファイナンス活動において得られる効果を識別して分類する考え方である。

潜在的なものを顕在化させるプロセスにおいては、それぞれの会社の戦略が必要になる。平易な例でいうと、お互いの研究開発機能が持っている技術やノウハウを融合して新製品を生み出すような例である。その際に、どういう製品をどのターゲットに対して売り出すのかについて、戦略的発想がないと新製品開発プロジェクトは創生できない。つまり戦略があって初めて無形の資産が顕在化し、それによって実現される効果である。経営資源の見方から、顕在的なもの、潜在的なものという分け方もできるのではないかと捉えている。

このようにシナジー効果の定義については、様々な捉え方がある。ポストM&Aという観点から、統合により発生するシナジー効果を検討する上では、上記の概念を念頭に置き、統合でもたらされる4つのダイナミズムに着目して

捉えることがより実践的である。

*参考：アンゾフは、経営戦略の構成要素のひとつとして2つ以上の関連する要素を有機的に結びつけることで、それぞれの要素の総和を上回る力を発揮すること、一般にはその相乗効果のことをシナジー効果と定義づけている。アンゾフの分類するところによると、流通チャネル、物流設備などの「販売」、工場、技術などの「生産」、ブランドなどの「投資」、経営能力や組織文化などの「経営」の4種類のシナジーがある。

経営資源のマトリックスで自社資源を点検

シナジー効果を議論する際によく見られる傾向として、相手の会社が何を持っているかという見方のみに終始することがある。実は、シナジー効果を適切に考える上では、まず自社の経営資源がどの程度備わっていて、何に利用価値があるか、また価値を向上させるにはさらに何が必要か、に着目する必要がある。その上で、相手と合わさることでどう生かせるか、そのためには何が必要かという視点で考える。

つまり、シナジー効果を考える際に、相手先の経営資源のみならず、自社の経営資源がそれによってどのように活用できるのか、つまり自社を起点にした上での戦略を双方に考えていく視点が必要である。統合効果というとつい相手先に期待する傾向になりがちであるが、自社を熟知している企業ほど相手先の経営資源の価値についても高い目利き能力を持っているものである。まずは足元から戦略的に経営資源を見ていくことが必要である。

● 自社資源の枠組みに相手会社の資源を合わせる

経営資源に着目したシナジーのうち「共有シナジー」について網羅的に洗い出すための枠組み（フレームワーク）としては、経営資源と機能のマトリックスを用いて整理することが有効である。具体的には、経営資源とは人員、設備、情報ノウハウ、顧客接点、利害関係者（仕入先や株主など）といった対象を意味し、機能とは、事業活動において付加価値を生み出すバリューチェーンである。例えば、製造業ではR&D、製造、物流、営業などからサービス、間接部門を含めて捉える。

図表5-2 シナジー効果分析のフレームワーク

経営資源・機能マトリックス

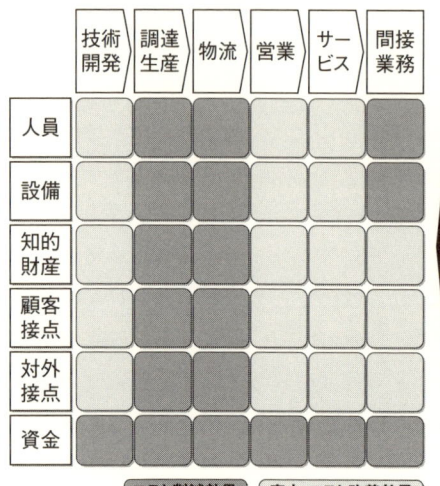

	技術開発	調達生産	物流	営業	サービス	間接業務
人員						
設備						
知的財産						
顧客接点						
対外接点						
資金						

（左側：コスト削減効果／右側：売上・コスト改善効果）

売上貢献
1. ブランド統一
2. 高品質な商品統一
3. 拠点統合に伴う営業力増強
4. 新たな販売チャンネル獲得
5. 新たな商品の流通
6. 技術研究力強化による新製品開発

コスト貢献
1. 工場の統廃合（設備売却、人員削減、稼働率向上）
2. 営業拠点の統廃合（設備削減・人員規模の削減・再配置による効率化）
3. 重複機能の統一（間接部門等）
4. 取引先（仕入業者等）の絞り込み
5. 物流ルートや形態変更による効率化
6. 交渉力の強化（調達量増大と対外交渉力）

　この2軸によって定義されたマトリックスにおいて、それぞれのマス目ごとにシナジー効果として何が得られるかを列挙していく。この際には、まず先に自社の経営資源を枠組みの前提に置いて、その上で相手先企業の経営資源を合わせて考えていく（図表5－2参照）。

　一般的な例を挙げると、R&Dに関しての技術力向上、ブランドの統一による認知度向上、商品開発もしくはその商品の絞り込みの中で高付加価値化、新しい販売・流通チャンネルの開拓、製品開発拠点の統合による双方のノウハウ共有による営業力強化等が売上シナジー項目の例として考えられる。また、設備的な部分では、工場等の統廃合の中で設備的・人為的に効率という部分で稼働率の向上、営業拠点の統廃合においても同様の効果がある。さらに人員の再配置による効率化、間接部門における重複機能統合によるメリット、取引先絞り込みや取引量拡大による価格交渉力強化、統合拠点が変わることによる物流ルート変更による効率化等がコスト削減のシナジー効果項目として挙げられる。

　このようにそれぞれの機能ごとに、双方が有する経営資源の組合せによってどのようなメリットが実現しうるかを洗い出していく、それが共有シナジーを

生み出す最小単位となるのである。

ディスシナジーと投資コストは差し引く

　一般にシナジーはプラス面だけが強調されるが、実際には、統合することに伴う負の側面であるディスシナジー効果を考慮しなくてはならない。ディスシナジーの典型的な例では、カニバリゼーション、いわばある製品が自社の他の製品を侵食する俗に言う「共喰い」を引き起こす現象や、両社に共通の顧客があり統一後の製品が従前の水準まで売れなかった際に売上減少になるような場合がある。
　シナジー効果のうち特に売上シナジーにおいては、将来の仮定に基づいているため実現できるか不透明で、効果が目に見えにくい側面がある。一方でディスシナジーについては、既に過去から現在にいたるまで実現していた売上の一部分が統合することで削減されるので、目に見えて把握しやすい。
　また、ディスシナジーに加えて、シナジー効果の実現の段階まで見据えると投資コストが相当発生する。例えば、シナジー効果を出すための人員削減に伴う早期退職優遇制度を賄うための必要資金や、工場や営業店舗を統廃合するにしても、廃棄して増築するにしてもその中で費用が発生する。クロスセリングを行うにも顧客や商品情報を一元化するためには、インフラとして情報システム改修の投資が必要であったりもする。シナジー効果を適切に実現することを考えるならば、どれぐらいの費用や投資が必要なのかをこの段階でしっかり見極める必要がある。
　これらのディスシナジーや投資コストについては、シナジー効果を算定する際には、差し引かれる分として加味して考える必要がある。最終的なシナジー効果の算出においては、ディスシナジーや一時的な費用や投資額などの支出についてもすべて加味した上で、純増（ネット）でどのくらい効果が出るものなのかを判断していくことが必要である。例えばシナジー効果として50億のコスト削減ができるが、そのために10億の投資が必要になる場合、効果は40億と捉える。特にDAY 1までの間で、投資や資産の償却が必要であればそれらも含んで利益の"純増"にコミットすることで、シナジー効果に対する過剰の試算

を抑えつつ実現性を高めることができる。

●ディスシナジー効果を抑制する努力も必要

それと同時に、実際には、製品が重複した際には製品ラインナップを組み替え、販売方法をリニューアルすることで共通顧客への浸透や新たな顧客層の開拓などによって売上の下げ止まりを試みるなど、ディスシナジー効果のインパクトを抑制する努力が求められる。

このように、シナジー効果の実現に向けては、当初交渉過程では現れなかった現実的な課題がいくつも出てくる。それらのネガティブな要素を視野に入れた上で、それを上回るだけの実の伴ったシナジー効果を積極的に捉えていくことが重要である。

3 定量化のアプローチ

財務諸表からシナジーのインパクトを測る

シナジー効果を財務科目ごとに数値化する

　シナジー効果の定量化については、本来は両社のM&Aによって最終的には企業価値がどのように向上したのかを捉える必要がある。つまりは企業価値との結びつきで考えるべきテーマである。M&Aによるシナジー効果によって企業価値を向上させるには、価値を高める要素（ドライバー）と、シナジー効果を構成する要素を対応づけて捉えていくことが有効である。

●収益力・資産効率・資本コストの3要素との関係
　具体的に企業価値を高めるためには、①収益力を向上させる、②資産効率を向上させる、③資本コストを低減させるという3要素を念頭に置いてシナジー効果の要素がどのように結びつくのかを対応づけていく。
　DCF法（割引キャッシュフロー法）のように将来のキャッシュフローを現在価値に割り引く算出方法をイメージするとわかりやすいが、キャッシュフローを増大させるには、売上による収入を増大させること、コスト削減により収益性を向上させることが重要である。また、資産効率を向上させるには、例えば、不良資産の売却などによりバランスシートを改善することなどが寄与する。つまりP／L、B／S上で事業レベルでのシナジーのインパクトを見ていくのである。
　一方で資本コストについては、M&Aにおける全社レベルでの財務シナジーとして資金調達における借入条件や格付け、資本市場でのポジションがどのように変化するのかに着目する必要がある。例えば、大手企業に買収された会社があった場合に、大手のグループ会社の傘下に入り信用力が上がった結果として、資金調達が有利になり資本コストが引き下げられるなどが考えられる。

実際に事業会社の担当者がシナジー効果を計測し捉えていく上では、一義的には事業レベルでのシナジー効果が現れるP／L及びB／Sを、特にP／Lを基にしながら利益を見ていくことが多い。ここでの利益とは主としてキャッシュフローを見る上では営業利益やEBITDAを用いる。これらは最終的には企業価値を導き出す際に基となる将来のキャッシュフローに展開して将来にわたってのキャッシュフローの推移を見ていく。したがって、シナジー効果を定量化する上では、まずベースとなるP／L、B／S上で効果を科目ごとに数字化し、それらを基にC／Fに展開して将来的なキャッシュフローの見通しを描くことが基本アプローチである。

シナジー効果は「利益の比較」がわかりやすい

　我々の調査によると、成功のモノサシと同様に、シナジー効果を測る指標として真っ先に挙がる指標としては「利益」が最も多い（図表5－3参照）。次いで売上高とコスト削減額が続く。
　一般にシナジー効果とは「1＋1が2より大きい」ことといわれるが、これ

図表5-3｜シナジー効果の定量化における評価指標

□成功企業で最も多い指標は「利益」となっている。全体的には売上高・コスト削減額・利益といったP／L指標をシナジー指標として認識している企業が多い。
□成功企業ほど、「キャッシュフロー」や「非財務指標」といったP／L以外の指標も併せてシナジー指標として挙げる傾向がある。

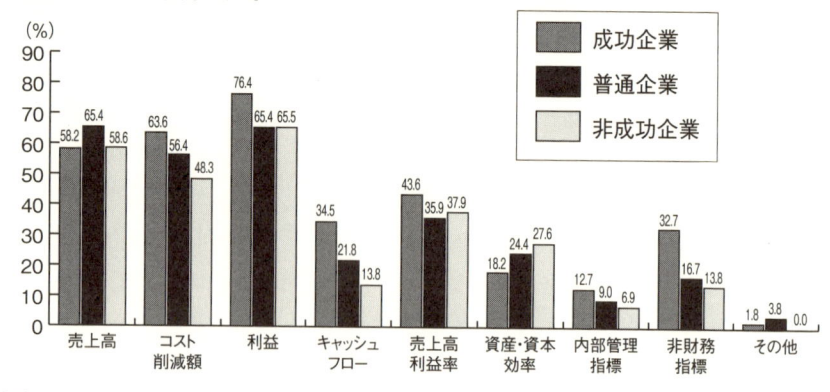

指標	成功企業	普通企業	非成功企業
売上高	58.2	65.4	58.6
コスト削減額	63.6	56.4	48.3
利益	76.4	65.4	65.5
キャッシュフロー	34.5	21.8	13.8
売上高利益率	43.6	35.9	37.9
資産・資本効率	18.2	24.4	27.6
内部管理指標	12.7	9.0	6.9
非財務指標	32.7	16.7	13.8
その他	1.8	3.8	0.0

出所：トーマツ コンサルティング　2007年

はP／L指標、特に「利益の比較」と捉えることがわかりやすい。つまり、利益（営業利益、EBTDA、経常利益、税引後利益など目的に応じて使い分ける）が、M&A前の合算利益に比べて〇億円分が向上したという見方である。当然ながら売上についても同様の比較が可能であるが、利益については、コスト削減に貢献するシナジーと売上増に貢献するシナジーが結果としてすべて利益として収斂されるため、最も端的に把握しやすいことがメリットである。

　この調査結果からも、事業会社にとってシナジー効果とは、一義的にはP／Lにおいて判断していることがわかる。実際に、シナジー効果は、売上高が合算以上に増加する効果と、コスト削減が合算以上に進む効果が、結果的に利益に収斂されることを、くしくも調査結果が物語っている。また、成功のモノサシ同様に成功企業ほど、P／L指標に加えてB／S指標やキャッシュフロー、顧客満足度、従業員満足度という複数の非財務指標を挙げていることから、プロセス指標も重要視していることも特徴である。

シナジーバリューマップという体系図を用いる

　定量化の実務に当たっては、シナジーバリューマップという体系図を用いて試みていく（次ページの図表5－4参照）。これは企業価値を上げることを目的に、シナジー効果の要素項目とP／LやB／S、C／Fの財務諸表モデルを体系的に結びつけていくアプローチである。

●シナジー項目の各施策を財務要素と結びつける

　これらは、企業価値を算定する基礎データである財務諸表とシナジー項目の施策を結びつけていく手法と解釈してもわかりやすい。実務上は、シナジー効果を施策ごとに定量化し、事業別の将来予測も加味した財務諸表イメージ（特にP／L、B／S）に落とし込むことから着手する。経営資源と機能のマトリックスを活用し、シナジー項目を網羅的に抽出し、それらの要素を施策ごとに定量化した上で、シナジーバリューマップの体系に結びつけるのである。

　例えばP／Lの売上を形成するには販売量と単価という要素があり、売上を向上させるには量を増やすか、値段を上げるかという選択肢がある。販売量を

図表5-4 シナジーバリューマップ

□ シナジー効果の定量化は、具体的には株主価値を創出するための①売上増加、②営業利益増加（コスト削減）、③資産効率の向上の3つの視点で、財務構造にどのように影響を与えるかの切り口で体系づけを行う。

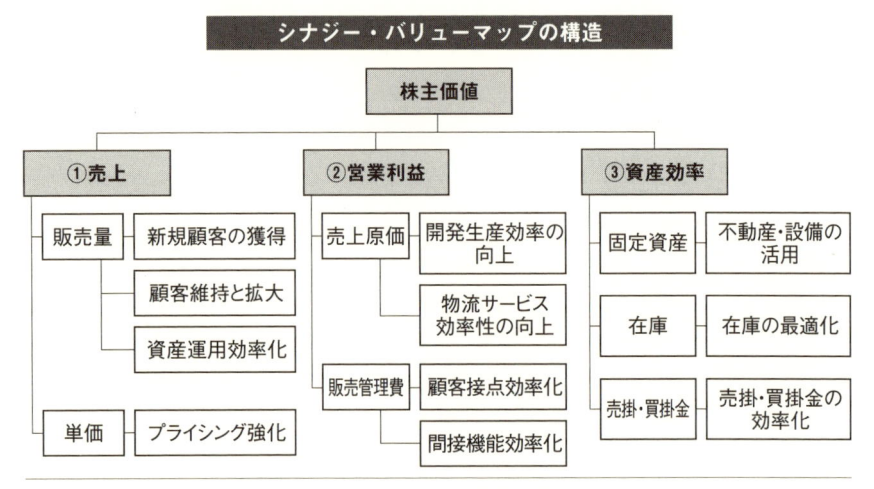

シナジー・バリューマップの構造

- 株主価値
  - ①売上
    - 販売量
      - 新規顧客の獲得
      - 顧客維持と拡大
      - 資産運用効率化
    - 単価
      - プライシング強化
  - ②営業利益
    - 売上原価
      - 開発生産効率の向上
      - 物流サービス効率性の向上
    - 販売管理費
      - 顧客接点効率化
      - 間接機能効率化
  - ③資産効率
    - 固定資産
      - 不動産・設備の活用
    - 在庫
      - 在庫の最適化
    - 売掛・買掛金
      - 売掛・買掛金の効率化

上げるには新規顧客を獲得していくのか、既存顧客で取引を拡大していくのかに分解できる。それらをシナジー項目との関連で結びつけると、新規顧客を開拓し双方の既存商品や新商品の取引を増やしていく方法や、既存顧客に対し一方の既存商品や新商品を提供することによる既存取引の維持や拡大する方法をひもつけることができる。

単価においては、統合によりマーケット内のポジションやプレゼンスが上がることで交渉力がつき、従来のディスカウント水準を抑えて価格を維持することができる。最終的にはこれらの施策によって売上向上につながるというロジックである。

コスト面に関しては、研究開発や調達・物流・製造機能をそれぞれ効率化することが売上原価削減に効いてくる。また、営業拠点統廃合による顧客接点スタッフの集約化、スタッフ部門の生産性向上、広告宣伝の一本化などで販売管理費用を引き下げる余地は大きい。

また、B／Sにおいては、固定資産の売却、資産を担保にした調達資金の返済、取引ボリュームの拡大による回転率向上と在庫適正化、信用力向上による掛取

図表5-5 | 主要シナジー効果抽出のサンプルイメージ

□ 主要シナジー項目の抽出においては、経営資源・機能のマトリックスを基に財務科目にひもづけし整理する。

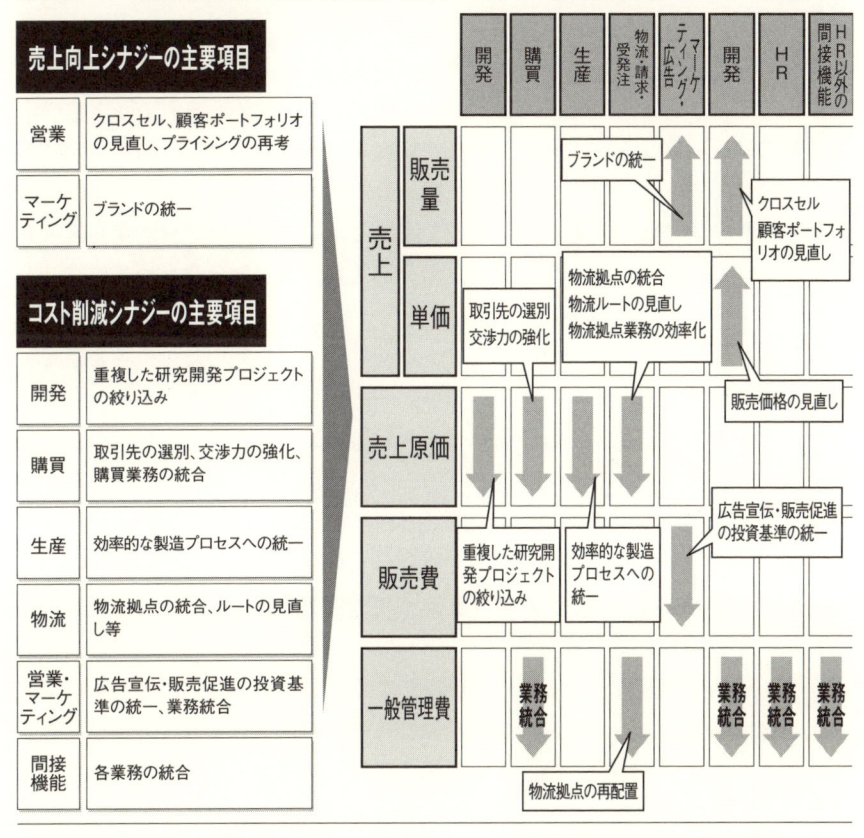

売上向上シナジーの主要項目

営業	クロスセル、顧客ポートフォリオの見直し、プライシングの再考
マーケティング	ブランドの統一

コスト削減シナジーの主要項目

開発	重複した研究開発プロジェクトの絞り込み
購買	取引先の選別、交渉力の強化、購買業務の統合
生産	効率的な製造プロセスへの統一
物流	物流拠点の統合、ルートの見直し等
営業・マーケティング	広告宣伝・販売促進の投資基準の統一、業務統合
間接機能	各業務の統合

（マトリックス図：売上（販売量・単価）、売上原価、販売費、一般管理費の各項目と、開発・購買・生産・物流・受発注・マーケティング/広告・開発・HR・HR以外の間接機能の各機能の関連を示す。販売量にはブランドの統一、クロスセル・顧客ポートフォリオの見直し。単価には取引先の選別・交渉力の強化、物流拠点の統合・物流ルートの見直し・物流拠点業務の効率化、販売価格の見直し。販売費には重複した研究開発プロジェクトの絞り込み、効率的な製造プロセスへの統一、広告宣伝・販売促進の投資基準の統一。一般管理費には業務統合、物流拠点の再配置。）

引の条件改善など資金効率を高める方法について、資産・負債関連項目でシナジー効果と結びつく要素を対応づけていく。

このようにシナジー項目の各施策を財務要素と結びつけながら、企業価値を高めるベクトルに体系化していくのが、シナジーマップを活用したアプローチである。これらを通してP／L、B／S、C／Fといった財務諸表に落とし込むことで、5年程度の時間軸の中で数字を展開していくことになる（図表5－5参照）。

シナジー効果を体系的にモニタリングできる

　こうしたアプローチに基づいて体系的に数値化をすることにより、当初の計画値だけでなくDAY 1以降に実績値をとるので、シナジー効果が施策レベルで体系的にモニタリングすることが可能になる。これを半期に1回あるいは年次で評価してギャップを捉え、そこを埋めるために必要な施策を、次年度計画や半期予算に織り込んでいく。こうして漠然としているシナジー効果を施策レベルでモニタリングをすることで、シナジー効果の実現度合を高めていくことにつなげていくのである。

　このようにシナジー効果の定量化に当たっては、シナジー効果の各要素と将来志向での財務諸表（特にP／L、B／S）への落とし込み、そこからキャッシュフローの予測への展開、そして資本コストを加味して将来価値を現在価値に割り戻していくことで、DAY 1以降も常に企業価値を念頭に置きながらシナジー効果の進捗度合をマネジメントすることが可能になる。

売上シナジーの数値は"アクション"で裏づける

　シナジー効果を定量化する際に、現場でよく話題に挙がるのが売上シナジーの定量化である。

　コストシナジーについては、企業内部で実行すればある程度の確実性で効果は見通せるものの、売上についてはマーケットの状況など外部の要因を受けやすいもので変動性が高く信憑性に欠ける面も多い。

　そこで、定量化が困難ではないかという議論がある。実際に、市場のアナリストは、対外的に公表された数字を評価する際には、シナジー効果のコスト削減面での数字に対しては信用して織り込むものの、売上面等について額面どおりに受け取れないというコメントをよくする。

　たしかに、売上についてはマーケットの影響を受けやすいため定量的に見積もっても限界があるのは事実である。しかしながら一方で、変動要因が多いから検討することに意味がないという話は極論である。実際に企業の現場ではど

の程度まで行うべきなのかについて試行錯誤しているが、定量化の議論の本来の目的はシナジー効果の実現性を高めることにある。

●**売上に対して施策レベルで捉えマネジメント**

その課題を解きほぐしていく上では、つかみにくい売上に対して、基本的に「施策レベル」で捉えマネジメントするという考えを持つことだ。売上という最終的な財務結果は、経済情勢や業界の外部要因や競争事情によってかなり大きく振れるものであるが、その売上に結びつけるための施策のレベルで、シナジー効果につながる要素を結びつけ、その施策ごとに定量的な目標指標を設定するというアプローチは一定程度有効である。

クロスセリングなどは代表的である。例えばB社の営業員一人が、A社の製品を合わせてある得意先M社に営業に行ったとすると、従来のB社製品に加えてどれくらいA社製品が売れるかという推定値で定量化を試みていくという具合である。金額的な売上以前に、ターゲットごとに製品の単価と数量にどのような目標を設定するのかという、非財務的指標（プロセス指標）も含めアクションレベルに落とし込んで捉えていく。

このように、一般的に難しいといわれる売上の定量化も、顧客と製品を軸に、重複、非重複関係を整理し、それを実行施策に落とし込んでプロセス指標も含めて目標化することによってある程度定量化することが可能になる。

レバレッジが効く領域ではクロスセリングを検討

売上シナジーを考える上での有効なフレームワークのひとつに、顧客と製品サービスのマトリックスがある。まず、統合された両社を顧客と製品サービスの観点で、両社において重複、非重複関係を整理する。例えば、X社とY社が存在した場合に、X社にとってはX社独自の顧客と、X社の顧客でもありY社も取引のあるいわば重複している顧客が存在する。同様のことがY社にも当てはまる。それをひとつに表現すると、顧客を横軸にとると、その軸には①X社、②Y社、③X社・Y社共通という3種類の分類ができる（次ページの図表5-6参照）。

図表5-6 売上シナジーを統合戦略へ反映させた例
～顧客・製品のマトリックス～

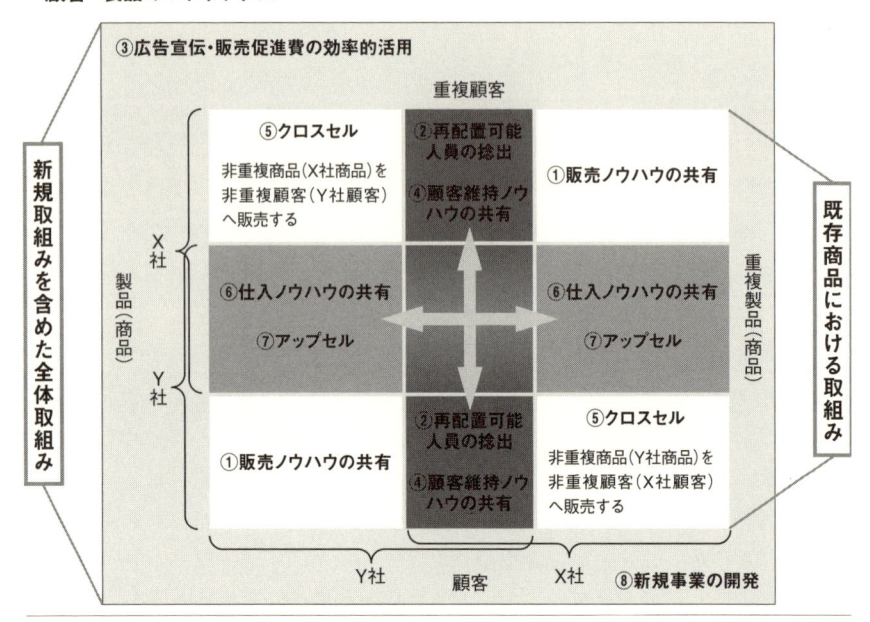

```
                    ③広告宣伝・販売促進費の効率的活用
                              重複顧客
          ┌─────────────────┬─────────────────┬─────────────────┐
          │ ⑤クロスセル      │ ②再配置可能     │ ①販売ノウハウの共有│
  新規     │                 │   人員の捻出    │                 │  既存
  取組み   │ 非重複商品(X社商品)を│ ④顧客維持ノウ  │                 │  商品
  を含め   │ 非重複顧客(Y社顧客)│   ハウの共有   │                 │  における
  た全体   │ へ販売する       │                │                 │  取組み
  取組み   ├─────────────────┼─────────────────┼─────────────────┤
          │ ⑥仕入ノウハウの共有│                │ ⑥仕入ノウハウの共有│
          │ ⑦アップセル     │                │ ⑦アップセル     │  重複
          │                 │                │                 │  製品
          ├─────────────────┼─────────────────┼─────────────────┤
          │ ①販売ノウハウの共有│ ②再配置可能     │ ⑤クロスセル     │
          │                 │   人員の捻出    │                 │
          │                 │ ④顧客維持ノウ  │ 非重複商品(Y社商品)を│
          │                 │   ハウの共有   │ 非重複顧客(X社顧客)│
          │                 │                │ へ販売する       │
          └─────────────────┴─────────────────┴─────────────────┘
                Y社         顧客        X社   ⑧新規事業の開発
```

　製品・サービス側についても同様のことがいえる。製品・サービスを縦軸にとるとこちらも3分類が可能になる。そこにおいて、3分類×3分類の9象限のマトリックスができる。これらを基にシンクロナイズ、レバレッジを効かせうる施策を考えていくのである。

　最もレバレッジが効く領域は、双方の顧客や製品・サービスが重複しない領域である（図表における左上と右下の2象限）。これらの領域についてはクロスセリングがどこまで見込めるかを検討することになる。クロスセルとは当該製品・サービスの関連製品を勧めることをいうが、このケースではX社の顧客にY社の製品を販売する、Y社の顧客にX社の製品を販売するという相互販売をする余地がどこまであるかという観点である。

　これらについては、統合以前からのそれぞれの顧客接点が強くブランド認知度が高い場合などは既に一定の信頼度が存在するため、新たに加える製品のラインナップや組合せ方を工夫することによって、比較的短期で売上に直結する

施策になる。ただし、非重複領域のクロスセリングは、業種や業態によって異なる面があることに注意が必要である。

　同業同士の水平統合の場合は、顧客や製品の重複が一定以上存在することが多く、非重複の余地が小さい一方で、同様の業種・業態のため製品・サービスの関連性が強いものが多い。そのためその組合せやラインナップ化が顧客にとって馴染みやすく従来接点が持てなかった顧客に対して即自社の製品が売れるなどのメリットがある。一方で、異業種・異業態の統合のような場合は、重複している製品・サービスの領域が少ない分、非重複領域が広がるので機会が多そうに見える。しかしながら、製品・サービスの関連性が薄い場合は、その組合せが顧客に対して馴染みが薄く、当初から簡単にクロスセリングが進まない面がある。ただし、それらの組合せが顧客の支持を受けると他に類がないがゆえに、新業態、独自の商品、営業手法として独占的なシェアを占めることも可能になる。

　つまりは、クロスセリングひとつとっても、業種・業態、顧客、製品・サービスの重複・非重複の程度によってかなり範囲が異なってくるため、当該フレームワークを活用しながら、それぞれのビジネス上の特徴を把握して、最も効果の出しやすいところを見極めることが必要である。

重複関係の強い領域ではシンクロが効く施策

　それでは、重複関係が強い領域においてはどうであろうか。マトリックスで製品・サービスの重複領域、顧客の重複領域、または双方が交わり合う領域が存在する。そこにおいてはシンクロナイゼーションを効かせうる施策を検討していく。

　X社、Y社の重複顧客（縦軸の中央）においては、例えば、顧客のロイヤリティーを高めて、いかに顧客の維持に努めるか、結果的に従来以上に購入頻度を高めるかというのが重要なテーマである。重複した顧客に対して、従来はX社、Y社が別々に販売促進活動を行い囲い込んできたものを、統合によって共同施策として一本化して行った場合、より効率化されるだけでなく、余剰分を再配分することによって、顧客に対してより積極的な営業施策を打つことができる。

例えば、一般消費者を対象にしているカード業界の統合においては、重複しているカード会員に対しポイント還元や優遇キャンペーンを積極的に展開するなどによってロイヤリティーを高めることとともに、それを機に購買頻度を高めることを誘発するなどの施策を打つ、などがある。

法人顧客を対象にしている企業の統合の場合は、重複する顧客について、従来は別々に回っていた両社の得意先担当者について、その活動を一本化するとともに強化するなどの施策を打つことが考えられる。具体的には、両社の得意先の担当者を比較して相対的に関係が強い営業員を統合後も担当として残し、重複排除により捻出された営業リソースを再配置し顧客の担当を割り振り直し、かつ従来は兼業だったものを専業化させることにより、重点顧客に対して訪問頻度を高めて関係強化を図る、などの施策を打つことが可能になる。

具体的なロジックとしては、カード事業においては、訪問頻度と顧客の発注頻度や金額などの過去の関係をもとに整理した上で方程式化して、頻度が高まった場合にどの程度金額の向上が見込めるかを算出してみるという方法がある。また営業員の再配置については、一人当たりの営業員の生産性を基本式にして、それらがどのように配置されて成果を示すのかという、いわば人の生産性を基軸にして生み出すロジックなどを想定することが可能である。

販売アプローチを同時化し統一的に進める

製品・サービスの重複領域についても、シンクロナイズするダイナミズムを効かせる余地がある。まず検討すべきは重複製品の絞り込みである。統合前に両社が提供している製品において、基本的機能やコンセプトが類似しているものも合わせるとかなり重複領域は広く定義できる。

そこにおいての選択肢は2つある。ひとつ目は一方の製品を取り止めて片寄せする方向性、もうひとつは、双方の製品を一定数残しながら製品ラインナップとして再編成するという方向性である。ただしこの際には、双方ともに収益性が高いものに絞り込んでいくことが効果を上げる前提である。一定の収益性が見込める製品・サービスにおいては、従来両社個別にバラバラに打っていたものを、ラインナップとして再編成して一本化することによって、ファミリー

ブランドとして認知がされ、他社製品へ流れていた顧客を引き戻すことができる。

　また、より積極的な方向についてはアップセルがある。アップセルとは、顧客がある製品・サービスの購入を決定した段階で、当該製品のより上位製品・サービスを勧めることをいう。アップセルは通常購入を決定する前は警戒心や疑問が強いが、購入決定後は「ついでに、これも買ってみよう」という心理的な障壁が非常に低くなるという顧客心理を踏まえ、従来以上に高価格帯の高機能製品を販売する手法である。

　これらのことは、別々に行ってきた販売アプローチを同時化し統一的に進めていくことによって売上につながるシナジー効果である。具体的な定量化の仕方では、製品ラインナップが変わることで、顧客当たりの購入頻度が変わらないとして、その顧客のうちの一定割合については1回当たりの購入単価が引き上げられることにより、その分だけ売上が向上するというロジックがとりうるひとつの方法である。

【ケーススタディ１】重複顧客をターゲットにコストや生産性を比較
――メーカーB社

　製造業であるB社は、既に製薬関係の子会社を有していたが、新たにグループ外から製薬会社を買収した。この買収に当たっての売上サイドのシナジー効果の分析を行った。

　まずB社においての顧客データを整理して、重点ターゲットを明確にした。その上で買収先の顧客情報を照合させて両社のターゲットとして重複している病院を特定し、そこにおける販売促進費用などを比較した。双方ともに販売促進には重点を置いている先を明確にターゲット化した上で、その共通顧客に対しての販売促進費用の程度や担当しているMRの生産性を比較した。

　具体的には両社の特定ターゲットへの営業費用や販売促進費用の割合や、当該顧客を担当しているMRの訪問頻度とそこでの提案回数や成約にいたった件数などを数値化して、MRの成約率などを割り出した。その上で成約率が高いMRを標準としながら、両社が有している商品を有能なMRの

成約率の割合で販売した場合、どの程度売上が向上するかをシミュレーションしていった。また、顧客との関係をより強化する上で重点顧客への販売促進費用は両社合わせた水準にすることを前提に施策を検討した。

顧客との関係がさらに深まり人の生産性も向上

　実際に営業投資をしながらMRを一本化するという施策をとった結果、実際には当初の想定を上回る成果を出すことができた。その要因として従来からのターゲット顧客との関係が深いものが、統合によりさらに深くなることに加えて、販売促進費用も単体で行っている以上に投資することが可能になり、MRも有能な人材に一本化することで人の生産性も向上し、それらの要因が複合的に重なって予想以上の成果が生み出せたのである。

　このように、まずは双方の重点ターゲットを設定して、それに対する有形及び無形の経営資源を比較して、それらを統合をきっかけに再配分することで一層顧客へのプレゼンスを向上させる、それにより売上も伸ばしていくというメカニズムを確立できれば、シナジー効果は発揮できる。

目に見えない"潜在シナジー"を定量化する

　M&Aの経験豊富な企業は、本当のシナジー効果を目に見える共有シナジー以上に、潜在的なシナジーに期待をかけている。その範囲がどこまで見込めるかによってM&Aを行うか否かを決定していると言っても過言ではない。顕在化している効果だけを捉えているとシナジーは限定的である。

　潜在シナジーとは目に見えないもの、つまり無形の資産、ノウハウといった潜在的な経営資源を意味することは先に述べたとおりである。無形価値とは、例えば、「ブランド」「知的財産」「人的財産」「顧客との関係資産」などが含まれ、M&Aによってこれらの価値が潜在的なものから顕在的なものに転換しうるものを指して潜在シナジーと捉えている。

●マネジメントシナジーは潜在シナジーの典型例

　具体的には、先述のアンゾフのシナジー効果の４分類でいえば、経営マネジメントシナジーなどはその最たるものである。つまり経営ノウハウを共有し移管することにより、単体経営と比べて経営としての成果や効率性が向上するならば、そのノウハウは経営シナジーということができる。

　これらの効果は、企業買収において、買収先の経営に対して買収元が役員クラスの人材を派遣して、買収先の経営レベルを引き上げるなどのケースでよく用いられる。企業買収ファンドによる事業会社の買収や、救済型のM&Aのケースなどによく見られるが、買収側の経営者が経営ノウハウを注入して対象会社を再建して企業価値を短期的に向上させるなどの効果について経営シナジーという言い方で表現できる。これらは経営者の属人的なレベルで反映できるものではないが、確実に進歩を遂げている。

　さらに、潜在的シナジー効果は、単にその時点での経営資源の共有によって得られる効果ではなく、将来の時間軸で捉えることが必要である。こうして、分析時点から中長期的に（５年から10年先のスパン）捉えて、アプローチ方法によって異なる成果を現状と比べて算出していくという視点が必要である。

潜在的なものを顕在化していく仕組みを作る

　このように、潜在シナジーについては、中長期的な時間軸の観点に立った上で、無形資産が経営の成果に影響を与える度合を推し測る必要があるが、それらを的確に把握し、定量的に計算することはきわめて難しい。しかしながら、これらの定量化については、基本的にはいくつかの仮説や前提条件を置いて、「潜在的なものを顕在化していく仕組み」という段階を経た上で定量化するというアプローチが求められる。つまり目に見えない価値を構築することと戦略としての投資単位を設定し、価値を高める価値創造サイクルを構築し、それをもとに定量目標を定めていくという手法である。

●形式化できる部分を明確にして成果を把握

　具体的には、新製品開発において、新製品コンセプトとそれを市場化する時

期を明確にして、開発プロジェクトを組成し、人員やカネを投資して、モニタリングしながら進めていくという、いわばプロジェクトファイナンスの仕組みで定量化していくというアプローチである。つまり、投資対象として明確に成果を生み出す単位を設定して、そこに予算をつけて、形式上ではあるが成果目標を設定し、投資対効果を定量効果と位置づける。

そもそも潜在的な価値とは形式知化しにくいものである。それを目的とアウトプットを明確に定義することにより、少なくとも形式知化するプロセスを明確にすることによって、成果を定量的に把握しようという考え方に基づいている。潜在シナジーの定量化は、一定の限界はありつつも、その必要性に応じて、戦略単位としての仕組みを介することによって定量的なインパクトを計測していくことが可能になる。

また、統合のもたらすダイナミズムにおけるイノベーションという視点から潜在シナジーを見ていく見方も重要である。例えば製造業であれば、技術を融合して新たなテーマの研究を行い、新製品開発をするであるとか、医薬業界であれば、研究開発シナジー（製薬各社の持つ研究開発の基礎データやノウハウを共有することによって研究開発に要する費用と時間を削減できる効果）などはその典型例である。

これらの効果について、より時間軸を意識して考えると、お互いの研究開発費を将来にわたって計上していたが、それぞれ同種のテーマについて投資に重複して見込んでおり、現時点で将来の研究テーマを取捨選択することで、単にそのまま将来発生しうるコストについて制限をすることによって、二重投資を抑制することが可能になるなどのケースである。

【ケーススタディ２】定量化事例
人材やノウハウ面の統合メリットを数値化
――エンジニアリングＫ金属

大手金属メーカーＫ社は、グループ傘下にあるエンジニアリング会社３社の合併を計画していた。その目的は、今後の成長戦略を考える上でグローバルでの需要量に向けて現状の供給能力では対応が難しいという危機感から、生産性の高い体制をグループとして構築することにあった。

しかしながら、親会社の立場として、先行きのグループ全体の危機感はあるものの、統合によって人材の生産性をいかに高めるか、またその効果についてどのように見極めたらよいのかについて明確な方法論を持ちえなかった。肝心の当事者3社それぞれは、従来の取引関係や仕事の仕方に対するこだわりも強く、親会社からの一方的な統合案に対して消極的な姿勢を示していた。

そこでK社としては、統合の理由や効果を説明し納得を得るために、まず前提としてグループ全体のエンジニアの供給体制のポートフォリオを分析することに注力した。実際にはグループ全体としては需要の伸びから、子会社3社に対し現在の過去最高レベルの生産対応能力を向こう10年間維持することを求めていた。その一方で、現実的には、主戦力である技術者は大半が高齢化していて定年退職による流出が加速することが確実視され、中途採用による補充は不確実であり、新卒社員の戦力化には10年必要といった、短期的には生産対応能力の低下が確実な状況であった。

本社サイドは、同様な状況下にある3社に対して、統合することにより感覚的には効率がよくなると考え合併を推奨していたが、技術者の技能やノウハウといった無形資産が売上に直結しているビジネスにおいて、統合効果を数値化し、定量的に検証するノウハウがなかったため、当事者を納得させることが困難なまま時間が経過していった。

3つの統合効果のメカニズムを明確にする

そこで、シナジー効果分析のプロジェクトを組成し、統合により実現しうる効果のメカニズムについて明らかにして、主に以下のような3つのポイントを明確にした。

①工事案件と技術者のマッチング力強化による稼働率の向上

統合することにより工事の現場数と従事するエンジニアの情報を一元的にコントロールし、全体の需要と供給を一元的に管理することにより、従来は需給がミスマッチになり稼働の機会ロスになっていた要素を極力排除し、稼働の効率性を上げるという考えだ。これらは管理する案件量や技術者情報量を上げることにより最適解がより導き出せるはずとの狙いがある。

②業務標準化による３社の最も高い生産性へのシフト

　統合により同じような規模や難易度の工事における業務の取組み方を３社内でベンチマークし、最も効率的な仕事の仕方に合わせることで全体が効率化するという考えである。

③多様な現場への複数配属により技能伝承機会の増大、技能伝承期間の短縮

　統合により供給できる技術者の母数が増えることにより、政策的に工事に配属する技術者の組合せを変えることにより、経験豊富な技術者から比較的経験が少ない技術者へのノウハウの伝承を促進させることができるのではないかという考えである。このような組合せにより単体では難しかった技術交流やノウハウ伝承がより促進されることにより技術者の育成スピードが上がることが期待された。

３社において具体的なメリットを共有できる

　上記の３つのメカニズムを統合効果として明確にした上で、そのような場合の効果を定量的に試算した。実際には①や②については、技術者の生産性に着目していくつかの観点からそれらを表す指標化を試みた上で、３社の現状の数字からそれらを比較して標準化するといったモデルを作成した。また、③の施策の観点では、技術者のランク別に経験を要する期間を設定し、経験する現場数が増えることにより育成期間が短縮されるなどのモデルを作ることにより、定量化が難しい人材やノウハウ面の数値化を試みて、３社が統合することによる定量的なインパクトを明らかにした。

　このような分析を経て、統合のメカニズムやメリット、それに加えて統合効果を定量的に示すことにより、最終的にはグループ本社のみならず、各子会社３社においても具体的なメリットが共有できることにつながった。この結果、共通の目標や達成後のメリットの享受のあり方などより前向きな議論が可能になり、最終的には３社統合の合意ができた。統合後は、このメカニズムを念頭に置いて施策が実施され、試算のガイドラインに基づいた目標を掲げて統合実務が実行されていったのである。

4　PDCAサイクルのモニタリング

実行主体・スケジュール・予算を明確にする

　シナジーマネジメントの要諦は、DAY 1時点での経営目標化とそれ以降のPDCAサイクルのモニタリングである。
　DAY 1時点でシナジー効果を経営目標にしていく上では、統合後をイメージした具体的な議論をしていくことが必要である。そこではシナジーに関して、定性・定量の両面でもっと踏み込んだ分析が可能になる。シナジー効果を実現化する上では洗い出した項目を具体的に落とし込んだ上で、実現に向けて重要なものに関してはシナジー項目の「定義書」を作るまでブレークダウンして行う必要がある。いわばトップダウンに加えて、現場も巻き込んだボトムアップアプローチが求められてくる。

シナジー効果の定義書でPDCAサイクルを回す

　シナジー効果の定義書とは、通常シナジー効果が"絵に描いた餅"で終わらないためには、誰がその実行を担うのか、実行主体を明記し、スケジュールと必要な予算まで明確にしたものである。それによって、シナジー効果の実現に関して責任が明確化され、PDCAを回すことができる。どのぐらいのスピード感で、どのぐらいの年度で、どのぐらいの効果を出していくのか、またそのために必要なコストも押さえることが必要である。
　残念ながら多くの日本の企業では、DAY 1までに会社としてエネルギーをかけて、つまり自社の経営リソースを投下してDAY 1までにやっているケースは、まだまだ少ない。
　したがって、DAY 1の段階で、精緻な数字がシナジーとして目標化できていないため、どうしても目標設定があやふやで、シナジーを実現していくプロセスがモニタリングできないという悪循環に陥る。

定性・定量の両面でシナジー効果を検討していく

　我々の調査で、シナジー効果についてどのくらい検討されているのかという検討レベルを聞いたところ、成功企業と非成功企業の評価の比較において、成功企業で最も回答が多いのは、経営陣と一部スタッフで、「定性・定量の両面でシナジーを検討した」という回答である。ここでいう一部スタッフとは、経営企画部もしくは事業開発部の一部の現場のスタッフを意味する。また、定性・定量の両面でシナジーを検討したというのは、成功企業ほど割合が高い。反面、「ほとんど検討していない」という回答が、成功企業から普通企業、非成功企業へいけばいくほど高くなっている（図表5-7参照）。

　ここからシナジー効果に対する取組みの差が、成功か、非成功かを分ける要

図表5-7｜シナジー効果の検討レベル

□成功企業ほどシナジー効果を「経営陣と一部スタッフにより概算レベルで定性・定量両面で検討する」傾向にあり、非成功企業ほど、「シナジー効果について検討していない」傾向がある。

・M&Aの成功に向けてはシナジー効果の定性・定量両面での検討が必須である。

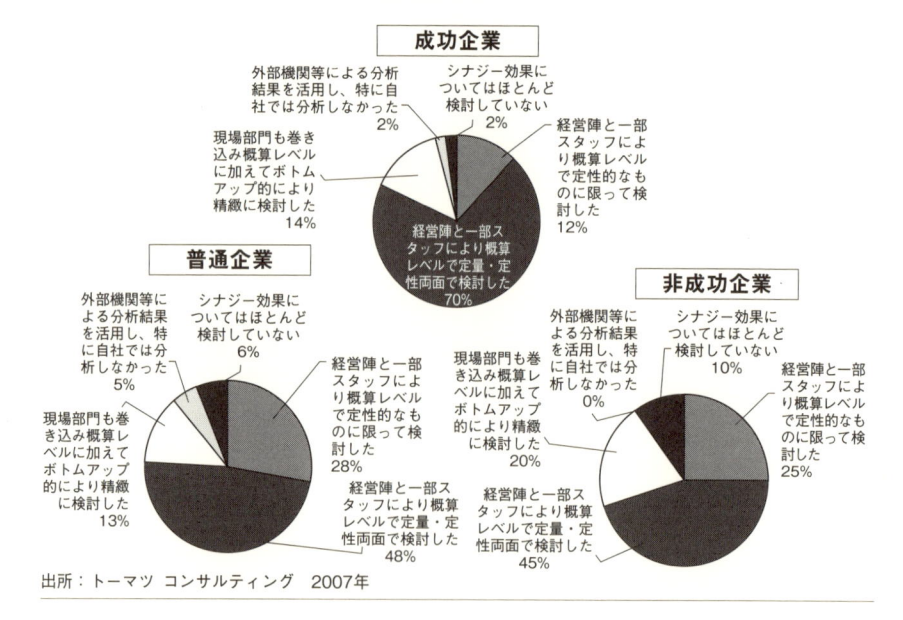

成功企業
- 外部機関等による分析結果を活用し、特に自社では分析しなかった 2%
- シナジー効果についてはほとんど検討していない 2%
- 経営陣と一部スタッフにより概算レベルで定性的なものに限って検討した 12%
- 現場部門も巻き込み概算レベルに加えてボトムアップ的により精緻に検討した 14%
- 経営陣と一部スタッフにより概算レベルで定量・定性両面で検討した 70%

普通企業
- 外部機関等による分析結果を活用し、特に自社では分析しなかった 5%
- シナジー効果についてはほとんど検討していない 6%
- 経営陣と一部スタッフにより概算レベルで定性的なものに限って検討した 28%
- 現場部門も巻き込み概算レベルに加えてボトムアップ的に精緻に検討した 13%
- 経営陣と一部スタッフにより概算レベルで定量・定性両面で検討した 48%

非成功企業
- 外部機関等による分析結果を活用し、特に自社では分析しなかった 0%
- シナジー効果についてはほとんど検討していない 10%
- 経営陣と一部スタッフにより概算レベルで定性的なものに限って検討した 25%
- 現場部門も巻き込み概算レベルに加えてボトムアップ的により精緻に検討した 20%
- 経営陣と一部スタッフにより概算レベルで定量・定性両面で検討した 45%

出所：トーマツ コンサルティング　2007年

素になっていると読みとれる。すなわちM&Aの成功に向けては、各フェーズにおいてシナジー効果を定性・定量の両面でしっかり検討していくことが重要な要素である。

合併においてはボトムアップ的な検討も重要

シナジー効果の検討については、合併のケースにおいてさらにその特徴を見てみる。上記の調査と同様に、最も多い回答が、経営陣と一部スタッフレベルでの定性・定量両面での検討が重要であることだ。それ以外の回答の特徴を分析してみると興味深い傾向が読みとれる（図表5－8参照）。

最も目につくのが合併における成功企業の特徴として、「現場部門を巻き込んで、概算レベルに加えてボトムアップ的により精緻に定量効果を検討した」という回答が成功案件ほど多いことである。具体的には合併案件を経験した成功企業を対象にして、過去の案件のうち成功案件と失敗案件の間で比較をしたところ、現場も含めてボトムアップ的にシナジー効果を検討した場合、すべてが成功案件となっており、かつそこでの成功案件における割合として25％を占

図表5-8 シナジー効果の検討レベル（合併案件の特徴）

□合併における成功企業では、ボトムアップによりシナジー効果を検討した場合、すべてが成功案件となっており、かつ成功案件において25％を占めている。
□合併における成功企業では、シナジー効果をほとんど検討していない場合、すべてが失敗案件となっている。

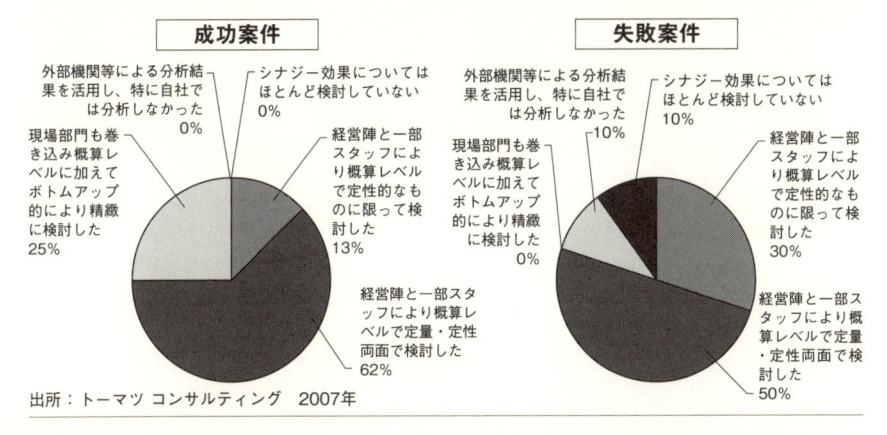

成功案件
- 外部機関等による分析結果を活用し、特に自社では分析しなかった 0％
- シナジー効果についてはほとんど検討していない 0％
- 現場部門も巻き込み概算レベルに加えてボトムアップ的により精緻に検討した 25％
- 経営陣と一部スタッフにより概算レベルで定性的なものに限って検討した 13％
- 経営陣と一部スタッフにより概算レベルで定量・定性両面で検討した 62％

失敗案件
- 外部機関等による分析結果を活用し、特に自社では分析しなかった 10％
- シナジー効果についてはほとんど検討していない 10％
- 現場部門も巻き込み概算レベルに加えてボトムアップ的により精緻に検討した 0％
- 経営陣と一部スタッフにより概算レベルで定性的なものに限って検討した 30％
- 経営陣と一部スタッフにより概算レベルで定量・定性両面で検討した 50％

出所：トーマツ コンサルティング　2007年

めていて、失敗案件との差が明確になっている。また別な観点では、合併における成功企業では、シナジー効果をほとんど検討していない場合、すべてが失敗案件となっている。これらのことから、合併案件においては、トップダウンでの概算レベルの定量化に止まらず、現場レベルも巻き込んでボトムアップ的に検討することも成功に向けては重要な意味を持っているということがわかる。

シナジー効果をマネジメントするにはDAY１時点で目標を明確にしてモニタリングする必要があるが、その時点で精度の高い目標を明確に設定するためには、DAY０からDAY１にかけてどこまでエネルギーをかけて検討作業ができるかが鍵を握る。理想的にはDAY０で概算したシナジーを上回る金額をターゲットにした検討をDAY１までにできることが望ましい。そして同時に、DAY１以降においても、DAY１に立てた目標に基づいてPDCAサイクルを運用し、定期的なモニタリングを実践していくことに意識とエネルギーを向けることが、ポストM&Aの成功に向けては必要不可欠なポイントである。

【ケーススタディ】「シナジーハンドブック」で効果を浸透させる
──製薬会社C社

製薬会社C社は、業界内のM&Aによりできた会社である。DAY０からDAY１に向けた取組みの中で、シナジー効果分析を徹底的に行い全体的に見てシナジーが見込める施策を洗い出した。それにはボトムアップで現場も巻き込んで４ヵ月かけた。それらの結果は、新会社のビジョンや中期計画に盛り込まれ両社ともそれを実現していく方向でスタートした。

当該ケースでは、DAY０から統合委員会のもとで各機能の分科会を組成し、その単位ごとにシナジー効果をボトムアップ的に行ったが、当初DAY０直後にボトムアップでシナジー効果を定量化しDAY１までに目標化することについては賛否が分かれた。「なぜ急いでそこまで行うのか」「シナジー以前にお互いの理解で精一杯でそこまでの余裕はない」などのコメントが寄せられた。推進側はDAY１までに目標化することによりPDCAのサイクルを機能させることができることの重要性を強調し、理解を求めた。結局経営トップのシナジー効果に対する期待の高さが後押しするかたちで、

シナジー効果のボトムアップ的な検討作業がスタートした。

ジナジー効果の実現にはそれなりのコストが伴う

　実際にシナジー効果の分析を行ってみると、担当者は機能別に考えるだけではなく機能横断的（クロスファンクション）に見ていくことの重要性に気がつく。また、類似事業同士の間での両社のシナジーだけでなく、異なる事業間でも新たな効果があるかどうかを検討していくと潜在的に想像以上の可能性があることを発見する。すなわち単体（スタンドアロン）で成長する以上に、互いの経営資源を組み合わせることで生み出せる余地が多いことを自覚する。

　しかしながら同時に、担当者が頭を悩ませたのが、いざシナジー施策を実行に移すことの困難さ、また実現可能性の点で選択肢として残るものの少なさである。実際にシナジー効果の実現施策を検討した経験がある方であれば理解されやすいことであるが、シナジー効果の実現には、実はそれなりの"コスト"が伴うのである。例えば、拠点を統廃合するという施策を考えてみても、店舗の除却や人員の再整理、オペレーションの当初の混乱なども併せて考えると大きなコストがかかる。それを踏まえるとシナジー効果の実現余地は限られてしまう。本来のシナジー効果は、それらの実現にかかるコストを反映させた上で残る効果とするならば、それなりにコスト効果が高いものなのかを吟味する必要がある。

ボトムアップ的に実現化可能性を踏まえて検討

　そのような検討を進めた結果としての最大の産物は、ボトムアップ的に、実現可能性を踏まえて検討したものは、往々にして当初バリュエーションを算定する際に大まかに分析したものとの違いが自覚できる点にある。それ以上にDAY1時点において経営トップが得られるひとつの産物がある。それは、当初交換比率を決める際に、もしくはそれ以前にプレミアムをつける際に、シナジー効果の見極めがいかに楽観的なものだったのかを自覚したことである。多くのケースでは、実際に交渉時トップダウンにより概算で見積もったシナジー効果と、実現性も踏まえてボトムアップ的に見積

もった効果では、それなりのずれがあることが多い。

その意味で重要なことは、DAY 0時点での算出とDAY 1時点のギャップを捉え、早々にそれを埋めるためのさらなる施策やステークホルダーとのコミュニケーションを行っていく必要がある。これこそが、シナジー効果のモニタリングそのものであり、実現性を高めていくための重要なプロセスなのである。

取引先・顧客へのメリットも説明する

さらにDAY 1以降のシナジー効果の実現に目を向けて検討しているうちに、経営者や担当者は、社内での意識づけも併せて重要であることに気がついた。最終的に、シナジー効果を実現するためには、シナジー施策ごとに担当責任者を明記して、予算を立てて管理していく、いわば通常の事業サイクルと同様の運用まで落とし込むことが必要なのだ。

シナジー効果については、携わるメンバー全員がそれを理解して施策を実行していくことが求められる。そこでDAY 1当初からシナジー効果を全体に浸透させるべく、C社は「シナジーハンドブック」を作成し、従業員自身の中でまず今回の統合によるメリットや期待するシナジー効果についての浸透を図った。

とはいっても、ハンドブックを配っただけでは従業員の大半が内容に目を通さず棚に置かれてしまいがちである。そこで、同時にそれらのハンドブックについては対外的に配布するものも作成し、DAY 1前後に卸先や大型チェーン店などの取引先に対する挨拶の際の配布物として位置づけて、統合によるシナジー効果とそれによる取引先・顧客へのメリットの説明を積極的に推奨した。

その結果、とりわけ営業部門のメンバーはハンドブックで対外的に説明する必要に迫られたこともあり、その内容の理解のために統合事務局への問合せや説明会の依頼なども増え、結果的に社内的な情報交換が盛んになり、シナジー効果に関する意識の浸透が図られたのである。

【エピソード】シナジーを醸成する環境作りに力を入れる
——伊藤忠テクノソリューションズ

先に紹介した伊藤忠テクノソリューションズ（以下CTC）では、シナジー効果を社内に浸透する施策として、様々な工夫と努力をしている。

CTCは同業内の合併によって生まれた会社であるため、合併への思い入れの中でシナジー効果を創出したいという意向は双方ともに一定レベルは持っていた。当初、基本合意（DAY0）以降、統合プロジェクトにおいて統合準備委員会を立ち上げ両社長がトップとなり、主要役員レベルが両社とも顔を揃える会議体を組成していたが、プロジェクトが進行するにつれて最終的には隔週ペースで統合課題を議論し決定していった。

シナジー効果の検討は、各分科会を基点としながら現場を巻き込んで精力的かつ集中的に行われた。統合委員会もDAY1が近づくにつれて、両社が一緒になることによるメリットやシナジー効果への注目度が高まっていった。そして、DAY1においては、全分科会からその時点での最善の検討を尽くした目標が全社的に集約され、シナジー効果が定量目標として明示的になった。

シナジー効果については、交渉当時からアナリストをはじめ様々な試算がなされていたが、自社が現場も交えて数字に落とし込むプロセスを経ることを通して、経営トップが実体の伴った数値目標を認識することができた。つまりDAY1時点で現実的なレベルを把握することが可能になったのである。それらの目標は経営者から目標として現場に語られることによってひとつの統合の旗頭として機能していった。

「シナジーを、たのしもう。」という冊子を全員に配布

それらに加えて、DAY1においては、数字に表れない面も含め広い意味でシナジー効果を実現するための環境作りに力が入れられた。具体的には「シナジーを、たのしもう。」というタイトルのバリューアップコンセプトブックという冊子を作成し、全社員に配布して啓蒙を図った。

そこでは経営ビジョンで掲げられている目標、成長に対する考え方とシナジー効果の結びつきを解説しながら、それらを生み出しうる環境の醸成

を試みている。その中では、先端科学の用語である協働現象（Synergetics）という概念を用いて、現象同士のぶつかり合いによりその背景の現象も絡んで動き出すということを引き合いに、両社の統合により背景も含めたエネルギーの良質転換を「バリューアップシナジー」という言葉を通して促していった。

このように両社の潜在的に持っているエネルギーを、統合というきっかけで発揮させることで、単独の成長では実現できない想像を超える成長に期待する、というメッセージを全社員に向けて発信していったのである。そこには、目に見えるものに限らず、交わること、融合させることの意味を示しながら積極的に働きかけることによって、それらを企業風土として醸成させていきたいという思いが込められていた。またそれ以外にも同時に、統合のシンボルキャラクター名を公募したり、目安箱を設置するなど、日々の業務の中で様々な細かい工夫を織り交ぜながら取組みがなされた。

シナジー効果を発現させるためには、DAY1に向けて現場も含めた定量化作業を行うことに加えて、環境作りとして個々の行動を促すような普及活動を、経営トップから現場まで広く巻き込み継続的に行うことが重要である。それによってシナジー効果は少しずつ社内に浸透し、いずれ企業風土として根づいていくのである。

第Ⅲ部

ポストM&Aと組織・ガバナンス

第**6**章

組織・ガバナンスを
あるべき姿に変革する

1　役員体制のあり方

実力主義とスピード感が決め手となる

　ポストM&Aにおける組織・ガバナンスの主要な論点は2つある。ひとつは、統合後のガバナンス（統治）能力を高めるための役員体制をどのように考えるか、2つ目は、組織構造（枠組み）の統合レベルをどのように考えるかという点である。組織構造については、新会社内の組織図においてどの程度まで統合する必要があるのか、またその枠組みに基づいて人の配属をどうするのかという人員配置の問題も併せて考える必要がある。

バランスを考慮すると役員体制は失敗する

　ガバナンスの論点は、株主をはじめステークホルダーの立場に立って、利益を最大化させるための意思決定メカニズムをどのように機能させるかという点である。具体的には利益に対するコミットメントと健全な意思決定機構、役員体制、意思決定メカニズム（報酬、指名、監査の機能）、権限責任ルールを決めることが主たる要素だ。ポストM&Aにおけるガバナンス設計において最も難しいのは、役員体制とその権限責任ルールをどのように機能させるのかというテーマである。

　異なる企業同士が共同で会社運営を行うに当たって、机上においてあるべき機能を議論するぶんには大きな差異はないものの、いざ役員体制の詳細や各ポストや会議体にどのような権限を実質的に持たせるかというテーマになると、両者の裏側で様々な思惑もある関係で、ひと筋縄にいかない。統合後の新会社の役員体制は、人事的処遇と密接に絡み、双方の水面下での主導権争いになる最たるテーマでありデリケートな問題である。

　新組織の役員体制は、新規路線を強めるか、旧組織の既存路線の延長か、で大きくパターンが分かれる。理想的には、新会社には新たな考え方に基づき組

織を再構築すべきであるが、実際には両社の人数バランスを考慮し、旧組織が並存した状態で立ち上がるケースが多い。しかし、新会社をあるべき方向に向けていくには、経営トップの強い意思のもとで実力主義に基づいて決定していくことが必要である。

成功企業ほど出身を問わず能力に応じて選定

　ここで、取締役会をはじめとする役員の選任方法についての実態調査の結果を見てみたい。我々の調査では、合併と買収のそれぞれの場合において、どのような方法で役員を選定したのかというテーマに関して、成功企業、普通企業、非成功企業の分類ごとに、過去に実施した成功案件における役員体制の選出方法の実態を調べた。調査結果からは、合併、買収のいずれの場合においても、出身母体にとらわれずに実力本位で役員を選出していくことが成功の要因になることが明らかになった。

　まず合併のケースであるが、統合新会社の役員体制の選出方法という質問に対して「出身問わず個々の能力に応じて選定した」「バランスを考慮して両社から半数ずつ選出した」「両社の力関係で選出した」「一方から全員選出した」という選択肢の中で、過去成功だったと思える案件において実際に行った方法の回答を得た。その結果、成功企業において最も回答が多いのが「出身問わず個々の能力に応じて選出した」という方法で全体の34％を占め（次ページの図表6－1参照）、非成功企業（12％）や普通企業（22％）を上回った。非成功企業に比べると約3倍の開きがあり、成否に影響を及ぼす方法であると推察される。またそれ以外の方法を見ると、「役員全員自社より選出した」という回答も成功企業ほど多いという傾向が見られる。

　続いて買収のケースでは、対象先にどの程度買収元の役員を派遣したかなどを問いかけた。具体的には、「出身問わず個々の能力に応じて選定した」「自社から1～2名程度役員を派遣した」「役員の過半数を派遣した」「すべて自社から役員を派遣した」「役員体制を変更しなかった（そのまま留任）」という選択肢である。結果は、すべての企業において、「自社から1～2名程度役員を派遣した」という回答が最も多くなっており、買収時の一般的なパターンになっ

図表6-1 | 統合新会社の役員選出方法（合併のケース）

☐成功企業ほど「出身問わず個々の能力に応じ選出」の割合が高い。

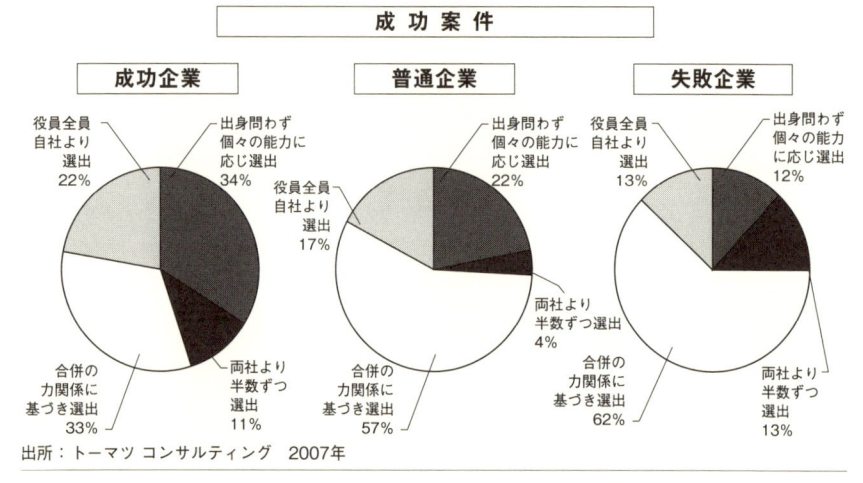

成　功　案　件

成功企業
- 役員全員自社より選出 22%
- 出身問わず個々の能力に応じ選出 34%
- 合併の力関係に基づき選出 33%
- 両社より半数ずつ選出 11%

普通企業
- 出身問わず個々の能力に応じ選出 22%
- 役員全員自社より選出 17%
- 両社より半数ずつ選出 4%
- 合併の力関係に基づき選出 57%

失敗企業
- 役員全員自社より選出 13%
- 出身問わず個々の能力に応じ選出 12%
- 合併の力関係に基づき選出 62%
- 両社より半数ずつ選出 13%

出所：トーマツ コンサルティング　2007年

ている。また、合併の場合と同様、成功企業ほど他の企業群に比べて「出身問わず個々の能力に応じ選出」という回答が多くなっている（図表6－2参照）。

DAY1までに役員と権限ルールを決めておく

　実力主義で役員体制を決めていくとともに、ポイントはもうひとつある。それは、意思決定のスピード感である。具体的には、統合の基本合意条件において、つまりDAY0時点において「通常は代表権と会長・社長の位置づけ、取締役の数と構成比」くらいは決めておく。最終的な合意を形成する上で会社の骨格になるべき要件であり、統合に向けた体制において意思決定の根幹になる部分だからである。

　M&A時の基本的な経営体制の決め方については、まず根幹となる部分、あるべき姿に基づき機能的な枠を決め、その上で代表取締役や会長・社長の人選、主要役員など背骨に当たる部分を決定する。基本合意（DAY0）から最終合意、遅くともDAY1までに短期間でスピーディーに決定したい。たとえ話で「6時間で会長・社長を、6週間で主要役員を、6ヵ月以内に主要ポストを決定す

図表6-2 統合新会社の役員選出方法（買収のケース）

□成功企業ほど「出身問わず個々の能力に応じ選出」の割合が高い。

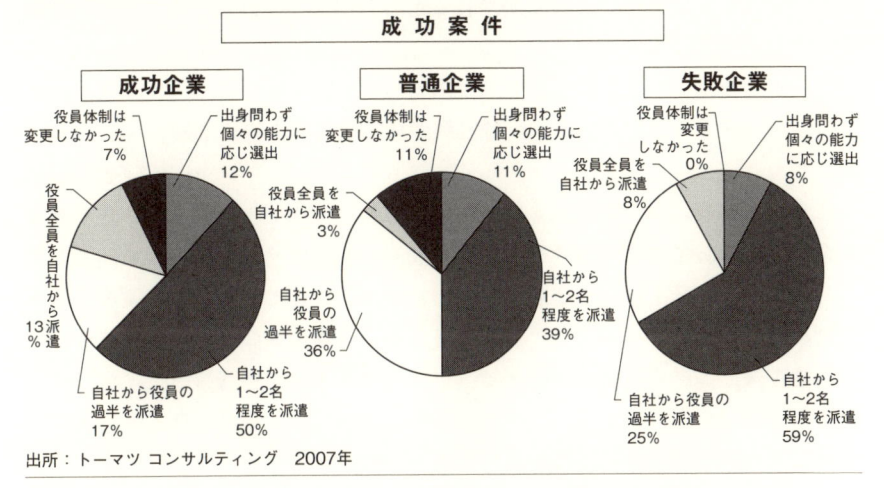

成功案件

成功企業
- 役員体制は変更しなかった 7%
- 出身問わず個々の能力に応じ選出 12%
- 役員全員を自社から派遣 13%
- 自社から役員の過半を派遣 17%
- 自社から1〜2名程度を派遣 50%

普通企業
- 役員体制は変更しなかった 11%
- 出身問わず個々の能力に応じ選出 11%
- 役員全員を自社から派遣 3%
- 自社から役員の過半を派遣 36%
- 自社から1〜2名程度を派遣 39%

失敗企業
- 役員体制は変更しなかった 0%
- 出身問わず個々の能力に応じ選出 8%
- 役員全員を自社から派遣 8%
- 自社から役員の過半を派遣 25%
- 自社から1〜2名程度を派遣 59%

出所：トーマツ コンサルティング　2007年

べき」という言い方もある。とりわけ役員の人員配置の意思決定は経営トップ層しかできないため、トップ同士の意思決定スピードが重要である。

スピード感がポストM&Aの作業に直接影響

　このようにスピードを強調するのは、組織の責任体制がポストM&Aの統合作業に直接影響を及ぼすからである。経営トップや幹部人事を決定し責任の所在を明らかにすることによって、新会社を主語にした統合作業の求心力が高まる。役員体制以外にも組織にまつわる事項は、責任を明確にする意味でできるだけ早い段階で方針決定することが望ましい。

　具体的なもののひとつとして役割権限のルールについては、DAY 0 で主要なものを決定し、DAY 1 にいたるまでに細部を決定すべき事項である。例えば典型的な論点は、執行役員も含めた役員の人選と役割分担・権限の切り分け、役員評価基準などである。それらについてはDAY 0 の段階で明確に仕切れないが、DAY 1 に向けて一定の期間をかけて検討していくテーマである。

　その意味でDAY 0 からDAY 1 の間というのは、組織・ガバナンスを構築す

る上で非常に重要な期間である。その期間に、新会社の組織内での役割や責任のあり方を明確にした上で、公平なルールのもとで相手方も含めた個人のパフォーマンスを一定検証することができるため、旧来の組織にとらわれずに最終的には公平な人員配置が可能になる。

【ケーススタディ】"あるべき機能論"から役員数を大幅に削減
——情報通信J社

　サービス業J社と情報通信Y社は、異業種同士の経営統合を行った。統合の形態として共同持株会社設立を構想し、経営体制の構築に取り組んだ。

　通常持株会社を設立する際には、経営体制、すなわち両社から選出する役員構成をどうするかは一大テーマである。日本企業同士の統合の場合は、通常交渉の段階で役員を決定する上で、双方なるべく現状の職位を維持することを望むケースが多い。当該ケースにおいては、両社の経営陣の数について、両社の取締役全員を構成する組織案が示された。つまり十数人という強大な数の取締役が並ぶ案である。両社交渉の段階ではそれぞれの身分を維持するということが重んじられ、また対等の精神を原則とした結果、現状の取締役全員を持株会社の役員に据えるという案であり、典型的に見られるケースである。

　しかしながら、その後の統合委員会の議論の中で、実際の立場や役割、また役員報酬の考え方などに検討が及ぶ中で、当初合意した案では内外に対してなかなか合理的に説明できないという課題が持ち上がり、「あるべき機能論」から再度職位を定義した上で個別に調整するという検討プロセスをとることにした。

　その結果、取締役の数は大幅に縮小し、経営監督と執行という機能分担の中、取締役と執行役員の位置づけも併せて議論され、多くのメンバーは執行役員という立場に就任した。すると今度は子会社になる現状の執行役員との役割の違いが議論になり、玉突き状態でそれぞれの役割を見直す議論に発展した。

　最終的には、DAY1に向けて、一旦DAY0時点で定義したものを改定し組織における職位の役割を再定義したのだが、組織構造が固まりきっ

いないことや、実際にそのポストに座る人材の人選によっても組織が機能するかどうかが変わってくる点では難しい面があった。しかしながら、当該ケースのように仮にDAY 0で決定したものと異なっていても、その後の検討の中で改めるべきことはDAY 1までに修正することも含めて検討することは意味がある。DAY 1は経営陣の組織体制においてはベストな状態で望むことが求められるからである。

● **社内的にオープンにし公平に運用する**

DAY 0からDAY 1までに役員体制をはじめ組織の定義が終わり、人員配置の基本方針や評価の考え方、組織移行するタイミング・スケジュールを決めておくことが重要である。そしてそれらを社内的にオープンにして、公平に運用していくことである。

実際には、特に組織規模が大きい会社同士の統合など拙速に動けないという事情も現実には存在し、望ましくはないがDAY 1時点では決めきれない場合もありうる。しかしながら、このようなケースにおいてもスピード感が重要であるとの原則は変えるべきではない。そこにおける現実的な知恵としては、DAY 1時点で、将来近い時期に組織を見直すタイミングを設定し、それを広くアナウンスするという方法がある。DAY 1において、次のターゲットを明確に宣言することによって、組織全体を短期間であるべき姿への変革の過程へと動かしていくことが可能になるからである。

2　組織図の統合パターン

"あるべき姿"から積極的に組織構造を変更する

積極的に踏み込んで双方の組織構造を変革する

　M&Aに限らず、本来会社において組織図を決め人員配置をしていくのはデリケートで大変な作業であり、単体でも難しいテーマである。しかしながら、だからこそあるべき姿を明確にしながら進めることが肝要である。まずは組織図（箱の関係図）をしっかりと決めて、部門（箱）の中におけるポストとその役割と責任権限を定義し、最終的に適任の人材を適用する人員配置を行うというプロセスを経ることが求められる。

　組織統合のポイントは、統合両社において、既存の組織により踏み込んで、あるべき姿に向けて組織構造を積極的に変更することである。我々の調査からも、成功企業ほど、統合後の組織構造の変革についてあらゆる面で積極的であることがわかる。組織変革の範囲についても、組織図の組替えや人材の配置に止まらず、会議体ルールや責任権限の見直しまでより踏み込んで行うことが求められる。組織統合は、合併や買収の双方のケースによって検討すべき要素は多少異なるものの、共通しているのは、双方の組織に積極的に踏み込んで組織構造を変革していくことが統合の成果を上げていく上で有効だという点である。

あらゆる観点から見直すことが成功の条件

　組織統合レベルにおいて、成功企業ほど、単に組織図のみならず、あらゆる観点（人員配置や会議体、権限規定等）でより踏み込んで統合を行っている。我々の調査では、買収及び合併の両ケースにおいて成功案件と非成功案件を比較して、組織・ガバナンスの統合にどこまで取り組んだかという質問に対する回答を得た。そこにおいては、「組織構造（組織図）の変更」「人員配置の変更」「会

図表6-3 | ポストM&Aにおける組織統合のレベル

☐ 組織ガバナンスの統合に際しては、「組織構造（組織図）の変更」や「人員配置の変更」を行った企業が多い。
☐ 成功案件ほど、「組織構造の変更」「権限規程の変更」や「会議体などの運用ルールの変更」を行っている。

・M&Aの成功に向けて、組織ガバナンスを統合するための積極的な施策を実施することが有効である

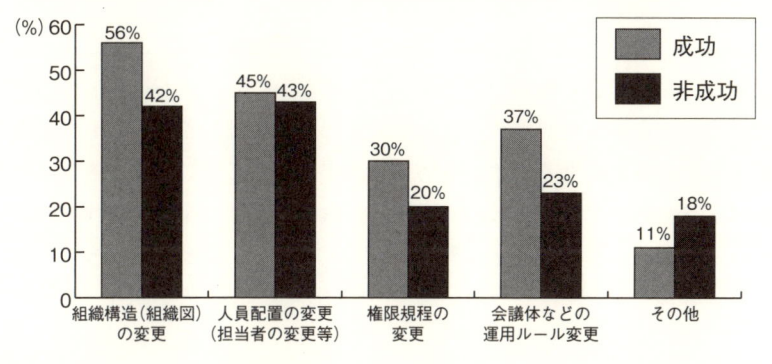

施策	成功	非成功
組織構造（組織図）の変更	56%	42%
人員配置の変更（担当者の変更等）	45%	43%
権限規程の変更	30%	20%
会議体などの運用ルール変更	37%	23%
その他	11%	18%

出所：トーマツ コンサルティング　2007年

議などの運用ルール変更」「権限規程の変更」といった組織統合で実行される施策を選択肢として用意した。

　その結果、一番多かった回答は、「組織構造（組織図）の変更」であった。この組織構造の変更については、成功案件と非成功案件の比較においても、他の選択肢に比べて両者の差が最も大きく開いており、組織構造に踏み込んで統合するかどうかは、統合の成功に影響を与える要因になることが推察される。続いて回答が多かったのが、人員配置の変更、会議体などの運用ルール変更、権限規程の変更の順に並んでいて、いずれの選択肢も成功案件が非成功案件に比して割合が高くなっていることから、すべての施策において成功に向けては有効であると考えられる（図表6-3参照）。

　これらを総合して見ると、成功している案件ほど、組織・ガバナンスの統合にあらゆる観点から手を入れていることが、見てとれる。この結果は、合併においては組織統合は必然であり、あらゆる領域で手を入れるのは当然の結果に思えるが、買収のケースを併せても同様な結果が出ていることは興味深い。すなわち、買収の場合であっても、対象会社の組織には手を触れずに単に人だけ

送ればいい、といった安易な方法では成果が限られていて、多面的に深く関与していくことが成功の要素になることを示している。

買収のケースでも組織の再編成が成功に寄与

　新たな組織においては、新会社の戦略との整合性を保つことが重要なのは言うまでもないが、組織の枠組みを定義するに当たっては、買収の場合と合併の場合では当然ながらアプローチが異なる。合併の場合は、新会社として新しい組織構造にする必要があるため全体的に見直すことが必要になる。一方で買収の場合は、株主としての親会社の立場から最低限の範囲（例えば役員体制のみ）を揃える以上にどこまで踏み込んで組織統合するかは、ケースによって個別に判断することになる。

●組織を見直さない場合に失敗例が多い
　組織構造の変更が成功に影響を与えるという点については先述のとおりであるが、実際に買収と合併のそれぞれの場合においてどのような施策が実施されているのか（役員レベルの派遣か従業員かなど）、またそれらが成功と非成功案件について差が見られるのかどうかについてさらに調査を行った。
　それによると、買収においては、成功案件・失敗案件ともに「経営レベル（役員体制）のみ」の組織変更が多数を占めていることが、合併のケースと比べた場合の形態上の特徴である。注目すべきは、成功案件のほうが、「一部の事業・機能の重複している個所の統合（営業部門や間接部門など）」や「組織の大半の再編成」の割合が、それぞれ12％に対して19％、9％に対して19％と非成功案件に比べて多くなっていることだ。また、何も組織再編を行わなかったケースが非成功案件に25％と多く、成功案件の倍に近い割合である。すなわち買収における成功の要件として、一部重複した組織の再編や組織全体の再編成などを積極的に行っていくことが有効ということになる（図表6-4参照）。
　一方で合併においては、買収と異なり役員レベルだけの統合という割合が相対的に低くなり、より部門レベルまで含めた組織統合が求められる。そこにおいては、「重複事業・機能の重複している個所の一部統合」であるとか、「組織

図表6-4 | 組織構造の変更領域～買収案件・合併案件比較～

□買収においては、成功案件・失敗案件ともに「経営レベルのみ」の組織変更が多数を占めている。買収・合併ともに、組織構造の変更を行わないケースでの失敗率が高い。
▶組織構造の変更が成功に寄与する一要因であることが推察される。

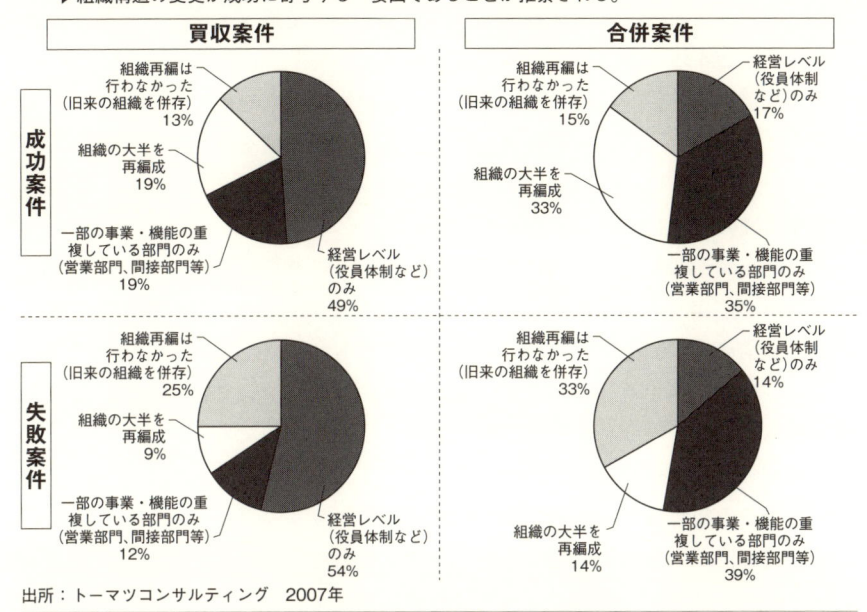

買収案件

成功案件：
- 組織再編は行わなかった（旧来の組織を併存） 13%
- 組織の大半を再編成 19%
- 一部の事業・機能の重複している部門のみ（営業部門、間接部門等） 19%
- 経営レベル（役員体制など）のみ 49%

失敗案件：
- 組織再編は行わなかった（旧来の組織を併存） 25%
- 組織の大半を再編成 9%
- 一部の事業・機能の重複している部門のみ（営業部門、間接部門等） 12%
- 経営レベル（役員体制など）のみ 54%

合併案件

成功案件：
- 組織再編は行わなかった（旧来の組織を併存） 15%
- 組織の大半を再編成 33%
- 一部の事業・機能の重複している部門のみ（営業部門、間接部門等） 35%
- 経営レベル（役員体制などのみ） 17%

失敗案件：
- 組織再編は行わなかった（旧来の組織を併存） 33%
- 組織の大半を再編成 14%
- 一部の事業・機能の重複している部門のみ（営業部門、間接部門等） 39%
- 経営レベル（役員体制などのみ） 14%

出所：トーマツコンサルティング　2007年

の大半の再編成」の割合が高まり、全体の7割方を構成する。成功案件と非成功案件の比較でみると、最も顕著に差が見られる要素としては、「組織の大半の再編成」と「組織再編を行わなかった」という選択肢が逆転している事実にある。成功案件ほど、非成功案件に比べて、組織の大半の再編成の割合が高まる一方で、非成功案件は「組織再編を行わなかった（旧来の組織を存続）」という回答の割合が高くなっている。こうした点から、より大胆に組織を見直すか見直さないかが成否を分ける要因になっていることが読みとれる。

重複部門の統廃合や営業体制の強化が戦略的課題

　組織の大半を再編成すること、抜本的に見直すことが有効であるとして、それらをどのように進めていくかは工夫が必要である。

新組織のあり方については、原則的にはあるべき姿の機能論からアプローチすることを徹底することが求められる。具体的には、戦略に基づいて、どのような組織が戦略実行上で有効かという、いわば「組織は戦略に従う」という観点と、最適人員構成を踏まえ機能的に立案しその上で適材適所的な人材を決める手順を徹底することがポイントである。
　組織統合により新組織を構築する際に、戦略上の重点を置くべきポイントは大きくは3点ある。これらを踏まえた上で組織の再編成を考える必要がある。

①重複組織の合理化
　代表的な例が間接業務部門である。合併はもとより買収のケースにおいても、両社の間で重複する組織部門が存在する。最近はシェアードサービスセンターの形態で業務や組織を一元化しているグループも多いが、買収後も同様に集約化することを検討する必要がある。間接業務の統合については、組織のコスト効率を高めシナジー効果を上げていく上でも必要な課題である。

②顧客接点の組織強化（営業体制の見直し等）
　代表的な例が営業体制や営業員の人員構成の変更などが挙げられる。売上シナジー効果を上げていく上で、例えばクロスセリングを行ったり、営業所の統廃合や重複顧客の担当からの配置転換を図ったりと、統合によって営業人員の異動が盛んになるのは必然的に起こる事象である。それらを含めて、新会社の営業組織としてどのような体制をとるべきなのかは戦略的なテーマである。重点顧客やエリアに対して営業人員を増強し資源投下できる状態であり、また商品やサービスのノウハウを蓄積する単位としての括りはいかなる組織が望ましいのかなど、組織図を構成する上で検討が必要なポイントである。

③重点事業に対する人員配置、機能強化
　統合後の新会社の事業ポートフォリオの中で、統合を機に伸ばしていきたい既存事業や新規事業について、適切に人員が配置されているかというテーマである。これらは事業やセグメントという単位での経営資源の配分に直結するため、将来的な影響が大きい課題である。

DAY1で一気に新組織へ移行するのが理想

　統合後の組織を検討する上では、これらの戦略と密接に関連した３つの組織課題について方向性を出した上で、既存の組織を拡充したり、人員構成割合を高めたりという様々な工夫をして新組織図を決定していく。そして新組織図を描いた上で、最終的には旧組織との対応を踏まえて移行のあり方を考えることになる。重複する部門や統廃合する部分をどうするか、どのようなタイミングで移行を行うかが、次なる重い課題である。

　移行タイミングについては、理想的には新会社設立期のDAY1に一気にあるべき新組織を立ち上げていくのが望ましいが、実際は準備時間の制約もありそのようにいかないケースも多い。しかし、仮に立上げ当初は旧組織が並存していたとしても、近い将来に新組織に切り替えていくメッセージを明確に示すことを忘れてはならない。

　組織全体の枠組みや責任権限が明確になった上で、個別的な人員配置を論じることになるが、その前に留意すべきことは、そこにおける人数構成である。新組織図に基づいて人員構成を検討する上で、まず適正人員規模をどのように考えるかという合理的なアプローチが重要である。

　そこにおいては、「管理スパン／コスト」という観点に留意する必要がある。この「管理スパン／コスト」という指標は、自分が管理するべき下の人間の数、もしくは管理下の人件費と自分の人件費で割り込んでコストを定量化し評価することを指し示している。組織図の対象となる業務領域について、そこにおける業務量や人員構成や生産性などの基礎データをもとにして分析を行い、適切な管理単位の水準を設定する。それに基づいて人員数を決定していくのが理論的には正しいやり方である。

　実際には均衡がとれた状態を作りきるのは難しいが、まずはそれぞれの組織を定量的に表すことで、実際の箱に人を当てはめてみたときの横並びのバランスを図ることが可能になる。その上で必要なポストの設定を行う。

人員配置の決定プロセスや基準が公平であること

　ポストが決定した後の人材配置に関しては、誰を部門責任者に据えるのかで従業員のモチベーションが変わり、旧組織のどちら側の出身かによって従業員の受け止め方に影響を与える。それがゆえに、人員配置においては、周囲にいかに納得性を高められるかという、選考のプロセスや基準に対する配慮が重要である。
　必要なポストの組織の位置づけと求められる人材スペックが明らかであり、それに適う人選がなされるという手順を踏む、いわばその決定プロセスの公平さ、人員配置における「原理・原則の有無」が重要である。属人的で不公平感が残る配置については、組織上有用な人材においてもモチベーション低下を招き、組織全体を士気やモラルの低下に導くことになりかねない。その点から、主要なポストへの公平な人員配置を決定するという経営層の方針を、姿勢として内外ともに示すことの意味は大きい。
　また、人員配置における経営トップの決定スピードも重要な要素である。これらは実際に人の評価に密接に絡む課題であるため、イニシアティブをとる立場の人間がどのような行動をとるかによって受け手の印象も変わり、会社組織の雰囲気が決定づけられる。したがって、経営陣は一層のリーダーシップと責任意識を持って行動していくことが求められる。

　合併の場合に新会社の新組織を構築する上で、特に中間管理層である管理職をどのように配置するのかは、影響の大きなテーマである。そこで実態調査に基づいて、実際の現場ではどのような方法がとられているか、またそこでの成功要因を見てみたい。過去に比較的上手くいった案件をもとに成功企業、普通企業、非成功企業で比較を行った。

管理職の配置は実力本位で行うことが重要

　まず成功企業において最も多くの回答を集めたものは、「出身組織にかかわ

図表6-5 | 合併における管理職の配置

☐成功企業ほど「出身組織にかかわらず実力本位」の割合が高い。

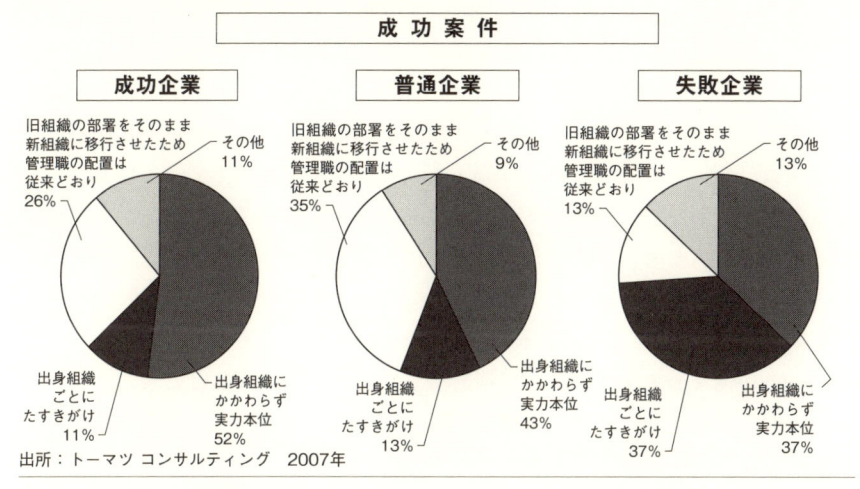

成 功 案 件

成功企業
- 旧組織の部署をそのまま新組織に移行させたため管理職の配置は従来どおり 26%
- その他 11%
- 出身組織ごとにたすきがけ 11%
- 出身組織にかかわらず実力本位 52%

普通企業
- 旧組織の部署をそのまま新組織に移行させたため管理職の配置は従来どおり 35%
- その他 9%
- 出身組織ごとにたすきがけ 13%
- 出身組織にかかわらず実力本位 43%

失敗企業
- 旧組織の部署をそのまま新組織に移行させたため管理職の配置は従来どおり 13%
- その他 13%
- 出身組織ごとにたすきがけ 37%
- 出身組織にかかわらず実力本位 37%

出所：トーマツ コンサルティング　2007年

らず実力本位」で配置をしたというものである。成功企業の回答の52％と半数以上を占めている。これらは、普通企業（43％）、非成功企業（37％）を比較すると、成功企業ほど割合が高まっており、管理職を出身母体にかかわらずに実力本位に評価することの重要性を示している（図表6－5参照）。

一方で、先に述べた「たすきがけ人事」についてであるが、成功企業に多かった実力本位とは裏腹に、非成功企業ほどその割合が高くなっている事実は注目に値する興味深いデータである。成功企業は11％、普通企業13％なのに対し非成功企業は37％と大きく差が開いており、結果的にたすきがけという手法は、最終的な成功に向けては有効な方策とはいえない。

「たすきがけ人事」の長期化は変化の機会を奪う

「たすきがけ人事」は統合の局面でよく耳にする言葉である。とりわけ組織のポストが重複して、双方の担当者の人材がバッティングするような場合に、両社のバランスをとるべく、片側の会社から部長を出すなら副部長をもうひとつの会社から出すといったかたちで配置するようなケースの総称である。

ポストM&Aの新会社の当初の組織図を作る上では、このようなバランス配置はやむをえない面がある。特に日本企業の場合、対等の精神という言葉にあるように、双方の過去からの経緯や面子を尊重して、また表立ったポスト争いを避ける意味で、このような「足して2で割る」的な問題解決の仕方がとられるケースが多い。

　しかしながら、たすきがけ人事を一定以上継続するのは避けるべある。その理由は、将来にわたって過去からの利害関係（しがらみ）を引き継ぐからである。本来は新会社の戦略に基づき適材適所に配置すべき人員を、過去の経緯が固定化することで、将来への成長を妨げる要因になりかねない。たすきがけ人事が長期化することはますます変化の機会を失うことになる。

　組織統合のケースにおいては、新会社の組織における主導権と責任を明確にすることが何より大切である。指揮命令系統をはっきりするとともに、責任の所在を明らかにすることだ。主導権が明確な状態というのは、新会社にとって相応しい意思決定権者とその責任所在が明らかな状況を意味する。

　古今東西を問わず現実には、組織人事におけるポストの決定には必ず主導権争いということが起こってくる。特に合併の場合は、これらが定まらず責任の所在が不明確なかたち（たすきがけ人事は典型例）になりがちである。その点で吸収合併の場合は、主従関係のもとでこの主導権は明確だが、過去から現在にいたる力関係の立場のみが一方的に優先される嫌いがあるので注意が必要である。

ロードマップを示し段階的に変えていく

　このように新会社のあるべき姿に向けて、本来は将来志向で一気に変えていくことが望ましいが、日本企業の場合は体質上難しい面が多い。その点で、日本企業流の解決策のポイントは時間軸にある。まずは全体像のビジョンを示し、一定期間の猶予を設けながら実行に移すという方法である。つまり一気に変えないものの、手順を追って徐々に変えていくアプローチである。ただし、その際に重要なことは、組織変革のスタート時点（DAY1）で変えていくべき姿と方向性を宣言し、ロードマップを明らかにすることである。そのような宣言

なくして、きっかけも方向も持たないままになし崩し的にスタートすることは最悪であり、是が非でも避けなければならない。

　こうした組織統合の局面においては、最終的な責任の所在である経営者の役割も当然ながら大きい。内部で組織上の対立が起こった際に最終的にまとめて率いていくことができるのは究極的には経営トップをおいてほかにはない。ポストM&Aの組織統合には大きなエネルギーを要するが、新会社の経営陣が責任を持って裁断できるかどうか、そのリーダーシップのあり方が一層求められる領域である。

【ケーススタディ】部課長クラスを相互に完全に交換
―― JFEホールディングス

　JFEグループは、旧来の日本企業の方法に示唆を与える大胆かつユニークな試みを行った。まず、グループ全体の統合の基本理念において、旧来の組織にとらわれず新しいグループに目を向ける必要性を説き、目指すべき全体の方向性や大切な価値観をわかりやすく社員に徹底している。

　JFEは、基本理念に「新会社の利益・発展のみを願いこれを第一義にする」と明記し、同時に組織や人員配置においてはかなり大胆な手を打った。まず組織の名称において旧組織の名前を一切入れずに、持株会社、及び参加の子会社においても新しい名前にすべてをシャッフルした。いわばグループ全体としてすべて新しい方向に再編を行った。また、当時の製鉄所の管理職クラスの社員について、部課長クラスは出身母体と別の製鉄所に相互に異動させる人員配置を意図的に行うことにより、旧来の出身組織にとらわれないコミュニケーションを促していったのだ。

背景には経営トップの強固なポリシー

　実際にはこれらの人事政策はきわめて大胆であり、一般的にはここまで徹底した組織配置の例は少ない。しかしながら、これらを可能にしたのは、経営トップの強固なポリシーと、そこにたどり着く過程で業務・資本提携を経験しながらメリットをお互いにシェアして享受するという成功体験があったことが大きい。そうした試みを通しての信頼関係がベースにあり、

大胆な施策を実行できる土壌を醸成してきた。
　理念においても、また組織や役職という組織構造上も徹底した将来志向に立って変革を進めており、それらが従業員全体に対して新しい会社に目を向けていく求心力を高める結果を生み出し、成果を上げていることは間違いない。

3 組織変革シナリオ
現実と新組織図のギャップを埋めていく

"対等の精神"というメリットとデメリット

　日本企業同士のM&Aにおいてよく登場する言葉に「対等の精神」というものがある。この対等という言葉が使われていなかったら、過去にいくつも案件が成り立つことはなかったであろう。プライド、面子を重んじるきわめて日本的で情緒的・文化的な側面の表れといえる。

　通常、資本の論理や数の論理でいえば、外観上の客観的な大小は明確である。例えば時価総額、それらを参考にして算定される統合比率の割合の相対的な大小や、同業の場合であれば業界内のシェア、売上規模や従業員数などの観点から、どちらが大小だということは定量的に判断できる。

　しかし、それらの大小が、そのまま"優劣"に結びつくかというと、実は話はそう簡単ではない。両社にはそれぞれの社歴と企業風土、長年お付き合いしてきた取引先などステークホルダーが存在し、それらに対してそれぞれが存在意義をしっかりと有しているので、外観上、また財務上の比較ということは一部にすぎない。そこで、優劣つけがたい双方が、お互いを尊重しながら話し合ってものごとを決めていければ合意を形成できるという見通しに基づいて、さかんに用いられる言葉が対等の精神という言葉である。

　統合の現場では、経営トップをはじめ統合の利害をまとめる上での対等の精神が功を奏すこともある一方で、厄介な影響を及ぼすことがよく起こる。お互いに判断の基準が一本化できずに方針が決まらない、意思決定の時間がかかりスピードアップにつながらない、双方の些細な面子を優先するあまり無用の議論が多くなり、いつしか両社の人間関係自体が険悪になる、逆に遠慮しすぎて将来に向けたあるべき姿の議論ができない、などのデメリットである。

新会社を主語にして考えると意味が変化する

では、それらの場合にどのように対等の精神を生かしていけばよいのであろうか。第1に「主語を変える」ことから始める。対等という言葉はそれぞれの過去から現状にいたる延長での立場をより意識して語られることが多いが、将来的に一本化していく会社を主語に考えると意味が変わってくる。

過去に起こった様々な統合のケースを見ていると、特に成功した統合企業に共通して見られるのは、長期的にはどちらの出身母体かというものは関係なくなっている、もしくは意識させないような工夫をしていることである。つまり対等の精神云々というのは、あくまで統合するまでのプロセスや統合直後に関心が持たれることであり、統合後の長期的な将来においては、時間が経つにつれてあまり関係なくなる、または極力意識しなくしていったほうが上手くいくのである。

対等の精神というのは、交渉のテーブルや統合のプロセス当初の関心事であり、入口では留意するものの、比較的早い段階からあえて意識せずとも両社が一本化できる環境にシフトしていくことを試みることが先決である。

最初のルール作りこそ対等に行うべき作業

それと2つ目に重要な点は、「ものごとを決めていくルールや原理原則」を先に作ることである。新会社が主語という視点がない限りは過去から現状を引きずった単なる面子のぶつかり合いになり、残念ながらそこに発展性はない。本来統合を決定した案件については、もはや立ち戻ることはできない状況であり、この時代に激変する業界の中で生き残ることが共通の目的となった以上、その目的のためにいち早く主語を新会社に据えてあるべき姿を語り、それを決定していくルールを一本化していくことこそ必要である。

実際の統合プロジェクトにおいては、「客観的な数字に基づいて判断する」とか「新会社のメリットになるか否かで判断する」などのルールを明文化して進めていくのがひとつの方法である。これはお互いに共通言語を持つことを示

している。それらの姿勢を明らかにし、かつ共有した上で議論し尽くしていくことができれば、対等の精神というものが、そこで初めて意味を持つのである。対等という精神論はお互い当初に合意しうるのであるが、併せて「意思決定ルール」における原則論こそ早めに合意を得ることが大切である。

"配慮"と"割切り"で力関係を整理していく

　統合における対等性については、先に見てきたように精神論から原則論へいかに転換していくかが鍵である。一方で、現実的には、原則論のみで割り切れないものがあるのも事実である。売上規模が大きい、利益率が高い、シェアでポジションが上位、統合比率で有利、存続会社である、親会社が強いなど、立場によって捉え方は様々であるが、力関係というものをおのずと意識するのは人間の性であろう。ましてや力関係がその後の将来に影響を与えるとするならば気にするなというほうが難しい。つまりは、対等の精神を本当の意味で原則論に転換して生かしていくには、実は前提条件として、こうした"客観的事実"をいかに捉えるかによるところが大きいのである。

　過去のM&Aを経験した企業で対等の精神を掲げているところで話を聞くと、実は隠された"裏のキーワード"が2つある。それは"配慮"と"割切り"である。ひとえに「強い側の配慮、弱い側の割切り」という表現がまさに適切なのかもしれない。

●お互いが譲らないと統合は先に進まない

　M&Aの交渉プロセスやポストM&Aの統合作業の方針決定においても同様に、意思決定には思惑や要求が必ず双方に存在し、それらがお互い譲らず強すぎると先に進まない最大のネックになることはよくある。

　最終的なものごとの決定において、双方ともに面子をかけて主張し合うかたちをとれば、対等という大義を掲げて引くに引けない状態になり、主張しようとし続ける限り結論が出ずに逡巡することになる。当事者は、その立場によって過去から背負っているものがあるために、納得できる理由がないものを容易に妥協することは難しく、時にこれらが障害となって統合が進まず停滞するか、

最悪の場合は破談になることもありうる。統合に成功した例について、その過程で衝突がなかったケースなど皆無といってよい。一方で統合が上手くいかない場合の多くは、利害対立や衝突に対する対応能力の欠如に起因することが多い。つまりポストM&Aにおいては、衝突や対立を前提とした上で、いかなる意思決定を行い実行していけるかという、経営能力がその成否を分けていく。

●力関係の強弱はあくまで一時的な状況

本来M&Aは勝ち負けではない。未来の価値向上という目的の同じ船に乗ったパートナーである。M&Aによる資本移動によりコントロール権の変更を生み出すが、株主の力だけで企業変革はできない。そこにおいて株主、企業側の双方にとって協力関係を持つことの意味合いがある。

つまり「過去から現在」と「現在から将来」はお互いの見え方が異なるのである。先に述べた「主語を変える」ことや「ルールを先に決定する」ことは、まさに「現在から将来」に視点を移して解決することを意味しているが、その前提として過去から現在にいたるまでの段階において、この力関係が大きく左右するのである。力関係の強弱は、過去のしがらみを引き継いだ現在にいたるまでの一時的な状況を指していうものである。

【エピソード】6：4ぐらいで自社の主張が通ればよい

――化学会社M社

化学会社M社は過去にいくつものM&Aを繰り返しているが、長年担当者として携わってきたT氏が語る教訓は興味深い。「統合の場合、メンタリティーや企業風土の影響は軽視できない課題になる。そこで最終的な意思決定の折り合いのつけ方については、仮に最後までもめた場合に、規模や企業価値などといった何らかの指標となるものにおいて結局は数の大きいほうで割り切るしかない」としながらも、一方で「大切なのは強いほうがどこまで弱いほうを配慮して進めていけるかどうかにかかっている」としている。

また、別の製造業N社のF氏は「M&Aの交渉ごとやその後の決めごとについては6：4くらいで自社の主張が通ればよい程度に考えるのが上手く

いくポイントである。それ以上に推し進めるとかえって禍根を残して後々に尾を引いて上手くいかないことも多い」と語る。

● **相互の信頼関係に基づいて現在を評価する**

このように、過去から現在にいたるまでの段階における力関係の整理においては、最終的には数や客観的な事実で優位なほうが優先されるという、いわばある種の「数の割切り」はある程度の範囲において必要である。一方では、数の上で強い側が、どれだけ劣位な側を配慮できるか、すなわち意思決定のプロセスにおいて参画させると同時に、それらが硬直化されないような仕組みを作るなどの配慮が実は重要である。そうした相互の信頼関係に基づいて現在を評価していく姿勢があれば、その後の現在から将来にかけた展開も開けてくるものである。すなわち、交渉の力関係において、本来の成功を念頭に置くと強い側は配慮を、弱い側は数の割切りをすることが必要な知恵である。

このような裏側での工夫を通して、最終的には新会社の目線に立って、そのための決定権は一本化することが望ましい。繰り返しになるが、重要なのは過去から現在にいたること以上に、現在から将来にわたって価値を作り出すことである。ただそのためには、両者のどちらか一方という選択の問題ではなく、軸をそろえた上で指揮命令系統を一本化することこそが大切なのである。

各レベルの意思決定における原則を決める

統合現場では、経営レベルだけではなく、単純に企業の力関係だけで片づけられない各レベルに応じた重層的な意思決定の局面と方法がある。ポストM&Aにおいては、これらの各レベルの意思決定の集大成であり、それらを新会社全体としてどのようにマネジメントするかが重要である。

①**企業レベルの関係で決定する**

統合両社間での意思決定を伴う場合である。ポストM&Aにおいては、新会社の名前、経営体制（新会社の社長や役員の数をどのようにするかなど）の決め方、経営理念やビジョンに掲げる事業ドメインや数値目標、経営戦略などが、企業

レベルで決定すべき代表的な事項である。

　このような課題に対して、理想的なのは、将来の統合後の姿を主語に据えて、その上でどちらが成長性があるか、競争上の優位性に近づく方法はどちらなのかという観点をモノサシとして置き、将来を見据えた視点で決定する方法である。現実的には、事業規模や企業価値、交換比率の優位なほうが最終的な主導権を持って決定していく。

　ただし、そこで留意すべきことは、それらはあくまで現時点での力関係であり、将来の発展や持続的な成長に整合したものでは必ずしもないということである。最終的な"数の割切り"は前に進めるための必要手段のひとつにはなりうるが、それ以上に大切なことは、それが将来のビジョンと整合性を十分に議論をし尽くした上での決定だということである。それがない中での妥協案としての割切りは、将来に向けて原動力を失速させかねない。

②個別事業や機能レベルの競争力で決定する

　個別事業や機能のレベルで決めごとをしていくこととしては、事業のポートフォリオや個別の事業戦略、機能戦略に関係するテーマである。ここにおいては、統合新会社の競争力の源泉がどこにあるのかという視点がますます重要になる。それを抜きにして規模の大小や力関係に依拠して決定するのは危険である。まずはマーケットとの競争力を加味する点からベンチマークを設定して、両社が有している事業力でどちらが優れているかを客観的に判断する力が求められる。

　水平統合のケースであれば、それぞれ重複している機能ごとで戦力比較をして、製品・サービスや提供エリア、製造エリアや物流ネットワークなど、それぞれにおいて相対的に"強み"を有しているほうを基本にして、さらに強くなっていくための統合方針を考えていくことが求められる。垂直統合に近い形態の場合は、重複機能が少ないぶん相互に衝突するところが少ないが、その際にはビジネスモデル全体として統合優位性がどこにあるのかという点で方針決定を行っていくことになる。

③将来のビジョンや計画との整合性、貢献可能性で決める

　この局面では、双方の方針レベルで強弱がつけられず決定しきれないテーマも存在する。そのような場合の決定方法としては、双方から統合新会社のビジョンや計画に対してどちらが整合しているか、インパクトを与えうるかという将来に向けての比較軸を作ることが有効である。

　例えば、製品ラインナップを検討する際に、A社、B社がともに同程度の収益性がある同機能の商品を持っているとする。このような場合、新会社として今後打ち出したいコンセプトや取り込みたいターゲット顧客層にどちらがよりフィットしているかという、将来に向けた戦略との整合性を考えて決めていくアプローチが有効である。いずれにせよ、現状の戦力比較に止まらず、将来的な戦略との整合性を軸において議論を深めることが大切である。

④個々人レベルで優れたほうで決定する

　より現場に使いところでの仕事のやり方においては、個々人のノウハウやアイデアが重要な要素を握る。例えば営業面では、得意先に対するアプローチや提案方法など優秀な営業員はどちらの会社を問わず必ず存在する。それらの現場の知恵を引き出すことなくして統合効果は引き出せない。統合現場では、企業レベルで対立していても、個人レベルでは相互のよさを引き出せるケースと、同業同士の水平統合のようにライバルだった企業同士の統合で、現場に感情的なしこりが残るケースと両方存在する。

　いずれのケースも共通しているのは、企業のレベルと個人のレベルでは融合の難易度やスピード感が異なるということだ。経験上は、企業同士の関係はいかなるものであっても、個人同士で交わってみると案外溶け込みやすい面のほうが大きい。平たく言うならば、企業同士が対立していても、個々人で見るならば、相手会社にも優秀で一緒に融合できる人材は必ず一定以上存在するものだということであり、それらの人材を上手く生かすことなくして企業レベルの統合も進まない。

キーパーソンを統合のリンクピンにする

　変革においては、統合のどちらに所属しているかにかかわらず、新会社にとって重要な人物となる人をいかに動かしていくのかが大きなポイントである。

> **【ケーススタディ】背を向けた専務が一転推進役に**
> ——建設会社X社
>
> 　建設会社X社とY社の合併のケースでは、統合プロセスの役員人事については相応のエネルギーを費やした。
>
> 　以前からライバル企業同士であるX社とY社の合併は、関連業界に大きなインパクトを与えた。通常競合企業同士は営業現場の最前線でしのぎを削って競い合っている。それがある日を境に合併し同じ会社になるということへの衝撃は、想像を超えるものがある。まさに「昨日の敵は今日の友」である。
>
> 　こうした経営統合は経営トップと一部の役員や株主の意思で決まっていくケースがほとんどであり、現場の意向がその決定に反映されることはほとんどないのが現実である。したがってX、Y両社の営業部門のメンバーも、新聞発表によって両社の統合事実を知ることになった。
>
> **お互いの情報を出すこともなく腹の探り合い**
> 　そこからがまさにポストM&Aの世界であるが、報道で統合事実を知った営業部隊がにわかに忙しくなる。お互いの担当役員クラスへの問合せや反応が寄せられると同時に、それに対する反発も徐々に高まっていった。もともと両社は、上場企業の傘下で大企業的な要素の強いX社と、オーナー系で野武士的なカルチャーを持つY社という、きわめて対照的な風土を持つ企業同士であった。特に業界内において民間工事で同じセグメントの顧客を攻めたり、公共工事などでは入札で競合することも多く、現場同士ではお互い顔見知りのメンバーもいる。急に一緒になるといっても容易に打ち解けられる状況ではないのは明らかであった。

基本合意後、実際に統合委員会が設立されて、営業の分科会が組成されたときの雰囲気は険悪だった。どちらも積極的に口を開こうとせず、情報を出すことも嫌い、腹を探り合っているという状態がしばらく続いていた。統合を推進する経営側としても、現場の今までの経緯は理解しつつも、限られたDAY1までの日程の中で、果たして統合が上手くできるのかと頭を悩ませていた。そして、状況は日が経つにつれてしだいに悪化していった。

自分たちの営業スタイルが否定されかねない

　「Y社の営業のトップであるA専務が、部下の営業部隊数十人を引き連れて離脱することを画策している」との噂が経営トップの耳に入ったのはその半月後であった。一方の会社の営業部隊が離脱することは、新会社にとって大きな痛手であることと同時に、合意の破談の要因になりうる。新会社の社長に就任する予定のX社のT社長は、Y社の社長であるS社長とも相談しながら、最終的には新会社の社長としてこのA専務と直接２人で早々に会談することの覚悟を固めた。

　T社長とA専務は従前あまり会話をする機会もなく、ましてや差しで込み入った話をする場はこれが初めてであった。向かいに位置するA専務の表情は固く、全体的な印象は頑なであった。T社長は面談において、A専務の思いのたけをまず聞き出すことに注力した。

学び合うこともお互いを救うことだ

　A専務の主張はこうだ。「自分たちが長年築き上げてきた営業力はこのエリアの業界では随一の水準にあり、X社のレベルよりは優れていると認識し、営業部隊全員がそれに誇りを持っている。それが今回の統合によって、資本のバックがあるX社の社長が新会社のトップになることで主導権が完全にX社に移ることを強く警戒し、その中では自分たちのスタイルや力が否定されるのではないか。そうであればそこに与することは到底できない。ほかの競合他社で自分たちを歓迎して受け入れてくれそうな会社から話があるので前向きに考えてもよいと思っている」

　T社長は半ば激高して語るA専務の表情を見ながら話をじっと聞いてい

た。そして深く頷きながらおもむろに目を見ながら語りかけるように言った。「それくらい自信があるのであれは、是非X社のメンバーにそのノウハウや力を教えてほしい。私自身もそれが優れたものであれば興味があるし学びたいと思っている。新会社においても貴方が中心となって営業を引っ張っていってほしい。ただしそこでひとつ伝えておきたいのが、我々両トップは、今後この業界で長く生き延びていくには、業界トップ、NO１になるしかないと考えそのために今回の選択をしたということだ。過去はそれなりにお互いやれてきたが、この先は井の中の蛙では生き残れないということである。つまりお互いのどちらが優れているかという競争は二の次であって、重要なのは、例えば３年後にNO１になるためにどの方法を選択するのがお互いにとって一番近道かということだ。互いにとって助けになる方法を学び合うことがお互いを救うことにもなる。是非ともそうした目線で考え、引っ張っていってほしい」

「昨日の敵は"明日"の友」になりうる

　A専務は、その言葉に対し返す言葉が見当たらなかった。淡々として筋の通った合理的な話し方と自分自身への期待の大きさや重みに、矛先の向けどころを失ったのと同時に妙な納得感を覚えていた。過去から今にいたる自分たちのやり方や競争力には自信を持っているのは間違いないが、将来にわたって今のままで本当に生き残れると、部下に示せる明確な答えを持っているわけではないことは、自分自身も実は気づいていたのである。それであれば横道を選択するよりも、より先を見て前へ進むことが必要なのだと理解した。

　「昨日の敵は今日の友」という気持ちには正直簡単にはなれないけれども、それはそれでよい。けれども「明日の友」にはなれるかもしれない、いやきっとなっていかなくてはいけないのだろう。A専務の中でそう腹落ちしたところから、営業部門同士の交流が急速に動き始めるのに時間はかからなかった。

第IV部
ポストM&Aと人事・風土

第7章

統合インフラを整備する人事政策

1　新たな人事評価と報酬制度のあり方

統合のスケジュールやインパクトを明確にする

人事統合がもたらす大きなインパクト

　ポストM&Aの統合領域の中で、人事制度をどうするかというのは、最も神経をつかう重要課題のひとつである。
　そのような難易度が高い課題だからこそ、人事制度については、制度統合の方針や新制度への移行方法については、できるだけ早期に、遅くともDAY1までに決定しておく必要がある。なぜなら、これらの制度統合の影響は、従業員全体の処遇やモチベーションや人材流出リスク、新会社の財務的負担などにも大きな影響を与えるものであり、それらの内容によっては、統合の是非やその後の統合スケジュールにも影響をもたらす可能性があるからだ。
　様々な統合事例が増えてきた最近の傾向として、過去にM&Aを数多く経験し統合局面への意識の高い企業ほど、これらの人事制度統合の方針策定を前倒しにし、DAY0の基本合意より以前に行うケースが多い。それは、人事制度統合の方針こそが、人材マネジメント上のリスクや統合の成否やスケジュールに影響を与えうるテーマであることを理解しているからである。つまり、人事関連制度がM&Aの交渉プロセスに影響を、与えうる諸条件、具体的には人事関連の方針がもたらす財務インパクト（人事制度、年金制度の統合コスト、処遇等の調整コスト）やリスク、スケジュール上の制約などを、あらかじめシミュレーションしておくことは必要不可欠なポイントである。
　人事関連の統合においては、単なる人事制度自体の統合以外にも様々な論点が存在する。DAY1時点で短期的に明らかにテーマとなるのが、就労条件などの労務的な諸規則の統一である。就労時間や時間外手当などの諸手当の扱いなど、微細な差であっても全従業員が対象になると、相応の移行調整コストが発生することになり、それなりのインパクトをもたらすテーマになる。これら

は日々の働き方のルールに密接に結びついている話題であり、制度統合の議論とは別に、新会社になった場合にどのようなルールで日々運用するのかを、先んじて決定すべき問題である。

また、退職給付制度の移行や統合の議論についても、十分な検討を要するテーマである。企業年金制度の移行方法によっては、統合のスケジュールや統合コストに影響を与える大きなテーマであるために、併せて専門的な議論をあらかじめしておくことが必要である。

人事制度は中長期的な制度統合のスタンスで

　人事制度は新会社の骨格を決める重要なインフラである。戦略や組織の方向性と整合をとる必要があることに加えて、企業風土を形成していくことにもつながるからである。人事制度の議論はよく両社の現存制度の比較の文脈で語られがちであるが、本来は将来志向で整合性を検証すべきものである。新会社としてのビジョンや戦略をもとにして、そこにおいて今後必要とされる人物像やキャリアパス、評価制度、そして新会社としての収益力、業界平均との兼ね合いでの魅力的な賃金水準、コスト競争力などを総合的に踏まえた上での報酬制度、といったかたちで新会社のあり方に整合性を持たせて設計していくべき基盤である。

　統合を成功させる人事制度統合のあり方は、新会社としての、経営の骨格、基本的考え方が明確な状況において、それとの整合性を意識して構築することが望ましい。しかし現実的には、時間的制約、コストやエネルギーの点から、当面DAY1時点での運用可能な人事制度統合のあり方の議論が優先されて、短期的な現行制度をそのまま存続させるケースも多く見られる。現実的な制約を意識しすぎるあまり、短期的な対処療法的な対応と、本来の中長期的な制度統合のあり方の議論を混同してしまうことは必ず避けていく必要がある。あくまで中期的には、ポストM&Aを成功させる上で、新会社にとって最も相応しい人事制度を構築するというスタンスを明確に打ち出すべきである。

　人事制度は、一度運用を開始すると組織構造や他の諸制度と同様に、変更するのは相当に大きなエネルギーが必要である。それゆえに、新会社にとってあ

るべき理想的な人事制度については、新制度の姿と、現行制度からの切替え、新制度導入のシナリオについて十分な検討をすべきである。

統合のフレームワークとなる考え方を整理する

　人事制度統合を考える上で、資格制度、評価制度、報酬制度のそれぞれについてどのような考え方で構築していくかを明らかにする必要がある。

　まず資格制度については新会社のビジョンや戦略に基づいて、新会社にとって必要とされる人物像や競争力をつけるために評価したい人物の要件を明確にし、組織との対応もある程度意識しながら定義をしていく。これらは、端的にどのような人材を組織として評価し、報いるかという考え方を表現することに直結する。実際に統合の局面では、役割グレードや職能制度など、各社によって採り入れている制度の歴史や考え方などが異なる両社が遭遇することがありうるが、どのような資格制度にするにせよ、戦略や組織との整合性や、従業員個々人の納得感を高められるような制度設計を試みることが必要である。

　それらの資格の枠組みを念頭に置き、評価項目やどのような基準を用いるかといった評価制度の仕組みを構築する。統合後の新会社においては、ともすると処遇に際して旧組織のどちらの出身かという点に関心が行きがちである。しかしながら、最も大切なことは、個々人が出身組織に関係なく公平に評価される制度にすることである。そのためには、新人事制度の枠組みや基本的考え方については、従業員にとって十分にその必然性を理解されるものでなければならない。また、その制度が旧来の組織に関係なく、等しく運用されることが担保されなければならない。

　つまり、まずは制度の内容以前に、評価の客観性と運用の公平性については十分に理解を得ることが重要なポイントである。特に従業員の納得性を高めるためには、会社内の制度説明の機会や試行運用を通じて制度の影響をシミュレーションするなどの、コミュニケーション機会を増やすような工夫を盛り込むことも必要である。

報酬制度の設計が抱える2つのジレンマ

　報酬制度に関しては、新人事制度を構築する上での最大の論点になりうるところである。基本的な概念は、評価制度上の考え方と連動させて決定するものだが、とりわけランクや資格ごとの給与水準をどう設定するか、また業績賞与等の変動部分も含めたインセンティブ報酬の形態をどうするか、そして最終的には報酬全体の金額水準をどの程度にしていくのか、といったところが制度設計上の大きなポイントになってくる。

　報酬制度設計においては、通常は2つのジレンマを抱えながら議論が展開される。それは、ひとつは、統合新会社のコスト競争力を維持するための経済的な合理性という観点、そしてもうひとつは、報酬制度が適用される従業員の満足度、また業界水準での市場価値から見た納得性という観点だ。

　これらは時にトレードオフの関係であり、一方で密接に連動しているところがあるので、十分な議論とシミュレーションを通して定量的な検証を要する。仮に、同業同士ではあるが報酬水準が大きく異なるM社とA社があり、M社の給与がA社に比べて総じて高い場合に、仮にA社が高い給与のM社に水準を引き上げて合わせた場合、A社の従業員については満足度が向上するが、統合に当たって多大な負担が降りかかる。もしそれらの負担の度合が、統合におけるシナジー効果を相殺するほどであるとか、将来継続的に収益を圧迫する水準のものであれば、容易にそのような選択はできない。一方で、M社の水準をA社の水準に引き下げると、M社の従業員の満足度を失い、モチベーションや人材流出リスクが顕在化する可能性が高まる。このようなバランスの中で、業界の水準などもベンチマークしながら、適切な水準を設計していく必要がある。また、それらを仮に当てはめたときに、大きな影響を与える従業員を特定し、それらに対する個別の対処策を事前に検討しておくことも重要である。

　報酬制度設計において、両社間での給与水準の格差については、全社レベルで業界水準を見据えながらより妥当な水準調整を行いつつも、最も重要なことは、個々人のレベルで見た際に、所属母体に一切関係なく、成果を上げた個人が相応に組織から評価され、多く報酬を得ることができるという希望を与えら

れる制度にすることである。年功的な要素がより強くなり、給与が上がりにくくなる印象を極力避けて、旧来の組織以上に実力がある従業員がより活躍できるという組織と、それを後押しする報酬制度を構築することが、従業員に対しても大きなメッセージをもたらすものである。例えば、報酬体系の中で、変動的要因を増やし各種インセンティブ制度を導入することによって、現時点のポジション以上に将来の努力に対して報酬成果として評価されるという、いわば将来志向を浸透させる方法などが考えられる。これらは統合後に従業員へのインセンティブを効かせて、モチベーションを継続的に向上させるひとつの方向性であろう。

人事制度統合のパターンのメリットとデメリット

　人事制度の統合のパターンは、大括りに整理するといくつかの方法が存在する。代表的なものは「現行制度を統合せず両方を併用させる」「どちらか一方に合わせる（片寄せ）」「どちらか一方をベースにしつつも、もう一方の制度の要素も反映し折衷型の制度を作る」「まったく新しい制度をゼロベースで構築する」といったパターンが想定される。これらのいずれの方針で統合を進めるのかをあらかじめ想定しつつ、移行のタイミングやスケジュール、財務的なインパクトなどを明確にする必要がある。そのそれぞれのパターンにおいて統合時と統合後のメリット、デメリットを整理する。

●ゼロベース型は公平感があるが時間がかかる
「まったく新しい制度をゼロベースで構築する」とした場合は、新しい人物像やそれに基づいた人事処遇ということで、公平感がある制度となり、統合人事のトラブルが比較的回避できることが最大のメリットである。ただ一方で、制度構築に時間とコストがかかるリソースなどエネルギーを要することが課題である。本来、統合前から新人事制度構築の準備をして新会社設立と同時に制度を切り替えるのが理想的であるが、新組織が決まるタイミングが遅れたため、実際は1年後なりその後にずれ込む場合も多い。

　また、別な観点での懸念材料として、新制度の内容に依存するところだが、

制度の変更内容が人によっては不利に影響することが予見できる場合には、制度導入以前に人材流出につながってしまうリスクもある。

●片寄せ型は混乱が少ないが将来性がない

「どちらか一方に合わせる（片寄せ）」ケースは、現実的に最も多く採用される方法である。新制度導入に比べて新制度構築や導入時の作業負荷が比較的少なく、現行制度からの切替えも一方のみに限定され、移行上の混乱を防ぐことができる。また、一方で新会社としての制度が一本化できるのが利点である。

この方法がよく選択される背景には、合併・買収する会社同士の状況が大きく影響している。例えば同業界での水平統合であれば、基本的に同業他社として類似した機能と業務のやり方をとっていて、そこにおける人事制度もさして大きな違いもなく、給与制度も業界の平均水準を念頭に置いているため、解消できないほどのギャップがない場合、どちらか一方（例えば、従事する人員数の大きなほうや制度が新しいほう）などに片寄せしていくという選択は、それなりの合理性がある。

また、上場しているグループ会社が小規模な未公開会社を買収する場合など、グループ会社として必要最低限の基本的要件は親会社に合わせていく場合なども、片寄せする場合の典型例である。

しかし反面で、片寄せ方式の課題としては、一方の制度が既に構築してかなり時間が経って制度疲労している場合や、何か問題を有していた場合にその課題を引き継いでしまうことが挙げられる。また、もう一方の長所を生かしきれないといった問題点もある。さらにもっと重要な課題は、新会社の戦略や人事マネジメントに関する将来の要請に対して、どこまで応えきれていて整合性を持って運用できるかという点である。

そうした意味においては、仮に既存制度に統合するとした際にも、将来を見越しその制度の寿命を見極め、新制度の移行のタイミングや時点を見極めた上で選択していく必要がある。また、本来は制度論として分けて議論すべきことであるが、人事制度を一本化することに伴い、往々にしてどちらに合わせるかという議論が主導権争いになりかねないといったリスク要因も挙げられる。

●折衷型はマイナーチェンジが可能で適用範囲は広い

「どちらか一方をベースにしつつも、もう一方の制度の要素も反映し折衷型の制度を作る」という形式については、前記の片寄せに含まれる形態であるが、現行制度をベースに片寄せといった際にも、実務的には各所で微修正をかけるなどのマイナーチェンジはその範囲に含まれる場合が多く、全体を新しく作り変える場合に比べて、部分的変更が反映される点を含めて考えると、この方式の適用範囲は広いといえる。

例えば、最近は人事制度のフレームとして、役割グレードをベースにコンピテンシーモデルを構築して人事評価制度を運用しているケースなどが多くなっている。その考え方においては、役割の定義や幅について当事者同士が調整して変更し、評価項目に相手方の会社の項目や指標を追加し取捨選択するなど、制度上の枠組みや体系を現状のものと大きく変えなくても、構成要素の設計に柔軟性を持たせて変更することで対応できる場合なども多い。

また、報酬制度についても、同じ年次の幅を見たときに最高額と平均レベルの格差がある一定範囲に収まるような場合には、どちらかの制度の基準をベースにして、最終的にはその基準の範囲に収まるように目標を設定しながら、数年かけて移行していくなどのパターンが含まれる。このような場合も含め、より現実的な範囲で変更を加える中で制度統合を図っていくには、それなりに都合のよい選択肢である。

●併用型はリスクもコストもないが統合面で障害

「現行制度を統合せずに両方を併用させる」という方法を選択した場合については、統合時に時間がない中で作業の負荷や摩擦が最も少なく統合スケジュールに影響が少ない点で利点がある。つまりリスクもコストもかからないことがメリットである。一方で、同一の会社で異なる基準を持つ制度を残すことになるため、新会社としてのあらゆる統合を妨げる要素になりうることが最大の難点である。

具体的には、新会社としての戦略を遂行していく上で、個々人に対する組織上のミッションやその成果に対する評価を連動させて運用していきたいときや、戦略遂行の主力になる人材を早期に育成して引き上げていくなどが必要になっ

た場合に、現存の制度でそれに対するドライブがかからないと戦略遂行と人事評価が有機的に結びつかず、結果的にモチベーション醸成や人材育成を遅らせてしまう事態も発生しうる。

また、人事制度は新会社のカルチャーを作っていく上で影響を与える制度であり、企業カルチャーを醸成していくことを考えると、中長期的に現行制度を並行運用していくことは一定の限界がある。

買収の成功案件の約半分が人事制度を統合

ポストM&Aの人事制度において、合併、買収の各場合にどのような対応をしているのかという調査の結果を見てみる。過去のM&Aの経験の中で比較的上手くいったと考えられる案件を対象に、買収、合併の形態ごとにどのような人事制度の統合方針を採用したかについて回答を集計した。制度統合の割合については、合併は76%、買収は54%となっている（図表7-1参照）。

図表7-1 従業員人事制度の統合

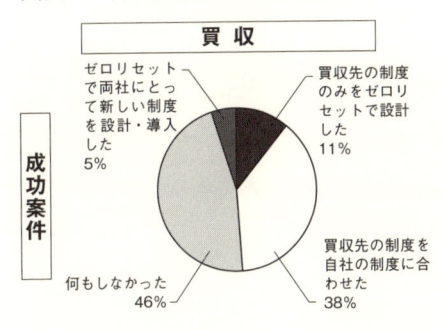

成功案件

買収
- ゼロリセットで両社にとって新しい制度を設計・導入した 5%
- 買収先の制度のみをゼロリセットで設計した 11%
- 買収先の制度を自社の制度に合わせた 38%
- 何もしなかった 46%

合併
- 制度統合しなかった 24%
- ゼロリセットで両社にとって新しい制度を設計・導入した 16%
- 自社の制度に統合した 60%

失敗案件

- □買収では、成功事例・失敗事例共に、「制度統合しなかった」ケースが多い。買収では、すべての項目において成功事例と失敗事例が拮抗している。
- □合併では、成功事例において「ゼロリセットによる制度設計・導入」が16%であったのに対して、失敗事例では0%であった。合併ではゼロリセットによる制度設計・導入を行うか否かが案件の成否に少なからぬ影響を与えるものと推察される。

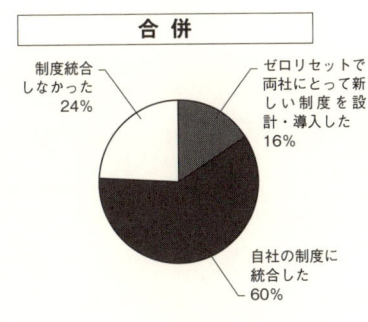

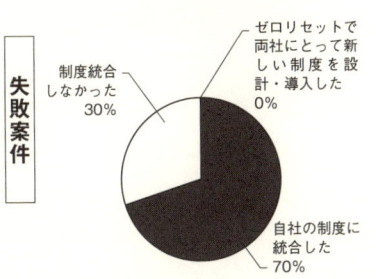

合併（失敗案件）
- 制度統合しなかった 30%
- ゼロリセットで両社にとって新しい制度を設計・導入した 0%
- 自社の制度に統合した 70%

出所：トーマツ コンサルティング　2007年

第7章　統合インフラを整備する人事政策

ここで注目すべきは、買収のケースにおいても成功案件については5割近くが何らかの人事制度統合を行っているという実態である。一般的には、合併の場合は会社がひとつになるため制度統合の必要性は理解されやすいが、買収の場合は人事制度統合までは必要ないと考えられがちである。しかしながら、実際に買収後の子会社の運用を考えると、人材を役員や従業員レベルで送り込み、親会社として子会社も含めて求心力を持ってグループ経営をコントロールしていく上では、ミッションやそれに対する人材のパフォーマンス評価や人材登用の目線を合わせていくことの必要性を痛感する。統合の効果を上げていくことを考えると、戦略の共有と同時にそれを実行する人材レベルを共通に引き上げていくことが不可欠だからである。そうした意味でも、成功案件ほど制度統合の割合が高まっているのは合理的な理由がある。

　さて、具体的な人事制度の統合方法については、合併、買収ともに最も多い回答は、「相手先を自社の人事制度に合わせる」という方法であり、成功案件では、合併の場合は60％、買収の場合でも全体の38％を占めている。現実的には、統合の局面では時間的な制約がある中で、制度統合は既存制度をベースに片寄せする方向が、合併、買収双方の形態ともに一般に多く選択されている。

　一方でさらに注目すべきは、合併における統合方法として、16％がゼロベースから新しい人事制度を構築しているという事実である。買収のケースは、合併の場合のほうが相対的ゼロベースで両社の新人事制度構築する必要性が高いものの、「両社ともに新制度構築」と「買収先の制度のみを新制度構築」という方法を合わせると、16％と合併の場合と同程度でゼロベースでの新制度構築が挙げられている。全体の中で採用されるウエイトは限られているものの、成功案件の有効な方法として、合併のみならず買収のケースにおいても採用されている方法であることがわかる。

合併ではゼロベース型にも一定の有効性がある

　ここでさらに別の観点から設問を設定し、成功事例と失敗事例の比較の観点から統合方法について検証してみる。ここでは成功企業において制度統合の必要性が高い合併をサンプルにとり、過去の成功案件以外にも失敗案件を抽出し、

そこでの制度の統合方法の内容比較を行った。その結果を合わせて見てみると興味深い特徴が読みとれる。

それは、成功案件においては、先に見たようにゼロベースからの新人事制度構築が一定割合存在するのに対して、失敗案件については「ゼロベースで両社にとって新しい人事制度を構築する」という選択が0％とまったく採用されてこなかったという事実である（図表7－1参照）。M&Aの目標達成度が高い成功企業において、成功案件と失敗案件の比較において、「ゼロベースで両社の新人事制度を構築する」という選択は、採用実態がはっきりと分かれることが読みとれる。つまりは、合併においては「ゼロベースで両社の新制度を構築する」という方法は成功に向けては一定の有効性があることが推察できる。

移行タイミングの考え方は大きく2つある

このように人事制度統合においては、統合当初ではいくつかのオプションがあるが、統合後一定期間で新制度を導入することにおいて最も難しいのが新制度への移行タイミングである。

人事制度の移行タイミングの考え方は大きくは2つある。DAY1時点で一斉に切り替えるか、もしくは、DAY1以降一定期間の経過後に切り替えるかという選択肢である。まずDAY1において切り替える場合については、DAY1直後から社内の人的な統合については最も早く、一気に進むことがメリットである一方で、スケジュールがタイトな中で移行を行うことの難度が高いことが懸念される。現実的にこのような選択をする場合は、新人事制度設計や移行も含めてDAY1までのスケジュールを、あらかじめかなり長めに設定している場合や、両社の制度に大きな差がなく移行の負荷があまりかからない場合、または買収の場合によく見られるが、買収先が比較的小規模な場合に、既に出来上がっている買収元の制度に合わせることを前提に移行する場合などである。

一方で、DAY1以降で一定期間経過後に切り替えるケースには、大規模な統合や、まったく新しい制度を導入する場合などが多い。例えば、新人事制度を導入する場合においては、組織規模が大きいほどいかなる新制度であっても切替えへの影響は大きいため、通常はまず統合全体のスケジュールを優先し、

新人事制度への切替えはDAY１以降になる場合が多い。つまりDAY１時点においては、最低限の調整を行いつつも原則的には現行制度を一定期間存続させてから、数年経った後に新制度に移行するパターンを通常選択する。

これらは人事上起こりうるリスクを最大限軽減するアプローチである。そこにおいては、両制度の存続期間においては、過去と同一の制度のためにこれというリスクが顕在化することはない一方で、組織や人的な融合については図りにくいというデメリットの側面がある。

アナウンスメント効果が意識と行動の統合を促す

これらの移行については、どちらの選択が望ましいかは、M&Aのケースや新会社の目指す方針によって相応しいものを選択していけばよい。しかしながら、ここで重要視すべきポイントは、どのような移行方法においても、DAY１時点で新人事制度移行についての「宣言」を行うことによる"アナウンスメント効果"の有効性である。

新会社にとっての人事制度は、ビジョンや戦略を実行するためのインフラであると同時に、従業員のモチベーションや行動原理そのもの、強いては企業風土を形成していく上で直接的な影響を与えるきわめて重要な経営ツールである。したがって、新会社において人事制度をどのようなものにするかは、新会社としての経営方針を個人レベルでのメッセージとして示すことにほかならない。

そのため、新制度導入に際して、制度の意図するところをいかなるタイミングで従業員に説明しメッセージを発信するかは、戦略的に検討すべきことである。DAY１において新制度を導入する場合については、新会社のスタートとしてのメッセージと同時に発信できるため最もタイミングとしては相応しいが、考慮すべきは、新制度導入がDAY１以降の場合である。このような場合であっても、DAY１時点で、新制度を将来に導入することを明言する、いわば「宣言する」ことが重要である。例えば、「○年後に○○の考え方に基づいて新人事制度を導入しその時点で現行制度から一斉に切り替える」というメッセージをDAY１時点で示すことである。

これらを示すことのメリットは、DAY１時点から従業員の行動原理やモチ

ベーションを将来志向に転換することである。先に、現行制度を並存させるケースの弊害として、人的な統合が進みにくいという懸念を指摘したが、近い将来に人事制度を統合するという方針を示すことによって、仮に現行制度を一定期間併用していたとしても、新制度を念頭に置いて行動するようになり、結果的に新制度が目指す方向の環境作りが可能になるからである。いわば、DAY1時点での新制度導入にまつわるリスクを軽減しつつも、DAY1において経営陣が人事制度を通したメッセージを示し、従業員にコミットメントをすることによって、意識や行動レベルで統合を促す、いわば"アナウンスメント効果"を期待することができるのである。

報酬ギャップにはコストとリスクを考えて対処

　ポストM&Aにおける人事政策上の重要テーマに報酬水準の違いがある。とりわけM&Aの中でも合併のケースにおいては、これをどのように解決していくのかは、統合の成否に影響を与える事項である。

　最近は、買収のケースや共同で持株会社を設立する場合も、グループ人事政策の観点から給与水準をあるレベルで合わせていくという議論がさかんになりつつある。例えば異なるグループ会社であっても、同じ職種の一定以上の対象者については共通制度で運用するなどのケースである。従来は、会社が異なれば人事制度が異なるという考え方が一般的であったが、最近は会社が異なっても、共通個所については横断的に人事制度を運用する、またはその逆に、同じ会社内であっても事業や職種別に人事制度を変えるなどの運用を選択する企業も見られるようになった。つまり、会社のかたちと制度のあり方は必ずしも対ではなくなってきており、経営上の選択肢が増えてきたともいえる。

　このようにM&Aの形態や統合のレベルの差こそあれ、給与制度をいかに統合するかを考える上では、現状の両社の給与水準を比較することから始める。これらの比較の結果としての差異のレベルに応じて、その後の統合の選択肢が異なってくる。

　まずこの給与水準比較は、職種や職位や年齢ごとに双方の給与分布をプロットして、平均的な水準の程度の差を比較する。同時にここでは両社の差はもと

より、とりわけ業界水準と比較することも併せて必要である。格差の範囲はいたるところに現れる。例えば、同じ年代の役職で比べてみて最高水準と最低水準のレンジの開き度合、またそれらの業界平均水準での格差の程度を見るなどである。その結果として業界水準の傾向が変わらないとすれば、現行の制度をベースに微調整をする程度で大きな問題は起こらないが、そもそもの業界平均水準自体に大きなギャップがあった場合には、その後の制度統合のあり方については、いくつかの選択肢を用意し、方針を十分に検討する必要が出てくる。

そこでとりうる主な選択肢としては、以下の4つが想定できる。

①**高い水準のほうに合わせる**

人事制度を適用される従業員については、理論的には条件が悪くなる対象が存在しないために、労働組合をはじめとして従業員側に対して理解を得やすくモチベーションも上げやすい。一方で、低いほうの人件費を高い水準に合わせるために必要となる移行コストが甚大になる可能性があり、最大の懸念事項である。とりわけ人件費の移行コストの議論は統合全体の効果との兼ね合いで、どの程度まで許容できるかという観点での見極めが大きな判断要素となる。

なお、人事コストについては、制度上の基本給与の報酬水準を合わせるための移行コストだけに止まらず、就労時間の違いなどからくる法定の支払いコスト（例：残業代の支払いなど）のギャップ調整についても埋め合わせが必要な場合があり、それも併せた移行調整コストの見積りを要することに留意が必要である。そこでの人件費に関連した移行負担の度合によっては、本来の統合効果で算出している削減分が相殺される結果になりかねないので、全体のバランスの中で、どこまで移行コストを吸収できるのかを見極める必要がある。

②**低い水準のほうに合わせる**

①と反対に人件費についてはトータルで削減できるために削減効果を出す上では効果的な選択であるが、正当な理由があったとしても従業員の納得性やモチベーションダウンにつながるリスクが高いため、仮に選択するには経営上の工夫が必要である。

このケースを選択する場合には、決まって業界の競争環境やそれを踏まえた

両社の当初からの統合理由が背景に存在する。典型的な例としては、業界が成熟化を迎え過当競争になる中で生き残るため、さらなるコスト競争力を高めることが、当事者のみならずステークホルダーにとって自明の条件である場合（再生を要する企業同士の合併等）などが該当する。そのような場合は、統合によりトータルな人件費をいかに引き下げるかが経営の重要課題であり、低いほうに合わせるという選択をする場合がある。

　一方で、業界環境が成長期にある場合は、将来の収益拡大の可能性から②を選択しない場合がある。特に成長期で競合企業の参入なども多いケースなどは、統合によってライバル会社へと優秀な人材が流出してしまうリスクもあるため、改めて慎重な議論が必要だ。この場合は、先に述べたような従業員のモチベーション低下リスクだけでなく、優秀な人材が社外に流出してしまうリテンションリスクに対しても影響を予測し、事前に対応する必要がある。

③**新たな制度を構築する**

　①や②で挙げられたデメリットを包含しうる選択肢である。つまり新しく作る制度の内容によっては、人件費水準を全体として適切にコントロールしながらも、個々の従業員にとっては、公正なルールのもとで評価がなされることが担保できれば、相応の納得感を与えうるものである。その点では、新会社の未来志向に立ったインフラとしては最も理想的な選択肢である。一方で、③を選択する場合の現実的な問題点としては、新制度構築までの時間がかかることや、それぞれの現行制度からの移行が複雑になることなどが挙げられる。

　新制度を導入するケースは、DAY０以降から両社で新人事制度構築の検討を開始し、DAY１時点において新制度導入の宣言を行い、DAY１以降の一定期間の猶予をおいてDAY２時点（通常半年から１年後）で切替えを行うというパターンが多い。その際には、DAY１時点で新制度化の宣言をしてターゲットを示した上で、その準備も兼ねて移行期間を確保して運用上の調整を行うのが実務的なポイントである。新制度との間における給与ギャップの調整について、どこまで補償するかについて、企業の財務体力や従業員側との調整を踏まえて決定されるが、統合前にそのあたりの基本線も決定しておく。

　新給与水準への統合において、実務的には、現行の両社の給与の内訳やその

考え方によって調整方法が異なる。具体的には、職能に基づくか、役割グレードに基づく資格なのかなどの違いも、ベースの水準を決める上では大きく影響してくる。役割グレードに基づく制度統合においては、新会社においては新組織や業務上の役割を再定義することでレンジを設計することから、理論的にわかりやすい。一方で、旧来の賃金分布の構成を大幅に見直す必要が生じる可能性があり、移行のインパクトが大きくなりすぎる面もある。また、資格等級制度の考え方においては、仮に両社が職能資格に基づいたランクを設定していた場合には、ランク自体の再定義の余地は限られており、報酬水準のレンジを調整することによって、制度の大枠を変えずとも統合がしやすくなる面もある。

統合の実務においては、役割グレードに基づいた制度切替えを行うことや、職能資格を一定存続させながら評価運用を通して個々にメリハリをつけていく、職能をベースに徐々に役割グレードを加味、もしくは一定期間かけて切り替えていくなど、様々な方策が検討しうる。いずれにせよ、報酬制度の統合のアプローチについては多様な選択肢のうち、両社のギャップと進むべきベクトルを見据え、相応しい統合アプローチを選択していく必要がある。

またこれ以外にも、調整給与など個々人の勤続年数や役職など属人的な支給部分の統合方針をどのように考えるのかもテーマであるが、統合を機に未来志向とのギャップがある部分を廃止し、人件費水準のコントロールを図っていくのも方法として検討しうるものである。

④報酬水準調整は行わない

仮に水平統合のような合併のケースにおいても、現実的に起こりうるケースは多い。いわば、一社で２つの制度が運用されている状態である。実際にこれらについては、最大のメリットは、移行段階で大きなリスクもまた一時的な発生コストもないという点である。いわばこれらの選択肢の中では最もリスクが低いものである。また、現状の水準を変更しないということから、現状に対する不満は解消されないものの、変更に関わるリスクやモチベーションのダウンは起こりにくいので、短期的にはリスクが少ない選択肢である。

しかし、デメリットについては、中長期的な見地に立った際に、統合効果が出にくいということが挙げられる。過去からのルールを引き継ぐ関係で、新会

社の戦略や方向性に対しての貢献が直接的に報われない、また同じ職務を行っていても出身母体が違うと評価が異なるという、新会社の論理とはかけ離れた基準で評価がされることになるため、新たにモチベーションを上げていく優秀な人材を育て引き上げていくという原動力にはなりにくい。これらは長い意味で見れば大きな損失になりうる要因である。ただし、現実的には短期的なリスクやコストを負わないという点が優先されるため、未だに報酬制度を統合せずに運用している事例がある程度存在していることは事実である。

成功企業ほど新しい報酬水準に切り替えている

　報酬ギャップがある場合の対応はケースによって分かれるが、一長一短である。中長期的な視野で相応しい方向を考える必要がある。
　合併時の両社の報酬水準の差に対してどのような方針で解消したのかという調査結果を見てみる。ここでは過去に合併を経験した企業を対象に、報酬水準の差の解消策に関する問いかけを行った。選択肢としては「まったく新しい報酬水準を設定した」「高い水準に合わせた」「低い水準に合わせた」「報酬水準は合わせなかった」などの項目を用意した。その回答について、成功企業、普通企業、非成功企業の分類ごとに集計をした。
　全体の中で「報酬水準を変えなかった」ケースが現実的には多いことがわかるが、成功企業と失敗企業の比較において最も注目すべきは、成功企業ほど「まったく新しい報酬水準を設定した」という回答が多くなるという事実である。成功企業の回答数の24％程度はそのように答えている。また、「高い水準に合わせた」という回答も同様の傾向を示しており、成功企業ほど多くなっていることはひとつの成功に向けた特徴を表している（次ページの図表7－2参照）。
　一方で、非成功企業は、「報酬水準は合わせなかった」割合が全体の60％を占めており、成功企業の40％に比べて相当高く、同様に「低い水準に合わせた」割合も相当程度多いことがわかる。「まったく新しい報酬水準を設定した」や「高い水準に合わせた」という回答がまったく見られないことから、成功企業ほど報酬水準の解消方法として「新しい水準に切り替えること」や「高い水準に合わせる」などを成果に違いが現れる施策として重要視している。

図表7-2 報酬ギャップへの対応

□ 成功企業ほど「まったく新しい水準を設定した」割合が高く、非成功企業にはそのような選択肢は見られなかった。また「高い水準に合わせた」ケースの割合も同様の傾向がある。
□ 非成功企業ほど「報酬水準は合わせなかった」という対応なしのケースが多い

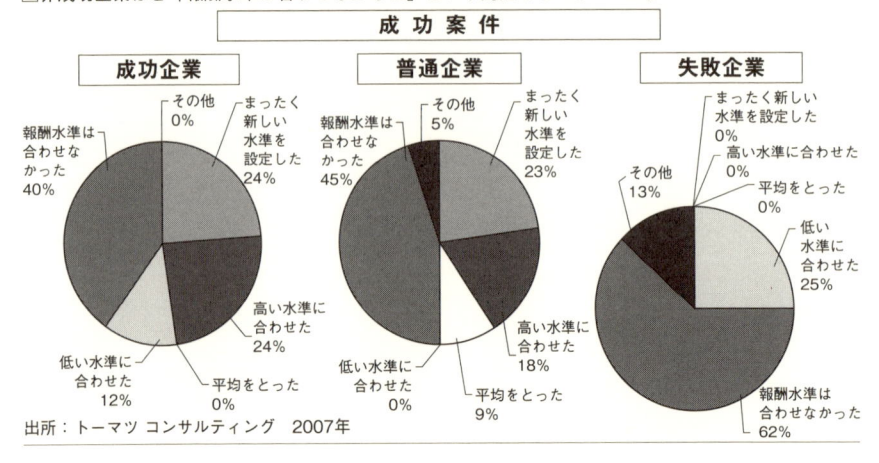

成功案件

成功企業
- その他 0%
- まったく新しい水準を設定した 24%
- 高い水準に合わせた 24%
- 平均をとった 0%
- 低い水準に合わせた 12%
- 報酬水準は合わせなかった 40%

普通企業
- その他 5%
- まったく新しい水準を設定した 23%
- 高い水準に合わせた 18%
- 平均をとった 9%
- 低い水準に合わせた 0%
- 報酬水準は合わせなかった 45%

失敗企業
- まったく新しい水準を設定した 0%
- 高い水準に合わせた 0%
- 平均をとった 0%
- 低い水準に合わせた 25%
- 報酬水準は合わせなかった 62%
- その他 13%

出所：トーマツ コンサルティング 2007年

DAY1から1年以内に大半がギャップを解消

　報酬水準のギャップを解消したタイミングについては、DAY1から1年以内が最も多い。この調査に関する回答結果を見ると、DAY1までに解消しているケース、DAY1から1年以内で解消しているケースが大半であり、7割近くがDAY1から1年以内に報酬ギャップを解消していることがわかる（図表7－3参照）。

　報酬ギャップを解消する際に、特に影響を受けるのは減額される従業員である。それに対する対応策を考える際にどのくらいの期間をかけて実行したかについて調査した結果を見てみると、合併、買収ともに過去の成功案件の中では報酬水準統合のタイミングから「2～3年の経過措置を講じて新報酬水準に移行した」が最も回答数が多い（図表7－4参照）。

　また、興味深い傾向が見られるのは合併のケースである。そこにおいて成功案件と失敗案件を比較してみると、成功案件に見られる傾向としては、「報酬水準統合のタイミングで減額した」「1年の経過措置を講じて減額した」とい

図表7-3 報酬ギャップの解消時期

□ 成功事例・失敗事例ともに、「DAY1から1年以内に合わせた」が最も多い。

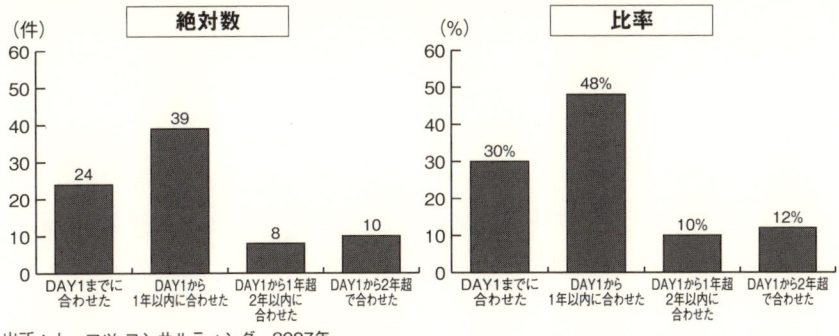

絶対数（件）
- DAY1までに合わせた：24
- DAY1から1年以内に合わせた：39
- DAY1から1年超2年以内に合わせた：8
- DAY1から2年超で合わせた：10

比率（%）
- DAY1までに合わせた：30%
- DAY1から1年以内に合わせた：48%
- DAY1から1年超2年以内に合わせた：10%
- DAY1から2年超で合わせた：12%

出所：トーマツ コンサルティング　2007年

図表7-4 減額社員への対応（合併のケース）

□ 合併の成功事例の中では「2～3年の経過措置を講じて新報酬水準に移行した」が最も回答数が多い。
□ 合併のケースを見ると、成功事例ほど失敗案件に比べて、ＤＡＹ１前後の早期に対応していることが読みとれる。

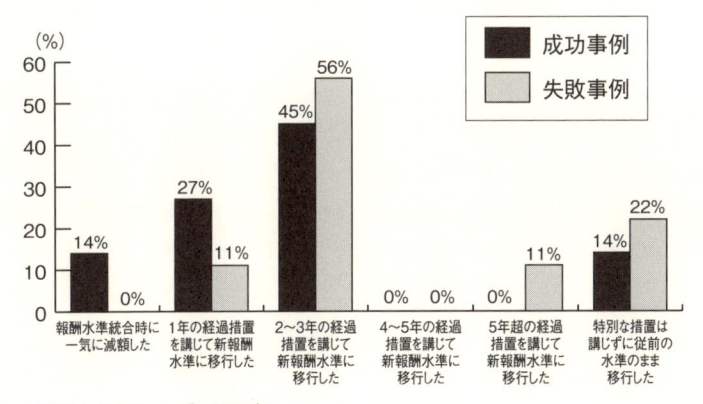

区分	成功事例	失敗事例
報酬水準統合時に一気に減額した	14%	0%
1年の経過措置を講じて新報酬水準に移行した	27%	11%
2～3年の経過措置を講じて新報酬水準に移行した	45%	56%
4～5年の経過措置を講じて新報酬水準に移行した	0%	0%
5年超の経過措置を講じて新報酬水準に移行した	0%	11%
特別な措置は講じずに従前の水準のまま移行した	14%	22%

出所：トーマツ コンサルティング　2007年

う対応の割合が、失敗案件のケースに比べていずれも高い。逆に、失敗案件についてみると、報酬水準統合以降、5年越しで移行した場合や、何も特別な対応をしなかったケースが成功案件を大きく上回っている。減額される対象への対応については、全体の報酬水準統合のタイミングからできるだけ早期に対応していることが成功に結びついていることが読みとれる。

2　労働組合との関係

早い時期に大枠での合意を形成する

　ポストM&Aに伴って労働組合のあり方については、経営側と従業員側の双方にとって重要なテーマである。M&Aは経営側が主導で進めるもので、統合スケジュール等も経営側の判断で決められていく。労働組合のあり方は本来同じ動きをするものではないが、企業体が変わることの影響を受けて組合自身も統合を選択するケースも多いのが実態である。成功するM&Aに向け各ステークホルダーの評価を得ていく上で従業員の理解をどこまで得られるかは重要であり、労働組合が組織されている企業においては、労働組合との協議のあり方が統合自体の成否に影響を与えていく場合もある。

　我々の調査から、ポストM&Aにおける労働組合のあり方に対する実態を見てみる（図表7－5参照）。

労働組合が統合するケースほど成功する傾向

　買収及び合併の両方を経験した企業について、過去の成功案件と失敗案件の双方において労働組合の統合のあり方について問いかけて、形態ごとに集計を行った。その結果としては、買収、合併ともに回答数では「労働組合は統合していない」という回答が最も多いが、案件別の比較で見ると、成功案件のほうが失敗案件に比べて、労働組合が統合している割合が高いことがわかる。さらに案件ごとの特徴を見ると、成功した案件ほど組合統合もDAY1から1年をメドに比較的早く進んでいることがわかる。これらの背景については様々な要因がありうる。

　組合が統合されて単一であるか、存続して複数であるかによって、組合側からすると経営に対する交渉力が増すことがまず合理的な理由のひとつとして挙げられる。それ以外にも組合の運営面で統合することによる効率化が図られる

図表7-5 労働組合の統合状況

□買収・合併ともに、「労働組合は統合していない」が最も多いが、案件別の比較で見ると、成功案件のほうが、労働組合が統合している割合が高く、かつそれらがDAY1から1年をメドに比較的早く進んでいることがわかる。

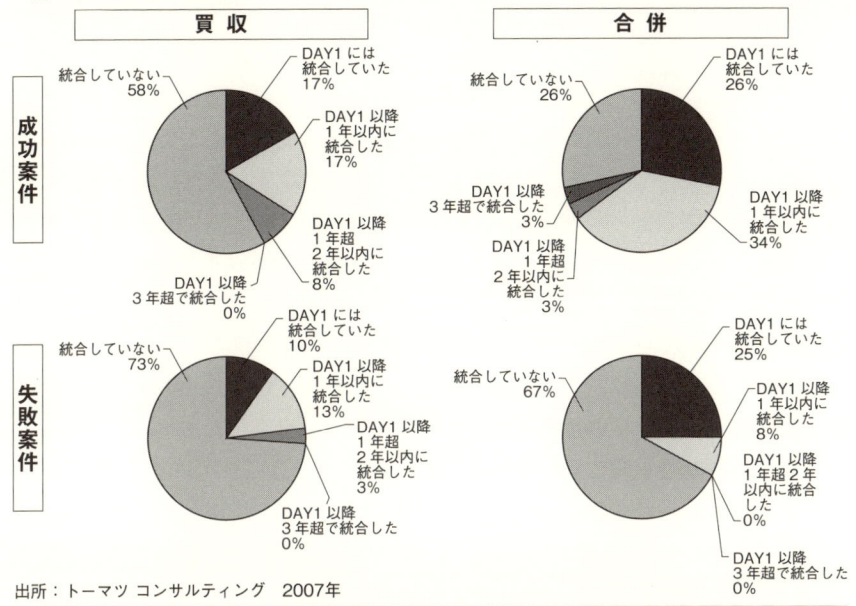

成功案件

買収：
- 統合していない 58%
- DAY1には統合していた 17%
- DAY1以降1年以内に統合した 17%
- DAY1以降1年超2年以内に統合した 8%
- DAY1以降3年超で統合した 0%

合併：
- 統合していない 26%
- DAY1には統合していた 26%
- DAY1以降1年以内に統合した 34%
- DAY1以降1年超2年以内に統合した 3%
- DAY1以降3年超で統合した 3%

失敗案件

買収：
- 統合していない 73%
- DAY1には統合していた 10%
- DAY1以降1年以内に統合した 13%
- DAY1以降1年超2年以内に統合した 3%
- DAY1以降3年超で統合した 0%

合併：
- 統合していない 67%
- DAY1には統合していた 25%
- DAY1以降1年以内に統合した 8%
- DAY1以降1年超2年以内に統合した 0%
- DAY1以降3年超で統合した 0%

出所：トーマツ コンサルティング 2007年

ことや、所属している組合員の側からしても異なる複数の組合が統合されずに残ることが、企業風土などの統合作業を推し進める当事者として、やりにくさを生んでいる要因になることもある。これらの背景については様々な要因があるが、組合側にとっても統合することの一定の合理性がある。

いずれにせよ、ポストM&Aにおける組織や人事面での統合が、労働組合のあり方を変える大きなきっかけになっていることは間違いない。またそれと同時に、成功案件と失敗案件の比較において、企業の統合スケジュールと比較的近いタイミングで組合が統合されている傾向が、成功案件ほど強いという実態は、経営側と組合側の双方がそれぞれにとって合理的な判断に基づいて進めていく結果が、双方にとって成功に結びつきやすいという見方ができる。

改革の方向性や処遇のスタンスをまず共有

　労働組合と経営との関係においては、大枠の制度や考え方について、いかに早い段階でお互い共有できるかが最大の鍵である。人事政策上の労働組合との交渉においては、個々の細部の条件以前に、制度改革の方向性や必要性、処遇における基本スタンスといった大枠の考え方をまず共有することがポイントになる。その必要性を共有できれば、あとは十分に時間を費やして話し合うことで、大きな衝突もなく双方にとっての妥結点を見出すことができる。

　労働組合との交渉において重要なことは、経営としての統合目的や必然性、そして今後の統合基本方針を、早い段階で明確にしておくことである。なし崩し的にDAY1以降をスタートすると、従業員の不安を招き、交渉自体が上手く進まなくなるものである。従業員にとっても納得がいく進め方をするために、経営側ができるだけ早い段階で方針を示すとともに、十分に話し合いの時間をとりながら対話を重ねていくということにある。

　とりわけ、経営側として方針を明確にすべきことに、DAY1以降の組織体制のあり方と、そこにおける人員配置（特に人員の再配置や部門変更などが伴うもの）、労働諸条件（所定労働時間など就業規定に関連するもの）についてのDAY1時点での方針、新たな人事制度（人事評価及び報酬制度）の統合方針と移行の進め方（移行に伴う調整給与など）、退職金制度、福利厚生制度の考え方、各種統合における人事・雇用に関連する諸施策（人員削減策など）等の主要事項は、労働組合と協議して理解を得る努力をすることが求められる。

　これらについては、基本合意のDAY0時点で大きな枠組みを示しながら、DAY1までの間に方針を明らかにすることを急ぐ必要がある。つまりはDAY1までに作成すべき統合のマスタープランの内容を踏まえて、関連個所については、早めにコミュニケーションを開始することに気を配ることが肝要だ。

　M&Aの交渉プロセスからどの段階で労働組合と協議をするのか、またどのレベルの説明を行っているのかという実態を調査した結果を見てみたい。ここでは、成功案件について合併、買収それぞれの場合で取組み方の違いを調べた。

具体的には協議のタイミングを契約妥結と情報開示のタイミングで設定し、コミュニケーションの対象レベルを労働組合の三役（労働組合の委員長、副委員長、書記長の３つのポストを指す）レベルでの協議か、組合全体なのか、という観点から選択肢を用意し回答を得た結果、組合との折衝において各社工夫をして取り組んでいる実態が明らかになった。

組合とのコミュニケーションが大きく影響

　調査によると、合併の場合は買収の場合以上に、「三役に対して契約締結前に説明」の割合が高く、「組合全体に対して情報開示と同時に説明」している割合が高い。買収に比べて合併のほうが従業員へのインパクトが強いため、三役への契約締結前の説明や、組合全体への直接的説明についても買収以上に意識されていることがわかる（図表７−６参照）。

　合併案件については、さらに成功案件と失敗案件での対応の仕方の違いを調査してみた。すると、三役への契約前の説明についてはそれほど変わらないものの、最も差が出るのが、労働組合に対する直接的なコミュニケーションであ

図表7-6 ｜ 労働組合に対する説明

□合併では、労働組合に対する直接的なコミュニケーションが失敗事例では 23％であるのに対して、成功事例では 41％を占めている。経営による不当介入と認められない程度に、成功事例では労働組合とのコミュニケーションがとれているものと思われる。

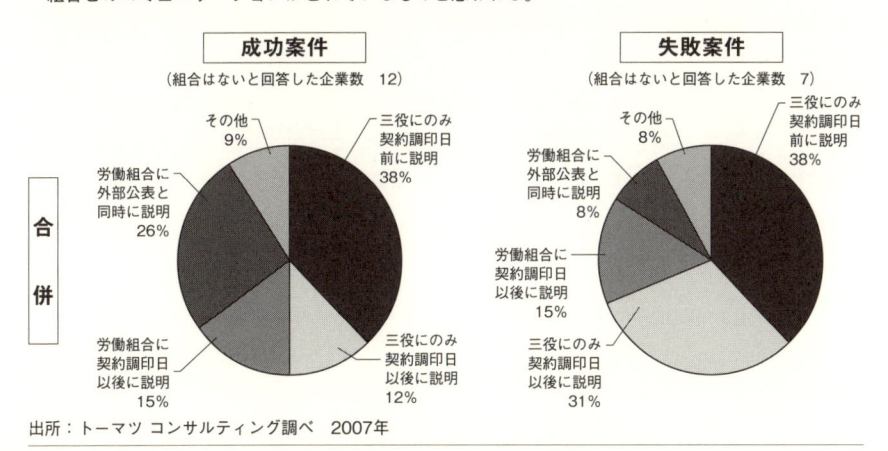

合併

成功案件（組合はないと回答した企業数　12）
- 三役にのみ契約調印日前に説明　38％
- 三役にのみ契約調印日以後に説明　12％
- 労働組合に契約調印日以後に説明　15％
- 労働組合に外部公表と同時に説明　26％
- その他　9％

失敗案件（組合はないと回答した企業数　7）
- 三役にのみ契約調印日前に説明　38％
- 三役にのみ契約調印日以後に説明　31％
- 労働組合に契約調印日以後に説明　15％
- 労働組合に外部公表と同時に説明　8％
- その他　8％

出所：トーマツ コンサルティング調べ　2007年

った。実際に組合全体に対する接点として「契約締結以降」と「情報開示と同時」を合わせてみると、成功案件では41％の割合を占めるのに対して、失敗案件では23％と約半数強に止まっている。このことから、成功する案件においては、企業側としての労働組合全体への直接的な説明をはじめとした、十分なコミュニケーションが大きな役割を果たしていることがわかる。

> **【ケーススタディ】プロセスを重視した粘り強い対話**
> ——K社
>
> 　大規模なグループ同士が統合したK社の人事担当者A氏は、当時グループ全体の人事制度の統合を足掛け3年以上かけて実現した。当初を振り返りながら労働組合との協議が最も大変な要素のひとつであったと語る。その際に最終的に妥結にいたるポイントとして重要なことを2つ挙げている。「ひとつは、統合する目的や基本方針について、ポリシーレベル、大義で一致を見ること」「十分な話し合いのプロセスを持つこと」である。まず最初から具体的な条件闘争をするのを極力避けて、そもそもの統合の目的や業界内で勝ち残るための必然性、そして統合の成果を上げるための統合方針と、そのための人事政策の必然性などの大枠の基本方針について理解を得ることを心がけた。実際にその会話に相当な時間を費やして議論を重ねたという。
>
> 　交渉を振り返り「この統合目的や基本方針を共有できれば、大きく曲がることにはならないと実感している。そして、いざ細部の交渉については、経営側が特に粘り強くプロセスを重視して対話することが双方に理解を得ていく上で大切であり、結果はそのようなプロセスが生み出すものである」。A氏は、統合を成功させるには経営側と組合側の双方にとっての納得感を得ることが不可欠であったと痛感したと語っている。

3　モチベーションマネジメント
優秀な社員をしっかり登用するシステムを作る

モチベーションに影響を与える3要素

　統合の場面で従業員は常に自分がどのようになるのか、将来性、処遇、立場の3要素を気にしている。モチベーションの醸成は人同士のコミュニケーションが重要なのは言うまでもない。

　いかに高いモチベーションを醸成するかが鍵を握る。従業員のモチベーションが高まるための条件として要因の分類を試みると、以下の3点に集約される。
①会社の将来・ビジョンに魅力を感じる。
②個人の努力が公正に評価される。
③経営との距離が近く感じられる。

　一般に「やりがい」と感じられるのは、①及び②に関係すること、つまり自分の仕事が周囲や会社にとって役立ち、かつそれらが評価されることであろう。優秀な社員であるほど、会社や経営者の将来の方向性については関心が高く、評価基準も高い。その意味で、企業としては、優秀で意識が高い社員をしっかりと登用できるシステムを機能させることが重要である。先に述べたビジョンや仕組み作りを行うとともに、経営者はその結果について、従業員の視点からモニタリングする中で対応することが求められる。

　また、一般に意識されにくい面もあるが、重要なポイントとして、③に挙げた経営との距離をできる限り身近にするための工夫が必要だ。企業規模の大小にかかわらず、従業員の企業経営への参画意識を高めることは非常に重要である。具体的には、経営との距離感を近く感じられる関係を維持するための情報開示・発信や、コミュニケーション機会の創出を行うことだ。インターネットや電子メールを活用するなど、常に目配りを怠ってはならない。

4　リテンションプラン
DAY0以前からプランの策定を開始する

M&Aは人材流出のトリガーになりやすい

　ポストM&Aの人事面での重要課題は人材マネジメントにもある。特に企業側として最も神経をつかうことのひとつに、人材流出の回避というものがある。
　統合の局面は、進める当事者にとっては決して精神的に前向きなものばかりではない。むしろ、先行きの不安と過剰なくらいの業務の多忙さでモチベーションを保つこと自体が大変困難である場合のほうが多い。とりわけ優秀な人材ほど、将来の会社の方向性への関心や、そこにおける自身の処遇に対して敏感であり、それがどのようになるのかという不安から、統合の最中か直後に企業を離れるといった事態になることもよく起こりうる。そのようなことは、企業側にとっては現場の大きな戦力ダウンになるばかりでなく、その後の統合そのものの成否にも重大な影響を与えかねない問題である。
　そこで、それぞれ個々の人材に対するモチベーションにも配慮して、早期の段階からコミュニケーションを施して、いわば積極的な人材の定着・引留め策（リテンションプラン）を実施することが必要になる。具体的には、ポストM&AのスタートであるDAY0から、統合によって影響を受ける従業員に対してコミュニケーションの計画を立てて、その中でも特にモチベーションダウンや、流出のリスクがある対象に向けてリテンションプランを策定し、DAY1前後に実施していくことが求められる。

●実行のタイミングはできればDAY0前
　このような人材の引留め策としての最初のリテンションプラン実施の大切なポイントは、タイミングである。可能であれば、ディールの過程からこれらを考慮に入れて実行すべきである。先にも触れたように、ポストM&Aの最近の

動向としては、その開始タイミングはさらにアーリーステージへと早期化する傾向にある。DAY 0時点での情報開示の要請がその主たる原因になっているが、このリテンションプランについても、最初に人材流出リスクとして起こりうるトリガー（きっかけ）は、DAY 0で開示される「××と統合する」というニュースであり、それに対して影響を受ける人々とその対策については、DAY 0の開示よりも前に考えておく必要がある。すなわち、リテンションプラン開始のタイミングは、DAY 0よりも前ということになる。DAY 0の段階ではリテンションプランを策定する。

【ケーススタディ1】情報開示の前後からリテンションを想定
——製造業L社

L社は上場企業同士の経営統合を検討し始めた段階から、大型統合に伴う両社の従業員への影響を危惧していた。両社はともに重複する事業をグループ会社内に有しており、その事業に従事する者同士が同じグループになることによる影響に留意する必要性を感じていた。その中でも、両社の人事制度や賃金水準の違いなど、人事的な諸条件のギャップへの対応については、両社で統合という選択が現実感を増していく中では、大きな話題に上っていた。

そこで両社が取り組んだのが、リテンションを含めたコミュニケーションプランを策定することである。ターゲットとなる人材を各組織の従事している事業や職種、階層を念頭に置きながら設定し、統合という情報開示をした段階でどのような影響を受けるかという観点で、簡易的にシミュレーションを行った。その上で情報開示のメッセージを作成し、その後のコンタクト方法もあらかじめ計画書に織り込んだのである。

このように情報開示の前後からリテンションを想定して、周到な準備を行った上で統合の手続きを進めていくことによって、起こりうるリスクをあらかじめ想定し、対応策を方針として持つことができた。その対応策をリテンションプランにしっかりと織り込み、情報開示後に従業員から質問を受けた場合に対する応対方法なども明確にしておいたことにより、その後の統合過程で円滑に進めることが可能になった。

リテンションプランに込めるべきメッセージ

　リテンションプランを策定する過程では、まずターゲットとなる対象の分析と、そこにおいて想定されるリスク要因の抽出が先決である。ターゲットの分析という点においては、主に対象は内部であるが、統合両社の経営陣、従業員も含めた内部メンバーすべてを視野に入れる必要がある。
　ここで従業員のみならず経営陣を入れているのには理由がある。新会社の経営体制を検討する上で、新組織図に役員として入る人材と入らない人材の両方が想定しうる。そこにおいて、どちらの場合になるにしても納得感を得られない場合は、その下の多くの従業員に対する影響も考えられるため、あらかじめ経営レベルまで視野に入れたケアが必要である。

●職種や階層別に人材への影響を分析する

　従業員については、職種や階層別にどの対象が統合の影響を受けやすいか、その場合起こりうる事態はどのようなものかを分析していく。例えば、同業の統合というケースの場合、営業職の人材からすると重複する得意先の担当であれば、相手先との比較からどのような処遇がなされるのか、具体的には、自分が現在の得意先担当からはずれるのか残るのか、今まで出してきた営業成績についての人事上の評価はどのように引き継がれていくのか、相手先との統合で従来の給料やボーナスはどのように変わっていくのかなど、統合という発表をした際に、先を見越した際に様々な不安を持つのは想像に難くない。このような営業職で得意先が重なる対象に対して、会社としてどのようにコミュニケーションをとっていくのかをあらかじめ考えていくのである。

企業価値が向上するシナリオで期待感を喚起

　リテンションのための施策を講じていく上で、理想的には単独の企業経営の場合のように、しかるべき立場の人間が、現状の組織上のポジションや将来的に期待する業務内容やキャリアパスの見通し、及び具体的な人事制度における

評価などの処遇に関する具体的な条件提示も含めて説得に当たるのが本来望ましいことは言うまでもない。しかしながら、統合のケースであれば、実際のところで統合新会社の中身がまだ定まっていないため、ほんの限られた情報しか開示できない状況の中で引留めを図っていくのは相応の工夫が必要だ。

　DAY1以前の段階では、当然のことながら新会社はスタートしておらず、当初の段階では新しい組織図もそこにおける人員配置も、ましてや新人事制度が施行されているわけではない。具体的な話をしていくには限界がある。本来ならば、具体的に期待する組織上の位置づけや評価の考え方について、より踏み込んだ話をできるのが説得力を持つものであるが、必ずしもそうした話ができる状況ではない場合が多い。そのような際に、どのようなポイントがリテンションにおいては求められるのであろうか。

　具体的には、新会社の先行きに対しての希望と、個人における役割について、組織から期待されているという使命感や責任感、またそれをやり続けていくことによって従来以上に自身のキャリアを開いていけるか、市場価値が高まっていけるかという期待感を、どれだけ感じてもらえるかという点に尽きる。

　統合新会社は、統合することによって少なくとも旧来の会社に比べて業界でのプレゼンスや競争力が向上していくことを目的としているわけであり、そこに従事しているメンバーにとっても、統合した会社の価値が上がることによって、企業のプレゼンスの向上が個々人のキャリア形成を考えてもプラスになることが多いはずである。そうした企業自体の価値向上のシナリオと、個々人のキャリアパスを併せて考えて、それに沿って進むことが個人にとってもプラスになることを、しっかりと示していくことが重要である。

キャリアの可能性と組織からの信頼を示す

　説明のポイントは2つある。ひとつは、新会社のビジョンや戦略、統合効果など、新会社が統合しなかった従来の場合に比べて「いかによくなっていくのかという成長シナリオ」を示すこと、そしてそれが個々人にも還元される方向性であることを示すことが重要である。そして2つ目としては、「その人が新会社にとって必要な人材であること」を様々な観点から多面的に示すことであ

る。

　2点目においては、従来の企業への貢献や個々人の強みが、新会社においてどのようなかたちで生かしていけるかの選択肢の多さを示すことが、ひとつの有効な策として考えられる。統合によって、既存事業においても取引の幅が広がるし、また新たな事業も加わることにより、より広範な選択肢が生まれることになる。そこにおいて、従来のキャリアや強みを新会社の中で生かしていける可能性が広がることを示す。そして、その中で従来の貢献に対して組織として評価し、十分に信頼していることと、それを踏まえて新組織においてもコアメンバーとして貢献を期待していること、新会社にとっても「"居場所"はある」ということを伝える。つまり、具体的な条件より先に伝えるべきは、「個人にとってのキャリアの可能性」と「組織としての信頼」なのである。

●しかるべき立場の人物が個別に話す

　それらのメッセージを適切に伝えていく上では、伝え方を工夫する必要がある。つまり、どのような立場の人が、どのタイミングでそれを伝えるかは、十分に注意を払う必要がある。未確定ながらも組織としての意思を伝えるには、ランクに応じてしかるべき立場の人（取締役や執行役員、部長レベル）を人選して、DAY1前後の適切なタイミングで、個別に話をする機会を持って伝えていくことが求められる。

　またこれらは、あくまで1回だけの単発ものではなく、初回を皮切りに、必要があれば、その後も継続的にフォローしていくコミュニケーション経路を作ることが重要である。いわば対話を続けていく上での、最初のきっかけとして試みるべきものである。これらは、統合発表当初は、まだ具体的に条件的にも流動的なところが多いが、しだいに時間を経て進むにつれて具体的な話に落ち着いてくる。当初話していたことが結果的にどのように反映されるのか、またどの程度希望が実現するのか、従業員は強い関心を持って見続けていることを念頭に置く必要がある。そこにおいては、事前の対話のその後の顛末として、説明責任を果たす意味でフォローをしていくことがさらに重要である。

　このように継続的に対話を重ねることで、組織と個人の双方の理解が進むとともに、個々人の希望を徐々に反映できるという感触を共有できることが望ま

しい。また、そのためのひとつの具体的な方法として、社内の統合プロジェクトのメンバーとして参画してもらうなど、コアとなりうるメンバーであれば、会社の統合の流れ自体に自らの関与度合を一定程度高めることによって、より参画意識を醸成していくこともひとつの方法である。

買収側や存続する側にも人材流出の危険

リテンションが必要なのは、買収や吸収合併をされる側との認識が強いが、必ずしもそれだけではない。買収する側も合併する側も、個人によってはその後の変化への不安と不満から、モチベーションを損なうリスクが高いことに注意が必要である。

●早い段階のメッセージで不安を取り除く

リテンションプランが必要なのは、まずは買収される側、もしくは吸収合併される側など、どちらかというと主導権が相方にあるようなケースにおいて、特に注意して作成することは必要不可欠である。とりわけ買収側の経営者にとっては、戦力として重要視される人的資源が流出することによって企業価値を損なうことにつながるし、被買収側の経営者にとっても、交渉過程において約束していた条件が実態とかけ離れてしまうことへの責任も発生するため、そのような事態は回避したいところである。

買収される立場の従業員の心境は複雑であり、どちらかというとネガティブな印象が支配的になる。まず買収や合併後の新しい組織において自分がどのように処遇されるのか、また、今までの仕事のやり方は継続できなくなるのではないかといった不安が先行するからである。特に、具体的に何が変わって、何が変わらないのかが見えないことから不安が助長される。そうした中では、主導的立場の経営者から、まずは相手先の従業員を意識したメッセージを早い段階で発信することが重要である。

小売業D社のN社長は、買収当時、「まず従業員のリストラはしないこと、今までのやり方は極力尊重すること、新しい会社のルールや進め方は原則話し合いをもって進めること」というメッセージを最初の統合発表の段階で発信した。

買収先の従業員に対して、好意的に受け止められ安心感を与えたという。

　ケースによってメッセージの内容は異なるが、経営のスタンス・姿勢として、どのようなルールで新会社を運営していきたいのかということが示されることが、不安を取り除く上で大切なポイントである。いわば一方的に支配される、もしくは意見を聞いてもらえる余地がないという印象を回避するということがまず重要なのである。

●M&Aは双方に大きな心理的変化をもたらす

　このようなことは実は、被買収・合併会社の側だけに起こることではない。買収側や合併で存続する会社においても、従業員にとっては等しく起こることである。現に、ディールの最前線で当事者として交渉に当たっていた担当者が、疲弊して統合後に姿を消していたケースもよく聞く話である。

　統合においては、企業の経営者レベルではメリットが合致するものの、個々の従業員にとっては処遇や評価という点では、買収する側といっても安閑としていられないものである。逆に、優秀な人材であれば、統合がもたらすプラスの面以上にマイナス面にも敏感で、それによって自身のキャリア選択を変える選択をする場合もある。

　リテンションという意味では、まず経営者がこのような場合を想定しておくことが大切である。通常は相手方のみを視野に入れているが、実は自分の企業の従業員においても、M&Aというのは大きな心理的な変化をもたらすものであるという自覚である。特に企業価値や収益性が高い企業の従業員が、相対的に経済価値が低い企業と一緒になる場合は、単独で経営していたほうが企業収益も高く、個人への分配も増えるので、統合に対してかえってモチベーションが低下することはよく起こりうる。

　そこで、経営者として将来を見た場合に統合を選択したことのメリットや、将来のビジョンの有効性を直接示すことが求められる。そしてそれに経営者としてコミットすることを、従業員に対して宣言することも大切な姿勢である。以降は、具体的に改革の道筋を明らかにした上で、スピードをもって自ら身をもって着手し、短期的に成果を出していくことが何よりの説得力になるのである。

【ケーススタディ２】１年後、不安が責任感へと変化した
――金融会社L社の担当者A

金融会社L社の企画部門の担当者Aは、経営スタッフとして同業他社との統合に当初から携わってきたが、統合が正式に決定される最終合意前には気が重い日々を過ごしていた。統合の交渉過程で相手先の担当者と折衝を重ねる中で、明らかにものごとの進め方の違いや温度差を痛感していたからである。

自社よりも収益性で劣る相手との合併

その相手と今後一緒になってひとつの会社として進めていくことに対して、先行きの明るさ以上に、不安やえもいわれぬ重たさを感じていた。自社よりも収益性が悪く、不採算事業を抱えている相手と統合するという判断に、単独経営よりも非効率になり、プラスになることが企業としても個人としても少ないと判断していたからである。当事者同士の温度差や、相手方がそこまでの深刻さを認識していないことが、なおさら失望感を募らせ、気を重くさせる要因になっていた。

ヘッドハンターからの誘いも誘因

担当者Aは、統合の最終合意を締結した直後、意を決し上長である担当役員Mに統合後に会社を離れる決意を伝えた。新組織図が固まる前に自分の出処進退を明らかにしておこうという配慮もあった。一方で裏側では、実は担当者Aの個人的な事情もあった。統合が発表された直後に、あるヘッドハンティング会社からメールが届き、一度話をしたいとの誘いがあった。聞くところによるとこうしたヘッドハンターたちは、統合のニュースが流れると同時に当事者に接触するのが狙い目らしい。それほど統合に、人の気持ちは揺らぐものだということを、熟知しているのかもしれない。

Aは従来から時折そのような会社から接触があったが、さして乗り気になることはなかった。今の会社に100％満足しているわけではないものの、強い不満があるわけでも、離れるほどの決定的な理由があるわけでもなかったからだ。しかし、今回ばかりは受け止め方が違っていた。試しにと話

を聞くと、今の会社ほどの知名度はないが、新しい伸び盛りの会社で自分の可能性が生かせそうなポジションが用意されていた。給料は今の会社とさほど大きな違いはないが、何より自由に自分が権限を持ってできそうであることに身軽さを感じ、今の閉塞感から抜け出せそうな感じに惹かれていた。

従業員の不安や不利益に気づかない社長

　退職願いを渡された役員は、驚きとともにあせりを感じていた。担当者Aが抜けることは、統合実務や企画部門のキーパーソンを失うだけでなく、自社の他の従業員へ、今回の統合が前向きでないメッセージを象徴的に示すことになるからである。役員Mはその場で慰留しつつも一旦話を預かり社長に相談した。

　社長は、その話を聞いて、想定していなかった事態に驚いた。自社は統合において主導的な立場で進める側であり、相手側の従業員の気持ちは配慮する必要があるものの、自社の従業員にとってはそれほどの不安や不利益が起こりうるとの認識を持ち合わせていなかったからだ。一瞬あっけにとられたが、即座に役員Mと一緒にAを囲んで直接慰留の場を持つことにした。

　当日、揺らぐ気持ちを抱えていたAを前にして、社長が真っ先に感じたのは、想像以上に疲労困憊しているAの表情であった。社長はまずねぎらいの言葉、今回の統合をここまで推進してきたことに対する感謝の気持ちを述べた。その後Aから、退職の決断にいたった内容の説明について耳を傾けていった。話をひととおり聞いた後、Aが統合交渉を通じ抱えている問題意識が理解できること、またその上で部下がそこまで深刻に捉えていることを自覚しきれなかったことへの反省を口にした。

　Aは、少なくとも今まで抑えてきた苦労や、将来に向けて自分が感じている不安や悩みが伝わったことで少しだけ救われた気がした。そして、経営者の立場として、そのまま単独で生きるより統合の選択がきっと将来メリットが大きいと信じるから決断したこと、現状は困難さがあるが、今回の選択が正しかったと思えるために取りうる道筋とそこにかける覚悟を語

った。

　最後に力を込めてAにひと言を語りかけた。「どうかもう１年付き合ってくれないか。その上で状況が同じなら君のその決断を尊重せざるをえないが、社長としての自分の責任において絶対そうはさせないつもりだ」。Aは社長の言葉を正面から受け止めた上で、そこまで言われた以上は、自分を押し通す気持ちにまではなれなかった。Aは１年だけのつもりで離れるのを待つことにした。

不安を嘆く立場からそれを解決する立場へ
　DAY１を迎えて半年後、Aは社長直轄の新会社の企画部長に就任し、中期計画策定の任を負うことになった。かつての統合時の不安を抱える立場から、自らの手で統合新会社の３年後に向かってどのように価値を上げていくのかを考えて判断を下す立場になっていた。不安を嘆く立場から解決する立場になったことに、ある変化を感じていた。
　その変化は意外にも身近にあった。部下が増えていたことである。今まで顔も知らなかった相手方のメンバーが自分の部下に名を連ねていたことが、組織の中で自分が置かれている環境を理解する直接のきっかけになった。自分が抱えていた同じ不安を、おそらく内容が異なっても相手方のメンバーも自社以上に感じているはずだ。一生懸命力を合わせ、取り組もうとしている部下から相談を持ちかけられ報告を受けるたびに、同じ船に乗っている以上、新会社の将来をよりよくすることしか、自分も含めて皆にとって解決の道はない。それに取り組める立場であることにむしろ感謝しなくては、とさえ感じるようになったのである。
　Aは、かつて感じていた不安が責任感へと変化していく自分を感じていた。従来の担当者Aから、新会社のミドルマネジメントAとして、もはや他への転身を考えている余裕と動機がしだいに薄れていったのである。

第8章

風土融合と
同軸化というキーワード

1　風土融合の本質
新会社を同軸とした行動や価値観の共有

　ポストM&Aの重要実務として、風土融合が挙げられていることに違和感を持たれる方はまれであろう。それくらいに統合というと風土の問題がクローズアップされる。新会社を「主語」にして様々な組織や仕組みを変えていく上で、最大のポイントは"人"の変革であり、その底流を流れる価値観の再構築が鍵となる。つまり統合を成功させていく上では、未来志向に立って新会社としての軸を基点とした行動や価値観の共有こそが、風土を融合させる上でのキーポイントである。

風土は同一化ではなく"同軸化"こそが大切

　一般的には風土統合という言葉を使うが、本書ではあえて「融合」という言葉で表現している。その意味するところは、当事者の会社同士が統合したとしても、価値観はすべてどちらかに一本化することを意図しているわけではないからである。風土融合は、一方の風土を押しつけて、モノカルチャーを強要することでは上手くいかないものである。いわばひとつに合わせるべきものと、それぞれを生かしていくべきものとが交わり合って、従来とは異なる新しいものが生み出されていくことを目的としている。すなわち風土融合の意図するところは、両社の風土の同一化ではなく「同軸化」である。
　同軸化とは、新会社の視点から、企業の根本として軸となる部分を共有し、それ以外は違いが共存することを許容する考え方である。具体的には、経営理念、社訓や信条、行動原則、ビジョンなど根幹になる要素を一本化し、その上であくまで微細な点をどちらかに同一化するというよりも、むしろ違いは受け入れ交わり合う中で、新会社にとって理想的なものに作り替えていくことを志向しているアプローチである。

● 「経営哲学・理念」は会社を作るつもりで構築

　風土の同軸化という考え方の中心には、新会社の基本となる「経営哲学、理念」が必要である。一般的に実際の統合場面では、新会社の理念というもの以上に、現状の企業同士の力関係で、主導権を握る側のものの考え方が優位になりやすい傾向にある。しかしながら経営理念は、その後、長期的に企業全体のカルチャーを作っていく上での根本になるものなので、吸収か対等かを問わず、新たに会社を設立するつもりで構築する必要がある。どういう会社なのかを言葉で表すことで、会社としての求心力を保つ軸を作る意味もある。

　また企業理念は、経営ビジョンを具現化する上でも、人事制度等の制度インフラを作る上でも、必要になる前提条件である。したがって、経営者の意識を明確に打ち出すことが不可欠である。

　風土融合においては、相手が国内企業の場合は風土が違うといってもまだ理解できるところがあるものの、相手が海外企業となると、その傾向は一層強いものになる。R社のS社長は海外の大型買収を成功させる秘訣について「経営陣は代えないこと、しかし戦略は合わせてもらわねばならない。ビジョン、方針、戦略を十分に共有する必要がある。特にコミュニケーションの場を意識的に作るなどして時間をかけて浸透させていくしかない。協力して顧客に提案できる体制にするには、最低でも3年から5年はかかる」と語っている。

クロスボーダーM&Aではさらに工夫が求められる

　通常クロスボーダーM&Aの場合、対象先の経営陣や従業員も現地採用で構成されている場合は、元々の価値観や労働慣行などまったく異なるのが当たり前である。その中で買収後にいかに買収元である日本企業のやり方を浸透させていくかは、ひと筋縄でいかず工夫が必要である。前出のS社長のコメントのように、必須になるビジョンや戦略の意味合いを基軸にして合わせていくというのは、基本でもあり本質的なアプローチである。

　自動車部品製造会社G社においては、海外で製造販売を行っている企業を買収する際に、最終的には現場の生産ノウハウも合わせることを志向したという。その際、まずビジョンや戦略の共有はもとより、現地の人材評価における目標

と評価基準を先に示すことに重点を置き、それに経営側としてコミットすることを表明した。その結果、目標を達成するために、今までの仕事のやり方を変えたほうがよいと現地の従業員が判断すれば、逆に現地の従業員側から、日本から派遣したメンバーに現場の業務改善のノウハウについて積極的に聞きにくるようになった。そのような積極的な関係が続いたことにより、工場における生産管理プロセスは、かなりの部分のノウハウが移管され効率的になったという。

このように、まず目的や目標とそれにコミットすることを示すことにより、その手段となる日々の業務上のことは、おのずとそれに適う方向でついてくるものである。

最初のビジョンや戦略、またその達成目標という根本の軸になる要素をしっかりと合わせる、そこにコミットするという強いコミュニケーションこそ第一にすべきことであり、それがしっかりと浸透すれば、その目的に適う方向で自発的に融合されていく、というのが理想的なアプローチである。

2　風土融合に有効な施策
ハードとソフトの両面からトータルで対策

風土融合が組織のパフォーマンスを引き上げる

　統合企業同士の風土を融合させて新たな企業風土を作り上げていくには、相応のエネルギーとコストをかける努力が求められる。風土融合を促進させていく鍵は「いかに人を動かすか」ということにある。風土融合にエネルギーをかけるという考えは、言うは易く行うは難しといったところである。

　風土融合の重要性は理解しつつも、いざ何か施策に取り組む段階になってから、企業として消極的で、また取組み内容について懐疑的になるケースも一定以上存在するのも事実である。一般的に、企業風土とは目に見えないものであり、また長年培われたものであるため、短期的には変わるものではないという見方が根底にある。

　つまり、風土融合を促すための施策については、経済合理的に投資効果が見えやすいものとは対極にあるため、どのような手を打てば、成果がどの程度現れるのかを測るのは困難である。もっというならば、組織の中で、風土融合の効果やメリットを理解させることは案外難しい。

●M&Aはより優れた風土に成長していく機会
　では、風土融合はなぜ必要なのであろうか。それは、概念的にいうならば「統合する企業同士が本来、人材に根ざして有している潜在力を最大限に引き出し、相乗効果を高めて企業価値を持続的に向上していくため」である。風土というものは、人の継続的な行動を促すための基盤となる価値観や感性の集合体であり、組織や集団における時間や経験の共有の蓄積によって形づくられるものである。それらの風土は暗黙的なものであるが、共通の目的や目標に向かって、ともに方向を同じくして行動する上で、もしくは困難な状況においても継続的

に行動する上で、精神的な支えのひとつになる要素である。

したがって、ポストM&Aの局面において風土が融合されない状態が続くと、新会社としての共通の目的のもとで行動することを妨げる要因になるばかりか、それ以上に、旧来の単体経営を上回るだけの個々のパフォーマンスを引き出せない結果に終わってしまうことになる。

どのような企業風土であれ、状況においてプラスとマイナスに機能する側面がある。普段の事業活動では、組織ぐるみで風土を相対化する機会などないが、ポストM&Aにおいては、好むと好まざるとにかかわらず、必然的にそれらの企業風土が大掛かりに触れ合う機会が生まれる。それらが交わることにより、より優れた風土に成長していけるかが重要な鍵を握る。

つまり、ポストM&Aにおいて、風土融合することの意味とは、新会社としての共通の目的のために行動できるようにするためと、個々人の既成概念の限界を取り払うことに、本来有している潜在力を引き出してさらに成長の余地を見出し、組織としてのパフォーマンスレベルを上げることにある。

経営理念の相違を議論することに意義がある

風土融合を促す実際の取組みを考える上で、従来の成功企業はどのような取組みをしてきたのであろうか。ここで「風土融合に有効であった施策」というテーマについて質問した調査結果を見てみたい。調査対象とした会社全体に対して、過去に経験した成功案件と非成功案件において、風土・文化の融合に向けて取り組んだ施策で、最も効果があったと思われる施策を聞いた（図表8－1参照）。

まず、成功案件と非成功案件で明らかに違いが見られた点として、すべての施策において、成功案件ほど高い割合で回答がされているという事実である。唯一非成功案件の割合が高いのは、「風土融合に対する施策を何も実施しなかった」という項目のみであった。つまり、失敗しているケースほど、風土融合への努力が何も行われていない。どのような施策であれ、実行することが成功の可能性を高めていくということがわかる。

続いて、各施策間での比較において、最も風土融合に有効だった施策という

図表8-1｜文化・風土統合のために最も効果のあった施策

□文化・風土統合のために最も効果があった施策として、「経営理念の共有」と「相互の人材交流を意図した人員配置」を挙げた成功案件が多い。

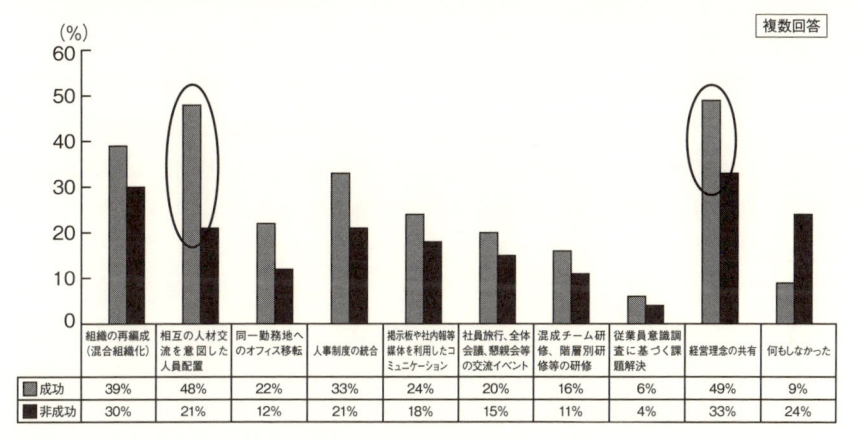

・文化・風土統合においては、「経営理念の共有」と「相互の人材交流を意図した人員配置」の２つがポイントであるといえる。

複数回答

	組織の再編成（混合組織化）	相互の人材交流を意図した人員配置	同一勤務地へのオフィス移転	人事制度の統合	掲示板や社内報等媒体を利用したコミュニケーション	社員旅行、全体会議、懇親会等の交流イベント	混成チーム研修、階層別研修等の研修	従業員意識調査に基づく課題解決	経営理念の共有	何もしなかった
成功	39%	48%	22%	33%	24%	20%	16%	6%	49%	9%
非成功	30%	21%	12%	21%	18%	15%	11%	4%	33%	24%

出所：トーマツ コンサルティング　2007年

観点で見ていくと、最も回答が集まったのは「経営理念の共有」という施策である。それに続くのが「相互の人材交流を企図した人材配置」という施策であった。つまり、特に風土融合の点で、価値観の共有と人材の交流という２つが有効という傾向は、必然的なものである。

経営理念の共有というのは当たり前に思えるが、実は理念を議論すること自体に大きな意味がある。それは、理念というのは企業が歴史的に大切にしてきた価値観そのものであるからだ。ポストM&Aにおいて、統合する両社が経営理念を議論する過程では、まずは自社の理念の意味や価値観を明確に自覚しながら、相手と同じ価値観のところを見つけていく作業を行っていく。それは、お互いの同じ価値観を見つけて言葉にしていくことにほかならない。

すなわち、価値観が違うカルチャーがあったときに、なぜ自分たちがひとつのグループになったのか、そこで譲れない共通の価値観は何かを明確に認識することが、新会社としての共通の価値観を揃えていく上で、きわめて重要である。そこの根本的な価値観を合わせるための諸々の作業が、経営レベルから現場レベルまで一貫して求められ、それが風土を融合させていく上での基本にな

る。

人員の再配置で一体的な風土が醸成される

　また、人材の交流の機会を増やし、物理的にコミュニケーションしなければならない環境を作ることも、風土を醸成する上では欠かせない施策であることがわかる。人材交流にも、一時的なものから、人事異動など組織の所属を替える恒常的なものまで、様々なレベルがある。この場合、人員の再配置によって一定期間継続する環境において人の組替えを行っていくことが、風土醸成において有効であることを示している。

　実際に組織上の所属を替え、同じミッションのもとで一緒に業務を行う経験をすると、互いのやり方の違いを感じる一方で、会話の頻度が上がることで理解が進むスピードが速い。当初はお互いが組織レベルでの違いを意識していても、しだいに個人レベルでの違いに変わっていき、最終的には旧所属組織を意識しないようなレベルに意識が転換していくものである。その結果として、様々な個人が交わりながら、目的を同じくする新会社としての一体的な風土が醸成されていくというのが有効なシナリオである。

　それ以外では、組織の再編成（組織構造の変革）、人事制度の統合が続いている。これは俗にハードの統合といわれる。組織図を変えたり、人事制度を一本化したり、インフラを整えることも一定以上の効果がある。こうしたハードの部分と、経営理念や人材交流というソフトの部分を組み合わせながらやっていくことが、文化の融合において重要な施策だ。

　すなわち調査からは、企業風土に影響を与える要因として、経営理念、コミュニケーション（人材交流）、組織図の再編成、新人事制度の構築がポイントとして挙げられている。経営理念の共有が、ひとつのカルチャーを作る上で「同軸」として大切であり、人員再配置、組織や人を積極的に動かして交わらせることが肝要である。その上で、組織構造の再編成や人事制度の構築などのハード面も連関性をもって絡めていく。すなわち、ハードとソフトの両面からトータルでアプローチすることが大切である。

買収の場合は意図的に人材交流を仕掛ける

　風土融合においては、経営理念などのソフト的要素に加えて、組織再編成や人員配置など、人事組織に関連したハード面での変更も、そのあり方に大きな影響を与える。

　組織の変更については、M&Aの形態や程度によっていくつかの工夫の仕方がある。形態に関しては、合併の場合は新組織構築や人員の再配置は自明のことであるため、業務上の接点があるところは必然的に人材交流の機会が増加していく。しかしながら、買収の場合は、法人格が異なるため意図的に仕掛けをしていくことなしに人材交流は促進されにくい。ここでは、買収のケースであっても風土融合の点から組織的に工夫すべきアプローチを見てみたい。

●統合後の組織における３つの融合方法

　買収企業と被買収企業が存在する場合、風土融合を念頭に置いた統合後の組織については、①新規の組織的枠組みを構築する融合、②買収企業側の既存体制変更による融合、③被買収企業側の一部体制存続による緩やかな融合、という大きく３つの方法が考えられる。

①新規の組織的枠組みを構築する融合

　通常、組織体制自体は既存のものが存在するが、その上でバーチャルもしくは既存組織を横断的に束ねるプロジェクトを組成して、新たな単位を組成する。例えば、新事業や新ブランドを検討する共同プロジェクトチームを組成し意識を統一化するであるとか、プロジェクトメンバー間に共通のプラットフォーム（web、イントラネット等）を構築して交流を促進させるなどの方策である。

②買収企業側の既存体制変更による融合

　買収をきっかけにして買収側の組織構造を変更することや、積極的な人事異動（被買収企業幹部の買収企業側営業所への異動、被買収企業の人材の積極登用等）を行って人材交流を促すなども、一般にとりうる施策である。とりわけ、被買

収企業側からの人材抜擢については重要である。組織上の立場を尊重しつつ、被買収企業側からの人材をいかに大胆に引き上げて、全体のプロジェクトとして積極的に登用していくかは重要なテーマである。企業によっては、優秀なメンバーをチームで抜擢して、カルチャー融合の様々なプロジェクトのコアメンバーとして据えて、リーダーシップをとってもらうなどの工夫をしている例もある。

③被買収企業側の体制変更（一部体制存続による緩やかな融合）
　買収によって被買収会社の組織体制を変更する方法である。この場合、買収企業から一方的に人材を派遣することで交流を図るのが一般的であるが、被買収企業側の体制を一部存続させることで、緩やかに行うアプローチである。その際は、基本的に被買収会社のコアのものを取捨選択して存続する。事業・商品・技術等の固有のものの存続や、商号・ブランド名の存続などがある。

3 チェンジマネジメント（日本的変革の方法論）

"横"からの組織改革がキーポイント

変化するリスクを回避する日本的集団主義組織

　変革とは、少数だが強靭な将来志向のエネルギーをいかに敷衍させるかというプロセスそのものである。統合を成功させるためには、統合後の組織・風土をどう変えていくかという点については、日本の企業組織の以下の特徴を踏まえ、変革の方法論を考える必要がある。

①個人の行動が制約される
　日本の組織は個人志向より組織志向が強い。つまり、組織のポジションの中で、もしくは周りの人間関係の中で、相対的に個人を位置づける発想が根づいている。
　これらの性質は、組織としての団結力を強くする一方で、集団としての同質性を重んじ、時として個人の行動に対する許容度が限定されてしまう。創造性や変化に対する適応力を弱める面がある。
　また、あまりに集団志向が強いと、責任の所在が不明確になりがちになる嫌いがある。会社組織における経営責任があいまいなまま経営不振に陥っている構造的要因のひとつもここにある。
　組織全体を変えていくには、組織構成員の位置づけを変えることで、組織内での個人の行動を変えることも必要になってくる。そのためには、身近な環境にいる人材に変化を起こし、その関係性の変化による揺らぎを起こす仕掛けが必要である。経営者が先頭に立ちつつも、現場の変革キーマンを形成して集団化していくことが求められる。

②インフォーマルな意思疎通が主流

　変化することは常に期待と不安が伴う。とりわけ恐怖と不安に対する行動は広がりを持ちやすく、組織の変化を鈍らせる要因になる。変革を起こす側にとっては、組織全体が変化を受け入れるための環境作りが必要になる。欧米では個人の職務が会社との契約により規定されており、変革とは、契約関係の変更と捉え直すことが可能である。

　ところが日本の場合は、そもそも今の関係性自体が抽象的な契約関係に依拠していて、具体的な職務や役割レベルまで規定していないケースが一般的である。したがって、その境目がインフォーマル、かつあいまいになる結果として、変化の姿自体もあいまいになりがちだ。

　また、日本の組織の場合は人間関係によって個人の行動が規定されているケースが多いために、時に組織内でインフォーマルでの意思疎通が主流を占め、変化に対する抵抗エネルギーが鬱積して表に出ない弊害がある。その弊害を打破するには、個々人がとるべき行動と、それによって組織内ではどのような評価が得られるのかをオープンにすることが必要である。変化に適応するにはいずれにしても、個人レベルでも挑戦と努力が必要になるが、それが組織として推奨され、結果に対して評価されることを明示することで、初めて過去の行動を改める動機づけになろう。

日本的組織を変革するアプローチの方法論

　前記の日本的組織の特徴を踏まえて変革のアプローチを考えると、①経営リーダーの出現、②仕組みの構築、③変革集団の形成（当初は少数でもよい。質とエネルギーが重要）の3つの施策が重要な鍵を握る。

1　経営リーダーの出現：ビジョンを実現できる経営機能の変革

　経営トップと取締役会（役員）との関係をどのように変革し、いかに経営トップの力を強めるかは重要なポイントである。

　欧米（特に米国）では、経営者自体の流動性が高く、株主の判断の下、外部より経営のプロが舵取りをするケースが多い。一方日本では、経営者は生え抜

きのケースが多く、場合によっては取締役会の役員との人間関係や経営者OBとの兼ね合いなどの上下関係や権威に縛られて、実態としてフリーハンドに思い切ったリーダーシップが発揮しえないケースも目立つ。最近でこそ取締役会の機構改革が進みつつあるが、元来企業の意思決定機構そのものが、欧米とは異なる面を持っている。

　企業を変革していく上で、経営の実質的権限と責任が明確になる仕組みと、それを機能させる素養を持ったトップの出現が必要である。

2　仕組みの構築：統一的ルールを徹底するメカニズム

　トップダウンだけで組織が変革できないのは、経営者の資質のみならず、日本独特の組織の仕組みにもその原因がある。すなわち日本の組織はコンセンサス重視の意思決定がなされており、どちらかというと重層的かつボトムアップ的に意思決定を仰ぐというスタイルが一般的であった。そのため、逆にトップは現場の情報を掌握するには限界があり、現場を動かせるだけの指揮命令系統を持っていないということになる。仮にトップが決定をしても、その意思を伝達するためのプロセスが、現場への正しい情報伝達を歪めるという可能性も高い。

　最近では、企業によってはメールを通じての直接的伝達の手段を取ったり、マイナス情報を内部告発制度等によるフォーマルな制度を使って情報伝達するなどの手段が発達してきたし、もとよりフラットな組織を志向しようとする企業も多い。いずれにせよ、現場と経営者をつなぐ情報経路を体制上作っておく必要がある。

　また経営者は、その経路を機能させるためにも現場を回り、キーマンとの関係性を構築する努力をすることが、きわめて重要である。それらの仕組みが構築された上で、全社的に経営変革においてさらに有効となる手段は、人事評価及び給与制度改革である。個人レベルの行動が公的にどのように評価され給与として反映されるのかという点は、新しい組織内での位置づけを直接的に、かつ、より明確に規定する手段としては有効であり重要である。

3　変革集団の形成：トップ直結の意思決定方法

　変革を妨げている企業の従業員のほとんどは、上が代われば解決すると思っているケースが多い。おそらくそれは概ね真実である。しかし、上が代わるだけでは組織全体は変わらない。むしろ「横」が変わり始めたとき、初めて変化の鼓動は大きくなる。

　先述のとおり、この点は日本型変革の特徴なのかもしれないが、横（同じ部署の誰々や隣に座っている誰々）をどのように変えるかが、日本企業の組織変革を成功させる上でのキーポイントである。まず、横からの変革を起こすためには、旗頭としてのリーダーと、各所からその変革の旗手になりうる人材を集結する必要がある。

　ただし、ここで注意すべきことがある。それは、各所から人を集めることが優先し、理念なきただの寄せ集め集団になっては駄目だということだ。それを防ぐためには、リーダーがビジョンと原理・原則を示すことである。その上でそのビジョンの共有と原則の徹底運用に関する理解・合意を得られる人材を集結させるべきだ。

　したがって、それらの体制を組むには前記の制度の運用だけでなく、変革集団を特例的に作っていく必要が出てくる。人材配置が合わさって機能しないと組織は変わらない。経営トップと直結した意思決定及び実行機能をどのように構築するか、その人員配置が重要なポイントである。

ハードが変わるとおのずとソフトも変わる

　風土を変革する上で、典型的なアプローチとしていわれるのがハードとソフトである。ハード的要素とは即物化しやすく目に見えるものを意味し、ソフト的側面とは人の内面的要素に起因し、目に見えにくい対象を意味している（慣習、風土、様式など）。これらの経営システムの要素をハード的要素とソフト的要素に色分けをした上で、一般的には、ハードが変わるとソフトがおのずと変わっていくという傾向に着目したアプローチである。

①ハード（目に見えるもの）から変えていく

　改革を推し進めていく上では、ハードから変えていくことが時として有効である。ハードの領域においては、戦略、組織、制度システムなどが該当する。これらは一気に変革することが望ましい。すなわち、統合時及び新会社運営時においては、向かうべき方向と道筋（ビジョン・戦略）とそのための組織体制、並びにルールをワンセットで短期間に一気に変えていくことが、企業組織の変革を遂げる上では有効である。

　これらを一気に変えることによって、必然的にソフトは影響を受ける。ただし、後に触れるが、ソフトにおいては、内面的要素に起因した情緒的側面もあるため、その変革については本来時間がかかる性質がある。それらを踏まえると、ハードを一気に変えることによるインパクトを吸収しつつ、継続的に変革していくアプローチが望ましい。

　仮に、ハードの改革が一気に行えない場合は、当初から変革のマイルストーンを示し、組織全体にコミットメントを宣言することで、変革を妨げる負の効果（元に戻る作用）が蔓延してしまう懸念を抑えることができる。

②結果が出やすいものを先に行う（クイック・ヒット）

　特に会社組織の規模によっては、全体を一気に変革することが難しいケース、もしくはそれらに時間がかかるケースがある。その場合は、部分的・個別的であれ、一領域においては変革の成功例を作ることが有効である。それらの成功例をモデルにして、それをプロトタイプとして横に広げて組織全体に展開していくアプローチだ。

　これを通常“クイック・ヒット”と呼ぶ。早期の段階で成果を上げることは、変革途上にある組織にとっても有効な起爆剤になりうるというモチベーション面でのメリットもある。ただし、あまり個別的すぎて例外として扱われる領域は避けるべきである。先行的モデルが成功例として扱われる領域で、かつ仮に失敗したとしてもリスクが少ない領域（例えばコア事業でない準コア領域としての一事業領域等）を選定するのがベターである。

　このアプローチも、横を真似することですべてを変えていくという、横からの変革の原則を活用している。

4　変革集団の形成

日本型CFTによる変革アプローチも有効なツール

各機能・部門が単独では解決できない課題に対処

　従業員のモチベーションを高めるための条件については前述のとおりであるが、実際の変革の現場において、これらの要件を短期的に満たしうるためのマネジメントの方策は、いかなるものであろうか。社員のやる気と能力を引き出すためのマネジメント手法については様々な議論があるが、最近日本企業でも取組みが始まった機能別横断的組織（クロス・ファンクショナル・チーム：通称CFT）による変革のアプローチは、新会社の経営にとっても有効なツールになりうる。

　機能別横断的組織とは、各機能や部門単独では解決できない複雑な経営課題に対して、全社最適の視点から解決を図る手法である。各企業組織の形態によってこれらの集団形成の仕方については多様であってよいものであるが、CFTは全社一体となって変革する上でのひとつのプロトタイプになりうるものだ。

●全社的な視点から企画を遂行できるメンバー

　そもそも日本企業においては全社的な取組みは社内プロジェクトなどで行われてきたが、これらの形態は既存の組織の枠組みが前提となり、その代表者が企画・執行部隊を司っているのが一般的であった。この機能別横断的組織においては、メンバーについては部門の代表者ではなく、個別業務に精通した上で全社的観点から企画を遂行できる人間によって構成されることが求められる。CFTが従来の手法と異なる点はここにある。

　これらの手法については、まさにポストM&Aの統合委員会のもとに形成される各分科会などの体制を横断するタスクフォースとして、またDAY 1 以降の統合実務の推進チームとして、新組織のもとで同時並行的に横断的に機能さ

せることは十分有効な方法である。ポストM&Aにおける統合の求心力を持たせる意味で、また新会社において新たな企業風土を醸成していく推進力として、活用の余地を検討すべき方法である。

では、これらの組織において活用する上で重要なポイントを以下に挙げたい。

1　経営者のリーダーシップとスポンサーシップ

通常このような部門横断的な変革集団については、全社的視点から決定する事項が対象であるため、経営トップの意思決定力にかかっている。機能しているCFTのケースでの経営者の役割として特徴的なのは、①経営目標と戦略の明示、②議論の過程での積極的参画と迅速な決定、③メンバーの公正な評価・登用の3点である。

①経営目標と戦略の明示

優れた経営者であれば、このような変革を起こすことの必要性（外部環境の認識）や経緯を具体的に示し、達成すべき目標を定量的に提示している。

実際に多くの企業においては、経営トップが漠然とした危機感は持っているものの、解決の方向性や達成目標までのハードルの高さを把握しきれていない場合が目立つ。経営トップの状況認識が正しくないと、CFTに必要以上の負荷を課すばかりでなく、検討実践する内容自体も大きくぶれることになる。客観的見地から状況を捉えて、具体的な目標に落とすことがまず必要である。

②議論の過程での積極的参画と迅速な決定

基本的に、CFTメンバーに権限を委譲し、フリーハンドに動ける環境を作ることが役割になる。

ただし、重要なことは、そこにおいて下から上がってきた課題についてはしっかりと意思決定するということである。日本企業の場合、社長個人はOKでも、常務会や取締役会に諮ってみないとわからないという展開になる場合があるが、それらは責任をうやむやにするだけでなく、社長が決められないこと自体チームの士気に影響を与え、経営トップ直結の意味合いが薄れ、CFTが迷走する

結果になる。

　そうした事態を避けるためにも、経営トップがCFTにおける社内的位置づけとそこにおける自らの権限領域について、事前に取締役会等で合意と理解を得て、ある程度フリーハンドに決定できる環境を整備しておくプロセスが必要である。

③メンバーの公正な評価・登用

　CFTに参画するメンバーに対しては、明確なミッションを与え、その達成に対しては、人事上特別に評価する必要がある。

　元来の日本企業では、社内的なプロジェクトが発生しても現業と兼務で行い、ミッションの大きさと負荷の高さの割には、給与（特に賞与）や昇進には直接結びつかない例が多かった。それでは、メンバー本人のモチベーションが上がらないだけではなく、周囲に対する波及効果も期待できない。CFTをきっかけとして社内全体を変えていくには、CFT内、もしくはそれに参画していない周囲の社員に対してのメッセージ性もきわめて重要な要素になる。

　したがって、人事上、賞与において特別に反映するか、昇進昇格に結びつけるか、より明示的なかたちでの評価をする工夫が必要である。それらにおいても、メンバー内で年齢や同ランクだからといった理由での配慮にとらわれることなく、個々人のミッションに対する成果、いわば当初の目標達成に対してのチームへの貢献度に対して、きめこまやかに公正な評価を行う必要がある。

2　参加メンバーには従来以上の権限が必要

　CFTによって経営トップ直結で検討してきた内容を、いざ実践する過程が肝心である。そこにおいてどのように展開するかによってCFTの実効性が問われてくる。以下にCFTの結果を広めていく上で2つ重要な点を挙げたい。

①メンバーのロールアウト支援

　変革集団（CFT）に属していた参加メンバーについては、従来以上の権限を与えることが必要である。実際は人事政策上、既存の枠組みの責任ある立場を

兼ねている場合、新たなポストを置くことになる場合が多いが、いずれにせよ内容を目標管理的に明示化し、結果については業績管理制度の中でチェックしていくためのサイクルに落とし込む必要がある。そこにおいては、責任者を明確にし、その責任者が動かしやすい体制に整える必要がある。経営トップは、CFTの成果について継続的にモニタリングする必要がある。

②参画していないメンバーの取込み

　横からの変革アプローチを実践する上で、そのコアとなる変革集団のマネジメントだけではなく、その存在が組織全体を動かすだけの波及効果を発揮するためには、それ以外の社員とのコミュニケーションも重要な要素になる。導入している企業において様々な工夫がなされているが、考えられる施策オプションとしては以下のようなものがある。

○個別に面談や集団でのフリーディスカッションのような機会を催し、経営者と直接語る機会を持つことで、経営課題について理解を促す。
○変革集団自体を定期的に入れ替えることで、多くの人間に参画機会を提供する。
○業績管理制度を導入し、CFTの施策と個々人の成果を指標化することで結びつきを明示し、人事評価の要素に組み入れる。

　これらのアプローチは、経営側からコミュニケーション機会を積極的に持つことや、制度上に組み入れることにより、継続的かつ個別的に浸透させていくなど、状況に応じてソフトとハード両面の組合せにより進めていくことが有効である。いずれにせよ、変革の取組みの内容については、積極的にその情報を開示、発信することで社内全体に対して成果と取組みを大々的にアピールし、変革の気運を高めていく工夫が必要である。

5　変革シナリオの構想と演出
変革へのコミットメントを宣言する

　ポストM&Aにおいて新会社組織として運営していく上では様々な組織・人事面での変革が求められる。ここでは実際のケースに基づいてそれらのポイントを見ていきたい。

　統合後の組織や制度を変えていく上では、抜本的に一気に変革していくアプローチと段階的に変革を持続していくアプローチがあり、企業の風土や統合スケジュールなども含めて相応しい方法を選択していく。

段階的な変革のエネルギーをいかに維持するか

　日本的な変革シナリオのあり方については、段階的なアプローチを好む傾向がある。それは組織におけるしがらみを念頭に置き、リスクをコントロールしながらアプローチする選択をしようとするからだ。

　段階的なシナリオは、一見急激な変化を避けるという意味でリスクを回避しているように見え、現に大きなトラブルもなく進む場合も多いので効果的な面もあるが、その反面、本来意図していた変革自体がその先やりにくくなるという最大のリスクも潜んでいる。つまり、段階的に変革シナリオを進めようとするあまり、変革自体に対する組織の感度が鈍くなり、旧来の習慣が変わらずに、結局、変革するためのエネルギーを維持することができずに終わってしまうという負のパターンである。

　このように、段階的な変革アプローチの最大のリスクである負のサイクルに陥らないために、演出として重要な処方箋は、変革に対するコミットメントを「宣言する」ことである。この"宣言"することに伴うアナウンスメント効果については、変革に対して保守的な日本型の組織を変革していく上では必要不可欠であり、有効なアプローチである。

これは、本来の目指すべき姿を、変革のスタート時点で明確に示して、そのコミットメントの意思を内外のステークホルダーに対して宣言することである。ポストM&Aにおいては、DAY１時点においてそれらの宣言をすることにより、その後の変革の工程がより明確なものになるのと同時に、後戻りが許されない緊張感あるものになるため、変革の求心力が維持される。

　具体的には、組織改革や人事制度等の新制度導入など大掛かりな統合作業について、あらかじめその実施時期とそこにおける方針を明示することが有効である。実際に外資系企業が日本企業を買収した後に、日本企業の風土や組織構造を踏まえてそのような手法をとった事例を以下に紹介する。

【ケーススタディ】危機感を醸成しながら組織・人事を抜本改革
――外資系医療機器C社

　医療機器C社の買収の特徴は、被買収企業が買収企業の約３倍の規模を持つという点である。統合における最も大きな問題のひとつとして、給与・人員配置といった社員の処遇が挙げられるが、ほとんどの買収、特に営業譲渡では、より規模の大きな企業が買収企業となっているため、一般的に買収企業に吸収するという方法がとられているのが通常である。しかしこのような場合、一方的な統合を行うことによる人材流出・モチベーションダウン等のリスクは、それらと比較してきわめて大きい。

　このケースは外資系企業による買収であるが、その手法は比較的段階的であり、大きな混乱がなく統合が成立した例である。

　C社における統合の成功要因は、①情報システム・業務プロセスの統合に伴う人員調整、②社員の処遇に関する段階的な統合、③トップ・ミドルによる危機感の醸成、の３点にある。

①情報システム・業務プロセスの統合

　業務プロセスの統合に際しては、工場の統合が大きな課題であった。とりわけ廃止が決定した工場に勤めていた従業員の処遇がポイントであった。C社の場合は、一時的に生産側の本社部門で吸収して、その上で再配置をすることで対応した。

ただし、全体的に人員の余剰感がある中では、工場の要員に止まらず、将来的には全社的に個々の生産性に準じて人員削減の処遇を行っていく方針を併せて打ち出すことで、全体の人員数の管理についても統制をしていった。

②社員の処遇に関する段階的な統合

これらの人員管理について、C社では、社員の処遇に関わる組織統合については段階的に時間をかけて行っていった。特に人員配置については時間をかけ、かつ旧D社社員への配慮をもって行われている。

具体的には、営業は旧D社が中心となり、生産は両社の工場がそれぞれ存続となった。間接部門については重複が発生したが、経理はC社が、総務・人事はD社が母体となった。総務・人事をD社とした理由は、人数比で倍の規模となる旧D社社員への配慮であった。その後、工場統合、部門統合等が順次行われたが、重複するポストについては当初2名体制での運用とされた。

また、人事給与制度であるが、新人事制度を構築してそれに対する移行タイミングを統合の2年後と定めた。統合当初は業績面で吸収余力が残っていたこともあり、給与面については、統合時点での給与水準が旧D社のほうが高かったため、旧D社社員の給与は当初2年間現状維持とされた。

ここでのポイントは明確に期限を設定している点にある。ただ単に重複した人員配置を行うのではなく、2年間という明確な期限を設定する。段階的統合と期限設定によって、業務運用レベルの維持や急激なモチベーション低下等を回避しつつ、将来的には組織に安住させない社内の緊張感を高めていったのである。

③トップ・ミドルによる危機感の醸成

さらにC社では、人事制度・政策に対する対応を通じて、統合効果を高めるための工夫がなされた。そこでの原則は「2年後は今まで以上に実力・業績主義とする」というメッセージがトップから強烈に発信されたことにある。特にそれらが顕著なのは、人事制度統合と役員人事の2点において

見ることができる。

　人事制度統合では、「実力・業績主義」というメッセージが公式なかたちでの意思表示として全社員に明確に伝えられた。人事制度の内容については、統合以前よりC社グループ共通のワールドワイドな制度をベースにした実力主義の人事制度を構築していたが、統合によってそれをさらに強化したかたちへ再構築していった。新人事制度は給与制度を除いて順次リリースされ、評価結果によって猶予期間後の自らのポジションが各社員に対して明確に伝えられた。

役員には猶予を与えず早いサイクルで交替

　人事政策においては、前述のとおり、旧D社の社員に対しては2年間の猶予が与えられていたが、2年後はその時点での人事制度をベースに処遇を変更する、その場合は大幅な減額もありえることを統合時点で早々と伝え、全従業員の了承の上で新会社へ転籍させていた。

　転籍後は、社長からは「自信が持てない者は、2年間の猶予期間のうちに転職先を探してくれ」とのメッセージも随時発信された。また何より、これらの方針に加え、役員人事は社員に発せられた暗黙かつ強烈なメッセージであった。

　一般社員に対する人事処遇においては一定期間の猶予が与えられたが、役員人事についてはその限りではなかった。統合当初に役員にあったもので成果を出せない人材については、非常に早いサイクルで入替えが行われた。「実力がなく、業績に貢献できないものは会社を去れ」というメッセージが、まずは役員層に対して、具体的なかたちとしてトップから示されたのである。

　このような状況において、日常の会議等におけるトップと役員層のやりとりを目の当たりにしていたミドルマネジメントは、この強烈な社長からのメッセージの本質をスタッフ層にまで伝えていった。これによって猶予期間後について「居座った人間が勝ち」的な発想が社員から完全に排除され、社長からの「自信が持てない者は、2年間の猶予期間のうちに転職先を探してくれ」というメッセージが一般社員にいたるまで浸透していった。

「成果の出せない人間は去る」という自浄作用

　これらの人事政策が従業員に対して与えるインパクトは大きく、ミドルマネジメント層については、甘えが許されない風土の中で、とるべき行動を暗黙裏に認識し、それが結果的に現場まで浸透する大きなきっかけになった。その結果、猶予期間中においても、「成果の出せない人間は去る」という自浄作用が社内に働き出した。

　前述のとおり、C社では重複ポストについて当初2名体制としていた。C社製品と旧D社製品との間で完全にラインが分かれていたことから、同一ポストにおいて仕事を分け合うかたちが採用可能であったこともあるが、一般的には一見望ましくないパターンに見える。しかし、背景に前記の自浄作用が働き出したことにより、ポストの空席が発生し、重複していたポストに2人の優秀な人材がいた場合、モチベーションを損なうことなく新しいポジションへと移行させることがおのずとできたため、問題が発生することはなかった。それに加えて、結果として両社でポストを分け合うような人事を行う場合に比べて、優秀な人材のモチベーションダウン、流出を避けられたのである。

　以上のように、C社では「情報システム・業務プロセスの統合」「社員の処遇に関する段階的な統合」「トップ・ミドルによる危機感の醸成」の3要素が有機的に結合することにより、困難が予想された統合に成功したといえる。

6　風土融合に向けた様々な試み

違いを目に見えるかたちにすることが相互理解の第一歩

　変革の方法論について述べてきたが、実際の統合後に組織現場で起こっていることの中で、風土融合につながる具体的な試みとして有効なもののいくつかを以下に紹介する。

言葉の違いを比較するための"用語集"を作成

　統合作業を行っていくと両社の違いについては、いろいろなところから反応を聞くことがある。「やっぱりいろいろ違いますね」「どうも違ってやりにくい」など、実務担当レベルで見聞きすることは違いを意識した台詞が目立つ。同質なものより異質なもののほうに反応しやすい人間の性なのであろうが、こと統合となると、相手への警戒心もあるのでそのあたりが余計に気になるということもある。最悪の場合、違うことを理由に感情のもつれになるケースもあるくらいだ。統合の現場で起こっていることの多くは、この"違い"をどのようにすればよいかという悩みである。
　違うこと自体は悪くないし自然なことである。だが、ともに関心があり熱が入るのが、この違いの「どちらが優れているのか」「どちらを採用するのか」という価値判断を伴う状況になった場合である。理想的にはこれらの違いを乗り越えて将来志向で活用できることが望ましい。そのために実務上取り組むこととしては、違いがどこにあるのか、逆に言えばどこが同じなのかを整理する作業から始める。典型的な例は、「用語集」の作成である。
　似たような内容を異なる用語で使う場合が結構多い。それをまず両社の表現の比較表を作り、新会社としてどれを使うのかという定義づけを行う。地道であるが、このような言葉の整理をする作業の中で、お互いの違いをもたらす背景を理解することができる。例えば、業務上も「総務業務」という言葉でも、

各社にとって「社長室」に該当する業務とIRに該当する業務が入っていたりいなかったりする。また、部長、本部長、カンパニー長など役職に関する呼び方やその権限など、会社によって異なるケースのほうが多い。

まず、その呼び方や用語の示している内容や範囲の現状での違いから整理していく。それらを整理する中で、同一の内容なのに使っている言葉が異なる部分が具体的に見えてくる。まず「違いを目に見えるかたちにする」ことが相互理解する上での第一歩なのである。

顧客という共通のターゲットでまとまる

外向きで共通の利害を持った人々ほど融合は促進される。具体的には営業のほうが顧客に直接面している分だけ一体感は醸成しやすく、間接部門は融合が進みにくい。

業務の違いはDAY 1に近づくほどに顕著になるが、一方で顧客に接する外向きの個所については一本化する準備をすることが急務である。また同時に、顧客という共通のターゲットがあるほど、従業員同士の意識も含めた一体化が比較的しやすいこともプラスの効果である。

顧客向けDAY 1という言葉のとおり、新会社としてのお披露目で最も気にすべきは、顧客や取引先など対外的な接点に当たる業務である。その意味から、DAY 1向けの準備作業の中で、最も時間とエネルギーを費やして準備を行うべきは、営業をはじめとする対外業務である。DAY 1に向けた営業の準備作業として大きいものは、相互の商品・サービスと顧客情報の共有・理解、共同販促・プロモーション、営業ツール・マニュアルの教育といったものが代表例として挙げられる。

●商品・サービスの理解には時間がかかる

まず相互の商品・サービスの理解であるが、これが想像以上に大変である。通常統合までの過程においては、現場の営業員自体は統合作業に専念できる余裕はなく、すべてが兼任体制、もしくは現業の合間にプラスアルファで対応するのが一般的である。そのため現業の合間を縫って、統合後の相手の商品やサ

ービスを習得し、それらを既存及び新規の顧客に対していかにアプローチするべきかを考える必要が出てくる。

> 【ケーススタディ１】ソフトドリンクとアルコールの違いの理解に２年
> 　　　　　　　　　　　　　　　　　　　　　　　　　――食品会社
> 　例えばある食品会社では、過去にある飲料のブランドを買収した際に、ソフトドリンクの営業員がアルコールを売ることは表面上簡単に見えるが実際は大きく異なり、苦戦を強いられたという話がある。
> 　顧客の視点に置き換えるならば、一見ソフトドリンクもアルコールも飲料という意味では大きな違いがないように見える。しかし、いざ売る側に立つと、営業として取り扱う規模や取引先の違い、また商品の特徴の違いがあり、双方の営業員がその売り方を旧来どおり行うことは思ったよりうまくいかず、苦労したとのエピソードである。
> 　担当者の話を聞くと、実際に両方の商品特性を理解して、結果に表れ始めたのはDAY１から２年くらい経って以降であるという。
> 　このように一方が相手方の製品を理解していくプロセスは想像以上に時間がかかることから、できるだけ早い段階で共通の土俵に乗せて議論していくことが必要である。

個人が交流できるコミュニケーションプラン

　統合でつきものなのが、どちらの出身母体かという目での人の評価である。統合当初は、それぞれを認識する上でまず組織ありきのものの見方が支配的な面がある。

　しかし、統合後しばらくすると、個人同士の能力やパーソナリティーがわかるにつれて、旧組織の壁を意識することは徐々に少なくなる。それだけ時の経過とともに同じ目的のもとで交わることにより見方が変わっていく。

　つまり、新会社では、組織同士の単位ではなく、個人同士の交わりを促進させるコミュニケーションプランが大切なのだ。実際に、多くのケースでは一人

ひとりを見てみると結構わかり合える。裏を返せば従業員同士が融和していく上では、出身母体という組織の壁を意識させず個が交われる環境作りを、一日も早く行っていくことがポイントである。

【ケーススタディ2】同じフロアに配置して交流機会を作る
――サービス系B社

ある統合会社B社の例であるが、合併して同じ会社になる際に、重複業務や事業が存在した場合に、それらの部門に該当する人員を組織上の立場や階層は大きく変えずに、部門名と物理的な就業場所だけをすべて同じにして、ビルの同じフロアに配置して一定期間業務を行うという方策をとった。

その意図するところは、外観上の大部屋制のようなかたちで最低限の所属は同じ名称で揃えるものの、当初から組織バランスを考慮して無理に立場を明示して配置するよりも、お互い顔が見える中で業務上交わることにより、おのずと個々人の特性がわかるようになり、それらを見極めて組織上の立場を決定するほうが、より旧来の組織にとらわれずにすむという考え方による。特にこのケースにおいて効果的であったのが、物理的な場所を一緒にするということだ。

同じ部署でもフロアが異なるだけで個々人の交流頻度は変わってくる。また時々フロア内で席替えをするなど、人が動くことを積極的に試みることによって、直接に業務上の接点がなくとも、フロア内で顔を合わせる距離感の中で個々人の理解を深めていくことが有効なのだ。

【ケーススタディ3】社員の人事データから出身会社情報を削除
――保険会社S社

保険会社S社については、人員配置に関して各種の工夫を凝らした。まずは新会社の人事スローガンとして、「出身会社にとらわれない実力主義」を掲げ、人事制度はまったく新しい制度を構築した。

その上で人事異動においても、出身会社による先入観をなくすために人事異動の発令にも出身会社名は記述せず、またそれを徹底するために、社

員の人事データから出身会社に関する情報を削除することまで運用を徹底して行った。
経営陣や人員配置を所管する人事部門自ら方針を出して環境作りをすることが、広く従業員において個人を意識させることにつながるのである。

コミュニケーションを促す施策事例

ソフトの改革は小さなコミュニケーションの集積である。カルチャー構築については、継続的かつ多様なコミュニケーションの蓄積が重要な意味を持つのである。

企業統合において新たなカルチャーを醸成するための試みは、各社大きな課題であり、さまざまな試みと工夫がなされている。最近の企業統合事例を紹介する。

【ケーススタディ４】横断的なバーチャルチームを組成
――情報通信H社

H社では、C社との合併を機に業務分担のあり方の見直しを行い、既存の社内組織を横断するかたちでバーチャルチームを組成した。必要な技術や専門知識を有するメンバーを揃え、顧客担当の営業メンバーが率いるかたちでチームが形成され、多いチームは100人以上で構成される。

これらのバーチャルチームが情報共有やコミュニケーションで活用しているのが、営業用のポータルサイトである。単にメールやフォルダの共有に止まらず、実際の営業情報（顧客との商談内容、契約内容、受注失注情報など）に触れる環境で情報共有を行っている点が特徴である。

これらの営業サイトの活用や、定期的なメンバー同士の対面のコミュニケーション機会を加えることによって、同じ情報をタイムリーに共有できるようになるということ以上に、会社としてフロントで接する顧客に対する気持ちや、各人の仕事に対する思いを分かち合えるという効果が発揮された。

【ケーススタディ5】毎週1回はメールマガジンを配信
――C製薬

　例えば、R社と合併したC製薬では、経営層と従業員、もしくは両社の社員同士のコミュニケーションを円滑にするためにイントラネットや衛星放送等を頻繁に活用して、情報の受発信を積極的に推し進めた。新会社設立の基本合意が発表されてからは、社員の不安や疑問を解消するために、両社のイントラ上に合併の目的や経営陣の考えや新会社の方針や諸々のQ&Aを掲載し、毎週1回はメールマガジンで統合作業の進捗状況等を周知させた。また、統合後については、毎月はじめにR社が以前社内で活用していた衛星放送を利用し、経営トップのプレゼンテーションを流すという試みを継続し、新たな企業カルチャー醸成の試みを行っている。

　また、業務の現場では長年培ってきたスタイルが異なるため、それぞれの用語については双方で異なるものも多数ある。それらは互いにイントラ上に列挙しその意味を解説し双方で共有した。現場レベルの業務については無理にどちらかに統一するといったものではなく、将来的に必要なものは各現場で議論しながら残していくという、自然なスタンスで細かいレベルから文化を統合していったのである。

【ケーススタディ6】若手チームの意見を中期計画に反映させる
――M社

社員意識調査を実施

　合併から半年後に、社員意識調査を行った。これらは経営トップの要望を受けて人事部が実務的な窓口となって行ったものである。質問内容は、中期基本計画が身近なものになっているか、合併後会社はどのように変わったか、統合後の顧客満足度がどれくらい実現できているか、新会社の人事制度への要望、などである。回答は職位、地域、部門などの観点から分析された。

　回答の多くは統合効果を前向きに評価するものであった。一方で課題として挙がったのは、会社としての中期基本計画、部門計画、個人の目標の

連続性が見えにくいという点であった。これらの調査結果がもとになり、新会社のビジョンや中期計画を、より部門計画や予算策定上で整合性を意識するアクションにつなげる問題意識が高まったことは大きな収穫であった。

このような調査は、合併を機に相手の会社も含めて新会社の状態を理解するためのものであったが、その目的が達成されただけでなく、合併前から双方が抱えていた従来の問題も併せて把握することができたことで、一石二鳥の効果が得られた。

若手社員によるタスクフォース立上げ

合併直後から半年間、若手によるフォーラムを組織した。これは、若手を中心として会社のあるべき姿を議論し、それを中長期ビジョン策定の参考にしようという試みである。具体的には、テーマ別に6分科会に分かれており、参加者約50名はWebによる公募の中から事務局（経営企画部）が30代の若手を中心として性別、職域、地域等に偏りなく選抜してフォーラムを組成した。

このフォーラムは半年間の検討活動を行い、最終的にはその成果を役員に提言し、そのうちのいくつかは中期基本計画に反映されることを志向しており、実際にその直後、フォーラムの参加者からさらに何人かが中期基本計画の独自案を作成し、正式な計画への参考資料としてまとめ上げた。

【ケーススタディ7】「統合マニュアル」を社員に配布

——S社

社名の変更

2000年に経営統合を発表した段階で、存続会社となるY火災とは異なる新社名をつけることが発表された。経営トップによる合併会社同士への配慮を表す決断によるところが大きいが、新社名は3社の全課・支社から公募によって候補に挙がった2000以上の中から、若手社員による選考会を通じて絞り込まれ、最終的に経営トップによって決定された。

実際の合併より1年以上前の段階で新社名「S」は発表され、同時にロ

ゴも作成され、以降社内のいたるところで共有された。これらの社名の決定プロセスやその背景にある考え方が、カルチャー統合のベースになっている。

情報共有の促進

　統合作業には従業員にとって実務的に不明な事項が多々発生するが、それらに対応するために、統合準備委員会が「統合マニュアル」という5冊ほどの厚い冊子を作成し、社員は不明点があると常にそれを参照することで対応した。

　また、イントラネットに「統合アイコン」を作成し、社員が閲覧しやすいようにし、統合に関するFAQ等を常時掲載するようにした。実務上混乱が多い社内用語の統一については、合併の1年前までに整理し、3社用語集としてひとつにまとめた。同類の意味を持つ用語の統合に当たっては、最も使いやすいこと、顧客・代理店にも意味がわかりやすいことを基準としてひとつに絞り込んでいったのである。

終章

現在の利害を超えた強いリーダーシップ

1　統合におけるリーダーシップ
3つの利害対立を乗り越えていく統率力

　ポストM&Aにおいては、先見性を持って両者の利益を合一できる、つまり一枚岩にしていけるリーダーシップが強く求められる。各社の利益代表という立場を超えて先々の姿を明確に描き、利害対立しがちな当事者（従業員など）や外部関係者に対して、将来の利益を現在に置き換えて語るコミュニケーション力が強く求められる。リーダーシップのあり方しだいで、ポストM&Aにおける新会社の成否が決定づけられていくと言っても過言ではない。

　単独経営においても様々な利害対立があり、それを束ねて将来に引っ張っていくリーダーシップは重要であるが、統合においてはそれに加えて、さらに3種類の利害対立が同時に起きる。統合というイベントをきっかけに一気に利害のぶつかり合いが表面化することに、単独経営以上の難しさがある。

外部と内部、組織と個人、過去と未来の3つの対立

　3つの利害対立とは、「外部と内部」「組織と個人」「過去と未来」である。これらの利害対立を乗り越えて新会社としてひとつの方向に導くのに必要な力は、経営のリーダーシップをおいてほかにはない。将来の利益のために現在の利害を超越して率いる力、それが統合におけるリーダーシップである。
　そこで、この3つの利害対立について見てみたい。まず「外部と内部」についてであるが、これは2つの意味を持つ。ひとつは統合当事者間の「外部と内部」ということで、自分からすればまったく知らない会社と一緒になることで、当初から統合がどちらにとって有利／不利という「外部と内部」の論理がそこに働いてくる。また、加えて2つ目の意味としては、新会社になった後で、外部の利害関係者との間で内外の関係が出てくる。自社の株主・顧客と、相手会

社の株主・顧客の利害関係の調整ということにより、統合自体がある株主においては非常に不利益になるケースも出てくる。顧客によっては、その統合会社が行うビジネスによっては、今までの友好関係が競合関係になってしまう。そういう「外部と内部」の論理の違いが発生する。

2つ目は「組織と個人」で、ある新会社を立ち上げた後、双方の会社の従業員全員が新会社の中で満足して働けるかというと、実際はそうはいかない。統合後に人が辞めるのがその象徴で、新会社という組織とその従業員という個人レベルのメリットと、新会社としてメリットが食い違うこともある。

3点目は、「過去と未来」である新会社を立ち上げて新しい組織になれば当然やり方が変わる。それぞれ自分が持っていたやり方を変えなければならない。会社が変わる、中身の組織が変わるという「変化」に対する抵抗感は、通常でも存在するが、統合時は特に顕著である。

同じタイミングで一挙に抱え込むという特殊性

以上のような3つの利害対立は、通常組織内にも内包しているが、同じタイミングで一挙に抱え込むことになるという点が、統合を殊更に難しくさせる理由である。

これらの対立を調整し、時に大胆に乗り越えていくには、単独の経営以上の高度で強力なリーダーシップが必要になる。つまりポストM&Aを成功させるには、究極的には3つの利害対立をどのようにマネジメントできるかにすべてかかっていると言っても過言ではない。

2　統合リーダーシップの2つの前提条件
統合メリットとトップ同士の信頼関係が不可欠

　強力なリーダーシップにより利害対立を解決していくためには、2つの前提条件がクリアされていることが大切である。

立ち返るべき原点は統合メリットの共有

　ひとつは、統合双方による「統合理由（メリット／危機感）の共有」ということである。統合プロセスにおいては、実際に先の利害対立に起因して暗礁に乗り上げそうになるピンチも多々ある。そこで立ち返る原点は、"双方にとって統合を求める理由がどこにあるか"である。

　この統合の理由は大きく2つの場合がある。ひとつは、中長期的な将来を見据えたときの、より大きなメリットを得たいと考えるケースだ。例えば「業界のトップの地位を確立し、国際水準の企業を目指す」等のビジョンを掲げているケースである。もうひとつはいわば「生き残り」を志向するケースだ。言い換えれば業界で存続することにかけた両社の危機感を共有するケースである。

　いずれの場合も統合により本当に志向しているメリットが出るかを見極め、目標をはっきりさせた上で突き進むことが必要である。それらは双方の会社の延長での利益ではなく、一緒になったときの新会社の利益やそれに対する危機感をはっきりさせることが大原則である。

　それともうひとつは「経営トップ同士の信頼関係」である。統合交渉は実際に破談になったケースも多いが、その場合は最終合意にいたる段階で、やはり経営層の間で最終的なエゴやそれぞれの論理が、明確に数字になって出てきてしまう。統合の三種の神器といわれる本社所在地、社名、社長などに対する要望が、最終的に我田引水的なものになっていく。当初はお互い配慮するかたちで進めているが、いざ成約段階になると、そこのつめで決裂することも多い。

話しにくいことは交渉の最初に持ち出すこと

　このような事態を回避するには何が必要なのであろうか。最終的には当事者同士がそこをどう配慮できるか、相手の立場をどれくらい尊重できるかが、実際に交渉を結実させる上で重要になることは言うまでもないが、トップ同士のコミュニケーション上のテクニックが必要である。それは「話しにくいことを先に話す」ことである。これにまつわるエピソードとして、統合の交渉を成功裏に導いたA社とD社のトップ同士の交渉テクニックを紹介する。

● 「最も譲れないもの」から先に出し合う

　A社はグローバル展開を志向し、外資系でヨーロッパに本社があるD社に合併の交渉を働きかけた。その際A社の社長とD社の社長は、正式な交渉が始まる前に、お互いがこの先の交渉過程において「最も譲れないもの」からまず先に出し合ったという。それらを互いに出し合った上で、相互に許容できる範囲であるかどうかを確認し、具体的な合併についての交渉に駒を進めた。

　このケースの場合、外資系D社の社長は、グローバルネットワークカンパニーを標榜する立場から、統合後企業の51％以上の株を持つことを主張した。それに対して日本企業A社の社長は、グローバル傘下にあっても独自のローカル経営の裁量確保や、日本での社名存続、上場維持等を主張した。その後それらが互いにとって可能な範囲で交渉できることを確認してから、具体的な折衝に入ったため、スムーズにことが運んだという。

　このケースから学ぶことは、まず交渉の過程においては、経営トップ同士が最初の段階で、互いに譲れないこと、いわば互いに「話しづらいテーマを先に話題にする」ということの重要性である。表面的な友好関係を優先し、本来的に固執することを後に回すと、それらがまとまらなかった場合のダメージは計り知れない。一方、互いに妥協できない点はあらかじめさらけ出し、それらの話をお互いが受け入れられると確認し合った段階では、互いに尊重すべきポイントが明確になると同時に、風通しのよい関係が構築できる。そのようなやりとりでトップ同士の信頼関係は一段確固たるものになる。

3 統合リーダーシップの原則

明確なビジョンと統一されたルールを打ち出す

　前出の2つの大前提に基づいて、先に挙げたそれぞれの対立構造をどのように克服するか。ここでは利害対立を解決すべき統合新会社のマネジメントの原則として以下の2点を挙げたい。

1　新会社の利益をビジョンとして具体化する

　新会社のメリットあるいは危機感を共有し、その利益をどう「ビジョン（グランドデザイン）」に落とし込んでいくかがポイントである。「外部と内部」の利害対立を克服するには、まずは当事者同士が統合メリットを共有化し、ビジョンとして具体的に明文化されたものに落とし込むことが先決だ。

　ビジョンとは、双方が将来目指すべきゴールであり、その旗印を明確に描きしっかりと掲げられるかどうかが重要である。その上で、掲げられた方針のもとで株主をはじめとする新会社での利害関係者に対して説得のプロセスをしっかりと行うことが求められる。

　このビジョンは、実務的観点では企業の戦略や組織に直接的に影響する。経営戦略に併せて組織構造の設計までがここでのビジョンに含まれる。新会社がどういう方向でいくのかは、言葉だけでなく戦略施策とそれが実際の人の配置も含めて組織に落とされて初めて明確になる。そこまで広く含めた範囲をここでは「ビジョン」としている。

2　個人と組織をマッチングさせる統一ルール

　ビジョンを基にしたルールをどう作り、人員配置、人事制度、経営管理制度にどう反映させるかが次のポイントである。「ルール」とは「組織と個人」の

対立関係を克服する上での必要条件である。企業体としての組織とそこで働く個人とのニーズの一致については一定の限界があり、完全にクリアすることはできないが、重要なのは新会社において働く個人（従業員等）への「納得感の醸成」である。

　まずは納得できる公正なルールをいかに作れるか、とりわけ組織の人材配置と業績評価を絡めた人事評価で、どのようなルールを作っていけるかがひとつの目安になる。この中で、個人のニーズと組織が求めるものをどうマッチングをしていけるか、あるいは個人が組織の求める人材に変化していけるか、が統合成功に向けた2点目のポイントとなる。

4　経営者のとるべき行動

変革に向けて優先すべき事項を明確に示す

　企業変革を成し遂げるためには、最後は経営者としての意志の固さと覚悟が決め手になる。リスクを踏まえて何を優先すべきかのトップの判断が会社の将来を決定づける。また、とりわけ企業統合においては、特に両社の経営トップの信頼関係がすべてのベースになる。

統合によって実現すべき姿をビジョンにする

　経営者においては、まず統合によって当初実現すべきとした姿をビジョン（グランドデザイン）にする構想力が求められる。双方にとってのメリットをいかに明確なビジョンとして示せるかがポイントである。

　統合を成功裏に導いた製造業M社の社長A氏は、Q社との合併において自らの組織を温存しようというセクショナリズムを克服するための方法として「合意した新会社のビジョンにとって何が利益になるかを判断基準にすること」と明かしている。また、別のエンジニアリング会社B社のD社長も同様に、「役員、社員は所属会社の利害を超越し、新会社の利益、発展を第一義として判断、行動する」との原則を統合の基本理念として行動し、統合比率などをめぐり交渉が暗礁に乗り上げかけたときは、「常に基本理念を持ち出した」と振り返っている。

　このように、統合過程においては、双方の旧組織を守ろうとする論理が暗黙裏に働くのが常である。そこで、舵を切り新たな方向に向けていくのは容易ではない。しかし、本来統合を進めるに当たっては双方にとっての目的、すなわちメリットや必要性が存在したわけであり、そこに立ち返って考えられるかどうかは非常に大きな分かれ目である。かつ、それらをビジョンとして明確に他に示せるかたちにすることが重要だ。

ある化学メーカーのN社長は、厳しい交渉の過程でも合併相手の社長や役員に対し「小さなことにこだわってはだめだ」と繰り返したという。「欧米のリーディング企業に劣らない企業にしたい」——この強い思いがすべてあった。その過程では「世界に対抗できる企業が実現するならトップ人事にはこだわらない」と相手側を口説き最終的に合併にこぎつけたという。
　このように将来を見据えて、大同小異を許容できるかどうか、また双方の利益に忠実であれるかどうか、経営者の器量にかかっている。

トップ自らが原理・原則に沿った行動を示す

　経営者は、改革実行の上で、自らの原理・原則、すなわち判断基準の公平・公正性を社員に対して明確に示す必要がある。
　前述のJ社のS社長は「事業戦略や人事配置、社員の評価はすべてグループの利益が基準だ」との非常にシンプルでわかりやすいメッセージを出している。この発言に象徴されるように、ビジョンを実現するために何を優先すべきかの判断は、統合過程、及び新会社設立の過程において求められる。通常ビジョンが示されても、そこに導く際の原理・原則が徹底しきれず、改革が中途半端に終わってしまうケースは非常に多い。つまりかけ声倒れのパターンである。
　原理・原則が徹底しきれない理由は大きく2つある。ひとつは、そもそも原理・原則自体が不明瞭もしくは明確に示されていない、またもうひとつは、明文化されたものはあっても、中心となるべき役員・社員に対し浸透しきれていない、といったケースである。
　これらの事態に陥らないようにするには「まず隗より始めよ」の説得力を発揮することにある。すなわち経営トップが原理・原則を明文化するなどの手段で広く示すことは当然として、トップや経営陣全体がそのような原則に沿った行動をすることが何より従業員に対して説得性を持つ。言い換えれば、経営トップは、原則に見合わない経営層に対しては厳しく接することで、経営陣としての一貫した姿勢を社内に示すことが重要な意味合いを持つのである。
　会社全体を変えるということは、非常に大掛かりな作業であるが、まずは、経営トップ、そこから経営層全体を変えていく事実こそが、社員全員に対する

会社としての明確なメッセージにほかならないのである。

現場主義のコミュニケーションにこだわる

　経営トップは、多くの場面で直接顔を出し、広くメッセージを伝える努力、コミュニケーションへのこだわりが求められる。
　そんな中、現場主義を標榜し、経営トップ自ら先頭に立って徹底しようと試みている企業は多い。
　D社もそのひとつである。社長及び会長自らが夏から秋にかけて工場や研究所を回り、従業員の声を直に聞いて回り、問題点を徹底的に洗い出し解決策を見出すことを3年間近く続けているという。これらの現場への直接ヒアリングによって洗い出された問題点を、組織の縦割的な制約を廃して全社的視点から捉え直し解決に移すことをトップ自らが行っている。これらによって、問題をトップが正しく把握することになるばかりでなく、現場の従業員にとっても経営に対する距離感が近づき、逆に解決への使命感や責任感が醸成されるといった動機づけの面でのメリットがあると思われる。
　また、前述のJ社の取組みも参考になる。当該ケースでは、合併後の新会社において両社の社長がそれぞれ会長及び社長に就任したが、統合新会社ができる直前から予算策定作業に携わり、その際には各工場の現場を2人で回り現場とのコミュニケーションを行った。とりわけ、現場レベルでも部門の責任者である部長のみならず課長レベルまで経営トップとの直接のやりとりに参画し、時には課長が直接社長に報告を求められるケースもあるという。それらのコミュニケーションの形態は通常の大企業においては従来行わなかったレベルまで徹底しており、現場に緊張感が生まれるだけでなく、従業員の中でも両方のトップが一体となって率先して動く姿が見えやすく、それが推進力になっていると思われる。
　通常、経営トップは自らの考えを一方的に発信するケースが多くなるが、これらのケースに共通して見られる特徴は、現場の声を直接吸い上げ、自らの責任のもと迅速に解決しようとする姿勢である。経営トップ自らがこのようなコミュニケーションの経路を作り出そうとすることが、企業全体を変えていく上

での突破口になるのである。

> **【エピソード】「数字」と「対話」のもたらす威力**
> 　　　　　　　　　　　——J.フロント リテイリング（大丸＋松坂屋）
> 　日本の百貨店業界は、業種・業態を超えた競合激化と人口減少による消費市場の縮小が予想される中、競争力や財務力に優れた少数の企業グループへの再編・統合が今後も進んでいくことが予想されている。
> 　こうした厳しい環境の中で、大丸及び松坂屋HDは、両社の持つ経営資源、ノウハウの有効活用により、企業価値を向上しうる経営統合を行うことを選択した。統合に当たっては、地域に密着した両社の営業基盤を生かすため各百貨店の商号を存続させながら、主要都市に店舗を展開する全国ネットワーク形成と品揃えやサービスを充実させると同時に、両社の人材、ノウハウ、保有資産、財務力など経営資源の最適活用を図り、一層の成長力や経営効率の向上、財務体質の強化を目指す方針である。こうした取組みを通して、統合効果を早期に実現させ、百貨店事業を核とした質量ともに日本を代表する小売業界のリーディングカンパニーの地位確立を目指す考えだ。
> 　実は、DAY0（基本合意）以降のDAY1に向けた統合の過程においては、両社の統合作業を強力に推進する源となる「２つの力」が機能していた。それは「数字」と「対話」のもたらす威力である。

1　「数字」が引き出す改革の求心力

「経営改革の行き着く先は風土改革につながる」これは大丸の奥田務代表取締役会長兼最高経営責任者（CEO）の言葉である。仕事の内容を変え、それを行う人の役割を変え、そこにおいて成果を正しく人事評価し、できない場合は指導フォローを徹底する、そうしたサイクルをしっかりと運用していくつれ、人のマインドや風土といったものはおのずと変わっていく。これは奥田会長が過去に様々な経営改革を推進してきた中で得た教訓である。

成長力を高めながら同時に効率性を求める

奥田会長は1997年に大丸社長に就任以来、足掛け10年にわたって不況当時の売上重視の百貨店の中にあって先行して利益主義を貫き改革を行ってきた。具体的には、就任早々から不採算店舗の整理、早期退職優遇措置による大幅な人員削減や海外店の全面撤退、分社化、赤字のグループ会社の撤退などのリストラクチャリングを1年半というきわめて短期間で一気に実施した。これは痛みの伴う改革は躊躇しながら小出しに行ってはならないとの考え方に基づくものであった。それと同時並行的に、リストラにより生み出されたキャッシュフローを生かし、有望と見られる大型店舗の改装などの投資や、売り場改革をはじめとする営業改革を実行に移し、攻めの経営を一層強く打ち出して入った。

つまり、単なるコスト削減のみを追求するのではなく、「最大の顧客満足を最小のコストで実現する」「質的向上を図ってこそ量的拡大が可能になる」という経営哲学に基づき、成長力を高めながら同時に効率性を求める、というモデルを追求してきた。その結果、当時71億であった営業利益を2005年度には307億強にまで引き上げて右肩上がりの業績達成を実現した。

その過程においては、「スピード」や「徹底実行」という言葉も重要なキーワードであった。過去のリストラクチャリングや赤字店舗の黒字化など3年以内に成果を出したことに象徴されるように、変革のスピードを高めることがいかに不可欠かを明示している。また、競争におけるコアコンピタンスはやり切ることから生まれるという取組みの結果は、戦略の違い以上に実行の徹底度合の違いが成果に大きな影響を及ぼすことを示唆している。

奥田会長は、そうした経営改革の取組みを通して実証された変革の方法論を、今回の経営統合においても積極的に導入しようと考えていた。

具体的なレベルで経営数値の情報を交換

具体的な実務については、最初に両社の財務数値の比較を通して強化すべき点を定量的に明らかにするところから議論を開始した。利益の管理はで

きるだけ最小の単位で行うことを念頭に置き、両社でかなり具体的なレベルで経営数値の情報交換がなされる試みが進められていた。

　実はこうした議論を促す背景には、単に数値管理を志向するといった表面的な考えではなく、今後生き残りが熾烈になる小売業界において、かつて存在しえなかった新たなビジネスモデルを構築し、持続的な成長を遂げたいという会長の強いこだわりがあった。言い換えるならば"成長と効率を両立させ、増収増益を持続的に可能にするモデル"を目指したいという志である。

　いつのまにか、現場では、両社の間での利益率の差をどのように埋めるか、また両社合わせた際の統合時の営業利益をどの程度捻出できるか、という話が日常の会話になっていた。統合に向けてお互いに優れたものに合わせるだけでなく、業界トップ水準を目指す上で足りないことは追求していく、という姿勢が見られるようになった。大丸、松坂屋という両社それぞれの立場から、JFRグループというひとつの立場に主語を転換し、DAY1に向けて両社がひとつになることを強く意識した議論も活発化した。

　こうして確かな哲学に裏打ちされた経営者のリーダーシップのもとで、"数字"という端的な目標を通じ目指すべきモデルを明確にすることで、それが共通言語になり、グループとしての強力な求心力につながっていったのである。

2 「対話」がもたらす融和力

「経営統合を成功させることは、自分が今まで取り組んできたまさに経営改革そのものを実現することだ」大丸の山本良一代表取締役社長兼最高執行責任者（COO）は、統合準備を推し進める過程でそれを改めて強く感じたという。

この10年間、毎朝役員会を開催

　山本社長は、かつて自社の営業改革を先頭に立って率いた経験から、それぞれの領域の中にまるで"蛸壺"のように閉じこもり部分最適になって

いるものから、一歩抜け出すことができれば全体の収益力が格段に高まる、という強い成功体験を有していた。そんな経験の中から、改革を進める過程ではお互い胸襟を開いて悩みを語り合う中で互いにわかり合うことから始めることが大切だと、成功の秘訣のひとつが身近な対話にあることを確信した。

現に大丸ではここ10年間、役員会が毎朝開催される習慣になっており、日々対話を重ねることの重要さは役員レベルから全社に浸透している。山本社長は、経営統合によって大きくなった母体を本格的に変えることができた暁には、グループ全体として大変な成果が得られる、そんな潜在力に確信を持ちながら、大いなる期待と使命感を抱いていた。

役員合宿では、それぞれ双方の全役員に対して相手方の社長が方針を述べるという形式のセッションが設けられ、相手方の経営トップを目の前にして相互に直接の理解を深めるとともに、それぞれの立場から改革に向けて取り組む決意を表明する場でもあった。松坂屋HDの茶村俊一代表取締役社長は、大丸側の役員を前にして、今回の統合によって従来以上にステークホルダーが広がることを改めて実感し、統合の重みを再認識したという。茶村社長は、「自らが松坂屋で行ってきた改革を、社長である自分が自ら営業統括本部長も兼任するかたちで先頭に立って、さらに強力に推進していきたい。何かあれば直接私に伝えてほしい」と改革に対する強い意欲と、自らが統合の前線に立って推し進める覚悟を口にしていた。

ミドルに直接、語りかける場面も作る

「どうですか。両社結構いい雰囲気でしょ」松坂屋HDの都島敏明専務取締役は、合宿の夜の懇親会の席で各方面に笑顔で語りかけていた。実は今回の統合にいたる過程で、社内で従業員の期待と不安が錯綜する雰囲気を察して、経営陣からミドルマネジメント層を対象に直接語りかける場面を作って対話を試みたという。都島専務はその席に臨むに当たり、両社の統合にいたる経緯や理由を語る上で、改めて両社の創業以来の歴史を紐解きながら詳細を調べ返して、統合の意味合いを解説した。

もともと松坂屋は慶長16（1611）年に、大丸は享保2（1717）年にそ

れぞれ創業した呉服屋を起源とする百貨店業界の名門であり、長い歴史と文化を有する。今回の経営統合の基本方針においてもお互いの歴史、企業文化を尊重し対等の精神で、ということが謳われているのもそうした背景がある。都島専務は「両社は過去には同じような苦境を経験し克服をしながら歴史を歩んできたという流れを示し、実は企業風土としてはお互いに近いものがあり、おのずとわかり合える素地があるのだ」ということを従業員に説明し、統合の必然性への理解を促し安心感を与えたという。

こうして、両社の経営陣が様々なレベルでの対話を繰り返しながら、DAY 1の統合に向けた環境が整えられていった。歴史の深い両社が、JFRという新しいグループとしてひとつになるという一大事を進めるに当たり、まず対話を通して両社の経営陣が"一枚岩"になれる状況を作れたことが融和を促進し、統合成功の環境作りをする意味で大きな原動力になっていった。

このように、経営トップによって、端的なビジョンを示し具体的な期限と経営目標を「数字」を通して明確に設定することにより、現場レベルから両社横断的な統合への求心力を強めていくこと、また同時に、経営陣自らが統合にかける思いを述べ、「対話」を通して浸透させるコミュニケーションにエネルギーを惜しまない姿勢を示すことで融和力を高め、グループとしてひとつになっていく精神的な素地を形成することが、DAY 1に向けて統合を進めていく上で、きわめて大切なポイントである。

こうして、JFRグループはDAY 1を迎え、業界のフロントランナーとしての第一歩を進み始めたのである。

（注：エピソード中の肩書き・役職名はすべて当時のもの）

あとがき

　経営コンサルティングという職業に携わる小職にとって、最も幸福を感じる瞬間のひとつに経営者との対話がある。トップとして様々な利害対立からくるプレッシャーを背景に、あるべき姿への焦燥と一筋縄に行かない現実との葛藤を抱えつつ、一歩先への洞察力や頑なな信念に触れた際に深い感銘を覚える。『ポストM＆A成功戦略』はそんな経営者や現場で悩みを有した担当者との対話の中から生まれた。

　米国や英国企業の大型ディールのPMIを手がける海外の同僚コンサルタントと議論すると、日本企業はなぜもっと大胆に統合効果を出さないのか、と時々質問をされる。統合後1年で数千人の人員削減を敢行し、数百億の利益を捻出した事例を引き合いに、改革のスピードや大胆さがもっと必要だというのだ。

　しかし、多くの日本企業では業界の商慣行や労務関係、構成員のメンタリティーなどの理由からこのような理屈はそのまま適用しにくい。同じ改革でも、より時間をかけ、手順を踏み、環境を作って、といった具合で日本流のやり方ではインパクトの桁が違う。経済合理性を機軸としつつも割り切れないしがらみが至るところに存在し、それが日本企業の改革をややこしくしている。

　理論は時として単純すぎる。合理的に目指すべき姿をわかっていても実行できない、また、それを実現する術に悩んでいる――。これが多くの現場が直面している現実である。この「わかること」と「できること」の間に横たわる深い溝を如何にして埋めていくのか、日本企業におけるポストM＆Aには、これらのしがらみをどのようにマネジメントするかという、より繊細でより戦術的な要素を多分に含んでいる。

　M＆Aの成功に向けステークホルダーの評価を得ていくことは、関係者の利害を解きほぐし、新たなかたちに結び直していく作業を意味する。そこには、情緒的な人間模様や集団心理も絡んだ葛藤の中から編み出された知恵の集積が求められる。経済合理性は、必須であるが万能ではない。ポストM＆Aの本当のベストプラクティスは、新会社主語から合理性を貫くシンプルな原則を徹底

しつつ、同時に、非合理的な状況を打開する知恵を出し続けることを厭わない姿勢にある。組織としての実行能力、その"徹底性"と"継続性"にこそ、成否を決定付ける最大の要因がある。

　既に本文を読んでお感じの方もいらっしゃると思うが、「ポストM＆A」というのは、何も特殊なことではなく、M＆Aというトリガーの向こうにある異企業との経営改革論である。ある役員合宿で統合会社の経営者に対する講演の後に社長から「これは経営改革そのものだ」とコメントをいただいたことがまさに象徴している。

　本書では、単にセオリーに留まらず事例や実態調査に基づいて、考え方や着想の枠組み、日本流改革の着眼点や留意点を提供すべく試みたつもりである。もし本書が微力ながらも、M＆Aに遭遇する経営者に、その後の複合経営の道筋を洞察する上での視界を提供できるなら、もし現場担当者が直面する現実の打開策の実務上のヒントを提供することができるならば、書を著す身として何よりの喜びである。

　本書は、多くの方々の支えの上に成り立っている。ポストM＆Aの現場でめぐりあったクライアント企業や、日々の研究活動の中で巡り合った多くの経営者や担当者の方々との対話なくしては決して実現できなかった。枚挙に暇がないため隈なくご紹介できず恐縮だが、そこにおける出会いのすべてにまずは感謝したい。

　また、実際のプロジェクトメンバーとして小職と共に現場に対峙し苦楽を共にしてきたトーマツコンサルティングの同僚たち、その成果なくしてはより実践的内容として取りまとめられなかった。とりわけ本書の作成にあたっては、実態調査で献身的な貢献を果たした野澤英貴氏、人事領域で専門的立場から多々助言を提供してくださった新田活巳氏には特段の謝意を表したい。

　そしてこのような表現の場をいただいたダイヤモンド社の皆様、書籍編集局第二編集部副編集長岩佐文夫氏、笠井一暁氏をはじめ、関わったすべての方々に改めて感謝申し上げたい。特に笠井氏には企画や編集のアレンジ全般を含めて多くの時間と労力を惜しまず適切なアドバイスを多々いただき大変お世話になった。心から感謝申し上げたい。

そして最後に、本書にここまでお付き合いいただいた読者の皆様に御礼申し上げたい。この作品がきっかけとなり、近い将来またどこかで、経営論をめぐる"対話の続き"を語り合える出会いが生まれることを心から楽しみにしている。

2008年2月

松江英夫

［著者］
松江英夫（Matsue Hideo）
デロイト トーマツ グループ　CSO（戦略担当執行役）
デロイト トーマツ コンサルティング合同会社　パートナー
中央大学ビジネススクール　大学院戦略研究科　客員教授
事業構想大学院大学　客員教授
経済同友会 幹事、国際戦略経営研究学会　理事

フジテレビ系列報道番組「Live News α」のレギュラー・コメンテーター

経営戦略・M&A・組織改革、及び経済政策が専門。産官学に関連する活動を幅広く展開。

主な著書に、『両極化時代のデジタル経営』（監修及び共著）、『自己変革の経営戦略』、『クロスボーダーM&A成功戦略』（いずれもダイヤモンド社）など。
連絡先：hmatsue@tohmatsu.co.jp

ポストM&A 成功戦略

2008年2月28日　第1刷発行
2020年11月25日　第7刷発行

著　者──松江英夫
発行所──ダイヤモンド社
　　　　　〒150-8409　東京都渋谷区神宮前6-12-17
　　　　　https://www.diamond.co.jp/
　　　　　電話／03・5778・7233（編集）　03・5778・7240（販売）
装　丁───松 昭教
編集協力───熊井憲章
製作進行───ダイヤモンド・グラフィック社
印　刷───勇進印刷（本文）・新藤慶昌堂（カバー）
製　本───本間製本
編集担当───笠井一暁

©2008 Hideo Matsue
ISBN 978-4-478-00392-3
落丁・乱丁本はお手数ですが小社営業局宛にお送りください。送料小社負担にてお取替えいたします。但し、古書店で購入されたものについてはお取替えできません。
無断転載・複製を禁ず
Printed in Japan

◆ダイヤモンド社の本 ◆

立ちはだかる多くの障壁を
いかに乗り越えるか

海外市場への展開を余儀なくされている日本企業にとって、有効な武器となるクロスボーダーM&A。成功に導くための方法論を、国内外企業の豊富な事例を紐解きながら解説する。

クロスボーダーM&A成功戦略
市場競争力と投資効率を最大化する実践シナリオ

松江英夫・篠原学 [著]

●A5判上製／320頁 ●定価(3200円＋税)

http://www.diamond.co.jp/